JN098635

憲法のリテラシ——————

問いから始める15のレッスン　横大道 聡　吉田 俊弘

まえがき

本書は、「法学教室」の 2018 年 4 月号（451 号）から 2020 年 3 月号（474 号）まで、2 年にわたって連載した「探検する憲法──問いから始める道案内(1)〜(24)」をベースにしたものです。

この連載を始めるにあたって、私たちは、次のような目的を掲げました。

高校までに勉強してきた「憲法」と、大学の講義での「憲法」との違いに戸惑ってしまう学生は少なくありません。両者をスムーズに架橋するためには、大学生がどこで／何に戸惑っているのかを明らかにしたうえで、その「躓きのもと」を丁寧に取り除いていくことが必要ですが、そのためには、教育学と憲法学の知見の両方が求められます。

本連載は、教育学の専門家と憲法学の専門家とがコラボレーションすることで、上記の課題に取り組むことを目指します。2 人の往復書簡というかたちを採りながら、まず教育学および法教育の立場から、大学生が憲法学のどこに躓いているのか、憲法学の説明が不足している部分はどこにあるのかを示し、その問題提起を承けて、憲法学の立場から応答・説明するというスタイルで進んでいきます。読者の皆さんと一緒に、ちょっと違った角度から憲法を「探検」していければと思っています。〔451 号 58 頁〕

連載開始時に掲げたこの目的を大切にしながら、本書では、その後の知見を反映させるなどの加筆修正を加えて、内容を大きく再構成しました。そのため、連載を読んでいただいた読者の方にも新しい発見を提供できるような内容となっています。

*　　　*　　　*

書籍化に際して、「探検する憲法」というタイトルを『憲法のリテラシー』に変更しました。その理由をここで簡単に述べておきたいと思います。

連載の最後の 2 回（2020 年 2 月号〔473 号〕と 2020 年 3 月号〔474 号〕）では、

井上武史先生（関西学院大学司法研究科教授）と綱森史泰先生（弁護士）をお迎えして，連載内容を振り返る座談会を行いましたが，そこで私（横大道）は次のようにコメントしました。

　　本連載は，吉田先生が実際の教育現場でのご経験から，一般的な憲法の教科書ではサラっと流しているようなところが実はよくわからない，本当はそこが知りたいのだというニーズがあること，そしてそのあたりこそが学生にとっての「つまずきの石」となっている可能性があるのだという問題提起から始まりました。それを正面から受け止め，プリミティブな疑問を大切にしながら掘り下げていくような連載にしていこうというコンセプトでやってきました。吉田先生からのご質問に必死に応えようとした結果，良いか悪いかは別として，通常の憲法の論点解説とは違ったものができたのではないかと自負しております。〔473 号 63 頁〕

「探検」という言葉には，「未知の領域に踏み込む」といったニュアンスが含まれています。憲法の基本書では触れられていないような問題や論点を多く扱ったという意味で，「未知の領域に踏み込む」「探検」を名乗るにふさわしい，「通常の憲法の論点解説とは違った」連載であったという自負は，今でも変わりはありません。しかし，書籍化にあたって連載の内容を改めて振り返ってみたとき，「プリミティブな疑問を大切にしながら掘り下げていく」ことによって，憲法について自ら考え，判断し，能動的に関与していく態度ないし能力の涵養が試みられていたのであり，その点にこそ本連載の意義があったのではないか，その側面を強調した書名にしたほうがよいのではないかと思うようになりました。

　　そんなとき，座談会を除けば実質的な最終回に当たる第 22 回（2020 年 1 月号〔472 号〕）で，吉田先生が次のように述べられていたことに目が留まりました。

　　……比較憲法の視点から憲法をのぞいてみると，これまでの憲法イメージが揺さぶられ，憲法を以前よりも多様な視点から，より深く捉えられるようになった気がします。これを「憲法リテラシー」と呼ぶことができるなら，少しずつ身についてきたことを実感しております。

　「リテラシー（literacy）」という言葉は多義的ですが，「読み書きなど，基本的な教養の知識や能力があること」といった意味を中核とします。ポイントは，単なる知識にとどまらずに，その知識を活かす態度や能力まで含むという点にあります。主権者教育の文脈などで，「政治的リテラシー」の重要性が語られる際に念頭に置かれているのは，こうした意味における「リテラシー」です。上記の引用箇所で吉田先生が用いられた「憲法リテラシー」という言葉は，憲法について自ら考え，判断し，能動的に関与していく態度ないし能力を表しており，その涵養を目指す本書の意義を端的に示していると考えました。

　そういうわけで，吉田先生と相談のうえで，未知の領域を「探検」することよりも，それにより得られる「リテラシー」の側面を強調するために，『憲法のリテラシー』という書名に変更することにした次第です。

＊　　　＊　　　＊

　本書が想定する主たる読者は大学生ですが，「憲法のリテラシー」が求められるのは大学生に限定されません。そこで本書は，より広く，社会人や教育者などを含めた憲法に興味関心のある読者にも読んでもらうべく，次のような構成上の工夫を行いました。

　本書は，三部構成となっており，各部はそれぞれ，ちょっとした時間でも通読することが可能な分量の5つの章から成ります。各章は各々独立しているので，どこから読んでいただいても構いません。内容的に関係する箇所には，相互参照を示しておきました。

　本書のサブタイトル「問いから始まる15のレッスン」にあるように，各章には「問い」の形式のタイトルが付されており，その「問い」の内容を敷衍した吉田先生からの問題提起から始まります。興味をそそられたタイトルの章の冒頭部分を読んでもらえば，その章で扱おうとする内容が何かが分かります。

　吉田先生の問題提起を承けて，横大道が「検討」を行う部分が続き，最後にそれを整理・要約した「返答」が付されます。各章はこの形式で統一しています。「問い」⇒「検討」⇒「返答」という順序で読まれることを想定していますが，「問い」⇒「返答」⇒「検討」というような読み方も可能です。

　本書の概要を，あらかじめ簡単に示しておきたいと思います。

　第一部で扱うのは憲法の「総論」ですが，通常の憲法基本書の「総論」の部分とは内容が大きく異なります。「憲法とは何か」（第1章）という問いから出発して，「なぜ憲法典を制定するのか」（第2章），「どのように憲法を制定するべきか」（第3章），「どのような憲法典を作るのか」（第4章），「どうやって憲法を変えるのか」（第5章）という問題が取り上げられます。章のタイトルの「問い」からわかるように，各章では，憲法そのものを相対化した外在的な見地からの検討がなされます。

　第二部で扱うのは「統治」についてです。ここでは扱われるのは，権力分立（第6章），執政制度（第7章），選挙（第8章），違憲審査制（第9章），緊急事態（第10章）であり，いずれも憲法学ではおなじみのテーマですが，特定の制度を前提とせず，その存在それ自体を問い直そうとしている点で，やはり，通常の憲法基本書の「統治」の部分とは大きく異なる内容となっています。

　第三部は「人権」について扱います。そこでは，「なぜ人権を憲法で保障するのか」（第11章），「何を人権として保障するのか」（第12章），「憲法は国際人権とどう向き合うのか」（第13章）というように，憲法を人権で保障することを所与とせずに，その理由や意義について踏み込んで検討を加える章と，人権の制約場面（第14章）というおなじみのテーマ，そして「憲法の保障は憲法の敵にも及ぶのか」（第15章）というたたかう民主制について扱う章を置き，ここでも通常の憲法基本書とは別角度から問題にアプローチしています。

　さらに本書には，各部の幕間に，教育学の観点から，各部の内容をどのようにして教育に反映させるのか，その際に何に注意すべきなのかなどを扱った3つの「インタールード（間奏曲）」が置かれています。具体的には，第一部の後に「憲法をどのように教えるのか」，第二部の後に「どのように主権者を育てるのか」，第三部の後に「人権をどう教えるのか」が用意されており，そこで憲法学と教育学との接続を意識した踏み込んだ考察がなされています。各部を読まずにインタールードを単独で読んでも，満足できる「間奏曲」であることは請け合いです。

インタールードは，各部の内容を「教える」側にとっての「リテラシー」を扱う部分であり，その意味で本書は，「憲法教育」の書籍としての性格も有しているということができるかと思います。

*　　　*　　　*

「プリミティブな疑問を大切にしながら掘り下げていく」ことは，一般的な憲法学の知識だけでは対応できない場合が多く，容易な作業ではありません。幸いなことに，吉田先生の問題提起にも関連する課題に正面から取り組む研究成果が，世界的に興隆を見せている比較憲法学に従事する研究者から続々と公表されていましたので，本書ではそれらの研究成果の多くを参考にしました。

ここでいう比較憲法学とは，英米独仏 + a という限られた国家だけを取り上げ，その国の憲法の解釈，とくに裁判所の憲法判断にもっぱら関心を集中させ，その規範的な議論を日本の問題領域にも及ぼそうとする，そのような内容の研究のことではありません。本書が活用した比較憲法学とは，特定の国家だけに研究対象を限定せずに古今東西の憲法を広く取り上げ，憲法の存在を所与とせずにその制定やデザインのあり方などにも関心を寄せ，規範的な議論だけでなく実証的，統計的な手法など多様な手法を駆使しながら憲法を研究しようとする，そのような特徴をもつ比較憲法学です。この比較憲法学の成果を活用しながら，日本の憲法や憲法学それ自体も検討の俎上に載せました。その意味で本書は，従来とは異なった意味での「比較憲法」を扱う書籍としての性格も有しているということができるかと思います。

なお，本書には詳細な脚注が付されています。どのような研究がなされているのかを知るための参考にしていただければと思いますが，脚注を飛ばして本文だけを読んでいただいても大丈夫ですので，ご安心ください。

*　　　*　　　*

冒頭で述べた通り，本書は「法学教室」の連載をベースにしたものです。教育学者と憲法学者による異色のコラボ企画の連載にゴーサインを出すという有斐閣雑誌編集部の鈴木淳也さんのご英断（？）がなければ，本書が世に出るこ

とはありませんでした。書籍化に際しては，連載時からもお世話になっている同編集部の清田美咲さんから，きめ細やかなサポートをしていただきました。鈴木さんと清田さんには，心より感謝を申し上げます。

　また連載時の話になりますが，締め切り日の直前に（時には締め切り日を超過して！？）書き上げた原稿に対して，毎回有益なコメントをくださった吉川智志さん（現・帝京大学法学部専任講師）と山本健人さん（現・北九州市立大学法学部准教授）にも，この場を借りて厚くお礼させていただければと思います。

　本書が，一人でも多くの読者の「憲法リテラシー」を高めることに寄与できるとしたら，執筆者にとってそれに勝る喜びはありません。

　　2022 年 4 月

横大道　聡

目　次

凡　　例

1.　判例の表示
例：最大判平成 11・11・10 民集 53 巻 8 号 1704 頁
・最高裁の大法廷判決については「最大判」，小法廷判決については「最判」
　と表示。
・年月日は「・」で表示。
・頁数は判例集の通し頁を表示。

2.　法令名略語
　　原則として，有斐閣『六法全書』巻末の「法令名略語」に従った。

3.　書誌名略語 (五十音順)

公法	公法研究
自正	自由と正義
ジュリ	ジュリスト
判時	判例時報
法協	法学協会雑誌
法教	法学教室
法時	法律時報
法セ	法学セミナー
論ジュリ	論究ジュリスト
論叢	法学論叢

第一部

総　論

第1章　憲法とは何か

✉

　横大道先生，こんにちは。

　憲法の学修をしていると，「何のためにこんなことを学修しなければならないのか」とか，「テキストを何度読んでもよくわからない」というような問題に直面することがあります。本書は，そんな憲法学修の躓きの石となるような問題を私が取り上げ，横大道先生から解決の糸口を示していただくようなスタイルで展開したいと思います。この中には，憲法をより深く理解するためには不可欠であるにもかかわらず，従来，テキストなどではあまり言及されてこなかった問題も少なくありません。憲法学修の視点から憲法学の問題に切り込んでいくというのはこれまでほとんど例のない試みとなりますが，これからどうぞよろしくお願いします。

憲法の概念論や分類論を論じる意味

　第1章のテーマは，「憲法とは何か」という，最もプリミティブでいて，本質的な問いとなります。法学部に入学したばかりの新入生に「憲法とは何か」と質問すれば，おそらく日本国憲法のことを思い浮かべ，その特徴である国民主権，基本的人権の尊重，平和主義を内容とする法であると答えるのではないでしょうか。しかし，フランスにはフランス第五共和制憲法が，アメリカにはアメリカ合衆国憲法があるように，世界各国で使われている「憲法」という言葉の本質を問われると，うまく説明することは難しいように思います。

　大学の授業において使用される憲法学の基本書を広げてみると，その冒頭には憲法の概念の多義性について説明がなされ，「形式的意味の憲法」とか「実質的意味の憲法」といった分類が試みられています。もう少し教科書を読み進めると，「憲法学の対象とする憲法とは，近代に至って一定の政治的理念に基づいて制定された憲法であり，国家権力を制限して国民の権利・自由を守ることを目的とする憲法である」（芦部信喜〔高橋和之補訂〕『憲法〔第7版〕』〔岩波書店，2019年〕5頁）と書かれています。このような憲法は，「立憲的意味の

憲法」といわれ，権利の保障と権力の分立を重視する立憲主義の思想に基づく憲法であると続きます。このように，今度は「立憲的意味の憲法」という言葉が登場してきます。教わる側からすれば，日本国憲法をストレートに教えてもらえばよいのにとつい思ってしまいます。そこで，先生に伺いたいのは，憲法学のテキストにおいて，わざわざ憲法の概念や分類を取り上げるのはなぜかという問題です。憲法の概念や分類論を学ぶことの意義は何でしょうか。このテーマこそ，これから憲法を学んでいこうとする皆さんにとって最初の関門となるところです。どうぞよろしくお願いします。

立憲主義と日本国憲法との関係

　次に教えていただきたいのは，これまで慣れ親しんできた日本国憲法の三大原理と「立憲的意味の憲法」との関係です。関連して，立憲主義についても伺いたいと思います。実は，立憲主義という言葉は，これまで社会科や公民科の教科書にはほとんど記述されていませんでした。ところが，近年は多くの教科書に取り上げられ，立憲主義の認知度が飛躍的に高まってきています。高校までの憲法教育の世界において"立憲主義革命"というべき事態が起こっているのです（→インタールード①）。フランス人権宣言（1789年）を例に挙げるなら，従来の教科書であれば，前文，1条（自由と平等），3条（国民主権）がセットになって記述されていましたが，近年はそれらの条項に加え，16条が引用されるように変わってきています。もちろん，その理由は，16条に「権利の保障が確保されず，権力の分立が規定されないすべての社会は，憲法を持つものでない」という近代立憲主義のエッセンスが盛り込まれているからです。立憲主義には，「権利の保障」と「権力分立」という2つの要素が必ず含まれていると理解してよいのでしょうか。そうであるとすれば，日本国憲法の三大原理に「権力分立」が含まれていないのは不思議な感じがします。これまで慣れ親しんできた日本国憲法の三大原理と立憲主義との関係をどのように捉えたらよいのでしょうか。レクチャーをお願いします。

　＊本書では，基本的に，高校までの学びについては「学習」，大学での学びは「学修」というように表記しています。　　　　　　　　　　　　　　　　［吉田］

Ⅰ　憲法と憲法典

「月刊・法学教室」誌の創刊号（1980 年）から「憲法講話」と題された連載を 15 回にわたって担当した小嶋和司が，その記念すべき第 1 回で扱ったテーマは，「憲法と憲法典」[1]であった。この回は次の文章から始まる。

　憲法というと，世人は，制定法「日本国憲法」のことを考えるようである。けれども，法学生に憲法とはどのような法かと尋ねて，そう答えられると，複雑な気持になってしまう。

小嶋は翌 1981 年，この連載第 1 回にて「割愛された素材のみならず，重要な論点，論理を，補完すべく」[2]，それを論文の体裁に整えたうえで，新たに「憲法と憲法典について」[3]という同名の論文を発表するとともに，同誌の 25号（1982 年）に，法学講演録「憲法と憲法典について」[4]を掲載するなど，この問題に大きな関心を示していたことがわかる。

しかしながら，「日本国憲法」と題された法典が現に存在している以上，「憲法とは何か」と問われてそれをイメージするのは自然なことではないだろうか。実際，多くの学生は初等中等教育段階でそのように教わってきたのではないか。それにもかかわらず小嶋が「複雑な気持」を抱いたのはなぜだろうか。

形式的には，その回答が法学生から寄せられたからだ，ということができるだろう。「すべての憲法の教科書に多義的な憲法の概念を説明し，それを分類・整理する章が冒頭に置かれている」[5]のだから，実質的意味の憲法と形式的意味の憲法，固有の意味の憲法と立憲的意味の憲法などの区別は，すでに大学の憲法講義の初回あたりで学んでいるはずである。それにもかかわらず，法学生が，日本国憲法という名が付けられた法典のことしか答えなかったからだ，と。

1）　小嶋和司「憲法と憲法典」法教 1 号（1980 年）12 頁。
2）　小嶋和司「憲法と憲法典について」今村成和教授退官記念『公法と経済法の諸問題(上)』（有斐閣，1981 年）1 頁。
3）　小嶋・前掲注 2）1 頁以下。
4）　小嶋和司「憲法と憲法典について」法教 25 号（1982 年）6 頁以下。
5）　芦部信喜『憲法学Ⅰ憲法総論』（有斐閣，1992 年）1 頁。

Ⅱ　憲法学における「憲法」

それでは，なぜそのような憲法の概念論・分類論が憲法教科書の冒頭に置かれているのだろうか。

1　憲法裁判のための基準の提供？

憲法学の果たすべき役割は，法令や国家行為が合憲であるか違憲であるかを判断するための基準を，違憲審査権を行使する裁判所に提供することにこそあるのだと考えるのならば，その判断の物差しとなるのは，日本国憲法 98 条が「この憲法」と呼ぶ，前文と全 103 条から成る憲法典の「条規」に限られるはずである（事実，法科大学院での〔既修者〕教育の中心はこの点に置かれている）。そうだとすると，ややこしい概念論・分類論などは必須の知識ではなく，憲法＝日本国憲法典だと考えても不合理ではないようにも思える[6]。

手元にあるアメリカのロースクールの標準的な憲法教科書（ケースブック）を開いてみると，憲法の概念論・分類論などは一切登場せず，連邦最高裁判所の判例解説で占められている[7]。アメリカでは，"Constitution" といえば 1787 年に制定されたアメリカ合衆国憲法のことを指し，"Constitutional law" といえばそれに連邦最高裁による解釈（判例）を加えたものを指す，という区別が一般的であるが[8]，教科書としてはこの区別だけで十分だということだろう[9]。

フランスやドイツの憲法学においても，もっぱら判例に注目した研究という意味での「憲法学の法律学化」が指摘されるが[10]，その場合，憲法の概念論・区別論などは，それが憲法解釈の決め手とはならないという意味で，必ず

6）　樋口陽一『憲法〔第 4 版〕』（勁草書房，2021 年）21 頁。赤坂正浩『世紀転換期の憲法論』（信山社，2015 年）323 頁も参照。

7）　*See e.g.*, KATHLEEN M. SULLIVAN & NOAH FELDMAN, CONSTITUTIONAL LAW (20th ed. 2019). 念のため述べておくと，あくまでケースブックの話であり，アメリカの憲法学が判例だけを議論しているわけではない。

8）　*See* Stephen M. Griffin, *The Problem of Constitutional Change*, 70 TUL. L. REV. 2121, 2155-2156 (1996). Edwin Meese III, *Perspective on the Authoritativeness of Supreme Court Decision: The Law of the Constitution*, 61 TUL. L. REV. 979, 981-982 (1987).

9）　小嶋和司「戦後憲法学の特色」ジュリ 638 号（1977 年）71 頁も参照。

10）　山元一＝只野雅人編訳『フランス憲政学の動向──法と政治の間』（慶應義塾大学出版会，2013 年）などを参照。

しも必須の知識とはいえないだろう。

2　何のための憲法学か

　その一方で，例えば，ある国家の憲法秩序全体を把握したり，比較憲法を有意義なものにしたりするためには，憲法典や判例をみるだけでは不十分である。近時の比較憲法学において導入されている，憲法典それ自体を指す「大文字（固有名詞）の憲法（large-C constitutions）」と，成文憲法典のみならず，不文法，慣習等から成る，実際に国家または政治共同体の権限の所在や内容，その制限について規律する規範を指す「小文字（一般名詞）の憲法（small-c constitutions）」という区別や[11]，「憲法典外の憲法（Constitution outside the Constitution）」として，憲法を実質化・具体化する法律をも憲法学で主題化する必要性が指摘されたりなどしているのは，そのためである[12]。

　またフランスでは，「憲法学の法律学化」に対抗する「政治法プロジェクト」が進行中であり[13]，ドイツでも，「連邦憲法裁判所実証主義」からの脱却が主張されているところである[14]。そうした関心からは，憲法＝憲法典（＋判例）では狭すぎる，ということになろう。

　要するに，小嶋が憲法学の学問対象——より正確にいえば，法学生に教授すべき憲法学の内容——は憲法典にとどまらないと考えているからこそ，憲法＝日本国憲法典という理解に接したときに「複雑な気持」が生じたのである。小中高までの憲法の学習と，大学で学ぶ憲法学の学修との橋渡しに際して求められるのは，まずもってこの出発点における認識の相違をきちんと埋めることである。

---

11)　David S. Law, *Constitutions*, in THE OXFORD HANDBOOK OF EMPIRICAL LEGAL RESEARCH 376, 377（Peter Cane & Herbert M. Kritzer, ed. 2010）.

12)　*See, e.g.*, Ernest A. Young, *The Constitution Outside the Constitution*, 117 YALE L.J. 408（2007）; MARK V. TUSHNET, WHY THE CONSTITUTION MATTERS 6-8（2011）.

13)　山元＝只野編訳・前掲注 10）参照。

14)　その背景や憲法理論の状況なども含め，林知更『現代憲法学の位相——国家論・デモクラシー・立憲主義』（岩波書店，2016 年），栗島智明「ドイツ憲法学の新潮流——《理論》としての憲法学の復権？」法学政治学論究 117 号（2018 年）33 頁以下などを参照。

Ⅲ　概念論・分類論で見えてくること

　憲法の概念や分類論には，それぞれ「含蓄に充ちた憲法史・憲法思想史上の意味」[15]があり，博物学的ないし分類学的関心から遂行されているというわけではない。論者によって整理の仕方やニュアンスが異なる場合も少なくないが，そのことを踏まえつつ，ここでは，その分類を行うことによって何が見えてくるのか，という視点から整理してみたい。

1　比較研究の視点

　民事訴訟法学者で法務大臣を務めたこともある三ケ月章が指摘したように，西欧の法典や法学を導入することで近代化を試みたという幕末以来の歴史的経緯から，憲法学を含め日本の法学研究者は，必ずといってよいほど外国法（主に英独仏，戦後は米が加わる）との比較研究に従事している[16]。日本の憲法学がこの「比較」という作業を有意義なものにするためには，比較対象国における「憲法」概念の使用法や特徴，その多義性を踏まえることが必要不可欠となる。

　しばしば指摘されるように，「憲法」という言葉自体は，かねてより日本でも用いられてはいたものの，それは「世人」が一般に考えるような制定法＝憲法典という意味ではなかった[17]。「西洋の法律学が我国に入って来たときに，学者は彼の『コンスチチューシオン』（Constitution）あるいは『フェルファッスング』（Verfassung）などの語に当つべき新語を鋳造する必要に横着」[18]し，紆余曲折の末に充てられることになった訳語が，「憲法」なのであった[19]。しかし，「constitution という語じしん多義的にもちいられるため，その訳語としての『憲法』の語も，言語の多義性を継承することとなった」[20]のである。この多義性をきちんと押さえておかないと，有意義な比較研究は不可能となる。

---

15)　樋口・前掲注6)4 頁。
16)　三ケ月章『司法評論Ⅲ 法整備協力支援』（有斐閣，2005 年）69 頁。
17)　穂積陳重『続法窓夜話』（岩波書店，1980 年）36 頁〔初版は1936 年〕。
18)　穂積・前掲注17)37 頁。
19)　石川愛世「Constitution と日本語『憲法』——明治期啓蒙思想家の西欧文化受容」大阪総合保育大学紀要 10 号（2016 年）63 頁以下なども参照。
20)　小嶋和司『憲法概説〔復刊版〕』（信山社，2004 年）2 頁。

2　記述的／規範的

　"constitution" という英単語は，構成・組織・構造といった意味の名詞であ
り，状態や存在形態を示す記述的な用語である[21]。国家のような政治共同体
を含め，すべての団体は組織や構造を有している。その存在のあり様それ自体
を示す言葉として "constitution" を用いるのが，「記述的意味の憲法」である。
そのため，この意味での "constitution" を持たない国家は存在しない。憲法
と聞いて「世人」が想定するのは国家の憲法典であるが，憲法典を制定すると
いう歴史は浅く，たかだか数百年前に始まった実践である（⇒**第 2 章**）。しか
しそれ以前の国家も「記述的意味の憲法」も当然に有していた。例えば，アリ
ストテレスとその弟子による "Athenaion politeia" の英語の定訳は，"the
constitution of Athens" であるが，ここでの "constitution" は「記述的意味」
である[22]。

　この "constitution" という語が，「べきである」という規範的な意味を獲得
するようになるのは，1689 年から 1789 年の間——この間に生じた名誉革命，
アメリカ独立宣言と憲法制定，フランス革命とフランス人権宣言がそのきっか
け——であったとされる[23]。

　こうした "constitution" 概念の用法の変化を把握するには，「記述的意味の
憲法」と「規範的意味の憲法」との区別が有益となろう。

3　形式的／実質的

　憲法学が対象とするのは，通常，「規範的意味の憲法」である。この意味で
の憲法は，必ずしも制定法＝憲法典というかたちで存在するわけではない。例

---

21)　芦部・前掲注5)2-3頁では，「事実的なもの」と表現されている。ドイツ語の
"verfassung" の語源とその多義性については，堀内健志『憲法理論研究』（弘前大学出
版会，2011 年）44 頁以下を参照。
22)　なお，邦訳では『アテナイ人の国制』が一般的であり（例えば，アリストテレス（村
川堅太郎訳）『アテナイ人の国制』〔岩波書店，1980 年〕），「国制」という用語のほうが
理解しやすいかもしれない。事実，日本でも，「憲法」なる訳語が定着する前には「国
制」という訳が充てられていたこともあった。
23)　Dieter Grimm, Constitutionalism: Past, Present, and Future, 3, 43-44 (2016). 大林啓
吾＝見平典編著『憲法用語の源泉をよむ』（三省堂，2016 年）4-5 頁〔溜箭将之〕。また，
オリヴィエ・ボー（南野森訳）「フランスにおける憲法概念の歴史」山元＝只野編訳・前
掲注 10)163 頁以下も参照。さらに本書**第 2 章**も参照。

えばイギリスに憲法典は存在しないが，法律や習律，判例などによって「規範的意味の憲法」が構成されている。この相違を浮かび上がらせるためには，憲法という名を冠された規範を意味する「形式的意味の憲法」と，どのような形式で存在しているかを問わず，国家の構成・組織・構造に関する規範を意味する「実質的意味の憲法」という区別を設けることが有用である。

　「形式的意味の憲法」を有する国家においても，それによって「実質的意味の憲法」が語り尽くされていることはありえないし[24]，「形式的意味の憲法」に規定されている事柄のすべてが「実質的意味の憲法」に該当するわけでもない。そこで，各国間での有意義な比較を行うためにも，あるいは考察対象を不用意に限定してしまったり，不必要な事柄を考察対象に含めてしまったりしないためにも，憲法学の関心は「実質的意味の憲法」に向けられることになる。これにより，いわゆる憲法附属法──「内容からすると等しく国政の組織と運営に必要な基本的規範ではあるが，形式上は憲法典に盛り込まれることなく，むしろ通常の議会制定法その他の法令に委ねられたもの」[25]をいい，上述したアメリカの「憲法典外の憲法」に概ね対応する──などが憲法学の射程に入ってくる。またこの区別により，一般的な教科書で，「憲法の法源」が扱われていること[26]の意味も理解できるだろう。

4　固有の意味／立憲的意味

　「実質的意味の憲法」は，古今東西すべての国家ないし政治共同体に存在する。しかし標準的な日本の憲法学は，そのすべてを比較検討の対象とはせず，内容によって比較対象の選別を行ってきた。その選別の基準とされてきたのは，1789年のフランス人権宣言16条「権利の保障が確保されず，権力の分立が定められていない社会は，すべて憲法をもつものではない」に端的に示されているとされる「立憲主義」を採用しているか否かである[27]。ここでは，「実質的

24）　そのため，「成文憲法」と「不文憲法」という区別にはミスリーディングな側面があることに留意したい。
25）　大石眞『憲法秩序への展望』（有斐閣，2008年）7頁。
26）　芦部信喜（高橋和之補訂）『憲法〔第7版〕』（岩波書店，2019年）32-34頁，佐藤幸治『日本国憲法論〔第2版〕』（成文堂，2020年）38-45頁，大石眞『憲法概論Ⅰ──総説・統治機構』（有斐閣，2021年）7-19頁などを参照。
27）　樋口陽一『比較憲法〔全訂第3版〕』（青林書院，1992年）57頁など。

意味の憲法」のうち，権利の保障と権力分立が定められているものだけを「憲法」として把握するという理解が示されているが，これを「立憲的意味（近代的意味）の憲法」という。そして，「立憲的意味の憲法」と対比する場合，「実質的意味の憲法」は「固有の意味の憲法」と称される[28]。

　この区別により，日本国憲法を学ぶにあたって参照すべき「憲法」の絞り込みが行われる。芦部信喜が，「憲法学の対象とする憲法とは，近代に至って一定の政治的理念に基づいて制定された憲法であり，国家権力を制限して国民の権利・自由を守ることを目的とする憲法である」[29]と述べているのがその代表例である。日本国憲法を学ぶにあたって参照すべき他国の「憲法」の絞り込みが行われると同時に[30]，規範的意味を獲得した“constitution”の思想史の流れのなかに日本国憲法を位置付けることが可能となるのである。

Ⅳ　立憲主義とは何か

1　立憲主義の概念

　「立憲的意味の憲法」は「実質的意味の憲法」の内容的特質を指標にした分類であり，具体的には立憲主義を採用しているか否かを指標とする。しかしこの立憲主義という語は，憲法という語に負けず劣らず多義的である。

　先に述べたように「近代立憲主義の核心的要請を最も古典的に定式化したもの」[31]として，1789 年のフランス人権宣言 16 条を挙げ，そこに「戦後憲法学における立憲主義概念の最大公約数」[32]が示されていると捉えるのが，日本における通説的な立憲主義の理解であった。しかし，この理解が立憲主義の唯一の「捉え方」ではない。立憲主義という概念（concept）には，多様な構想ないし捉え方（conceptions）が存在するのである。

---

28)　佐藤・前掲注 26)31 頁は，「固有の意味の憲法と先の実質〔的意味の〕憲法とは，結局同一の事柄を指しているが，前者は事柄の性質に着眼してのものであるのに対して，後者は事柄の存在様式に着眼してのものである」と指摘している。

29)　芦部・前掲注 26)5 頁。

30)　ただし，「立憲的意味の憲法」典を有する国家が，必ずしも立憲主義的な統治を行っているわけではないため，「絞り込み」の際には運用面にも目配りがなされる。

31)　樋口陽一『近代立憲主義と現代国家』（勁草書房，1973 年）182 頁。

32)　赤坂正浩「日本の立憲主義とその課題——ドイツとの比較の視点から」公法 80 号（2018 年）52 頁。

図　立憲主義の分類

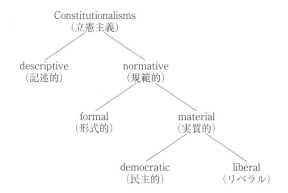

　この点について，近時刊行された比較憲法のハンドブックで「立憲主義」の箇所を担当した，同書の共編者でもあるロバート・シュッツェは，立憲主義を「憲法とは何か，または憲法とはどうあるべきかを定義付ける一連の考え方」[33]と定義したうえで，次のように説明している（**図**[34]参照）。以下，具体的に見ていこう。

2　立憲主義の分類

　まず，記述的立憲主義と規範的立憲主義が区別される。記述的立憲主義は，憲法とは実際の政治体制や権限配分のことであるとする考え方であり，規範的立憲主義は，憲法は政治体制がどうあるべきかについて規定（prescribe）するものであると捉える考え方である。Ⅲ2では憲法の「記述的／規範的」という分類に触れたが，シュッツェのいう「記述的／規範的立憲主義」は，憲法をそのように定義する考え方を指している[35]。

---

33)　Robert Schütze, *Constitutionalism(s)*, in THE CAMBRIDGE COMPANION TO COMPARATIVE CONSTITUTIONAL LAW 40, 41（Roger Masterman & Robert Schütze, ed., 2019）.

34)　*Id.* at 42.

35)　*Id.* at 41, 42-48. かつてアメリカの政治学者マクゥルワインは，歴史のすべての段階を通じて立憲主義が有している「1つの本質的性格」は，「統治権に対する法的制限であり，恣意的支配のアンチテーゼであり，又専制政治，即ち法による統治ではなく意志による支配が，正に立憲政治とは反対概念であること」，「立憲主義の最古の，又最も恒久的な特質は，法による統治権の制限であり，このことは，初めから現在まで変ることがない」と指摘した（C・H・マクゥルワイン〔森岡敬一郎訳〕『立憲主義――その成立過程』〔慶應通信，1966年〕29頁）。シュッツェの議論に照らせば，この言明は規範的立憲主義を前提としたものだということになる。

　次にシュッツェは，規範的立憲主義を，形式的と実質的に区別する。形式的立憲主義は，憲法が統治構造はどうあるべきかを規律するという規範的位置づけを有している以上，法体系の頂点に位置づけられる法規範でなければならないとする考え方であり，実質的立憲主義は，それだけでは憲法とはいえないとして，憲法を正統化（legitimize）するために，憲法という法概念と特定の政治哲学とを結び付けて理解し，そのような特徴を備えている憲法のみを真の憲法とする考え方である[36]。ここでの「形式的／実質的」の区別は，Ⅲ3で見た区別とは異なるものであることに注意したい。

　そして実質的立憲主義は，民主的な立憲主義とリベラルな立憲主義に区別される。民主的な立憲主義は，憲法は，アメリカのリンカーン大統領のゲティスバーグ演説（1863年）に示された「人民の，人民による，人民のための政治」を内容とするものでなければならないとする考え方であり，リベラルな立憲主義は，憲法は，フランス人権宣言16条に示された権力分立と人権の保障を内容とするものでなければならないとする考え方である[37]。

　以上の整理によれば，日本の立憲主義の理解は，シュッツェの分類でいうところの「リベラル」な立憲主義[38]という特定の構想を指していることになる。この意味での立憲主義に基づく憲法だけを「立憲的意味の憲法」と呼ぶのは，日本独自の用法なのである[39]。

3　リベラルではない立憲主義
——立憲主義の多元化

　立憲主義の多義性はこれにとどまらない。例えば近時の比較憲法学の領域で

---

36)　*Id.* at 41,48-54. シュッツェは，規範的立憲主義であるためには憲法は法として執行可能でなければならないとして，違憲審査制を欠く憲法はここでいう立憲主義に該当しないとしている。*Id.* at 48-49. しかし，違憲審査制は権力分立にとっても立憲主義にとっても不可欠な要素ではないと解される。この点については，第6章を参照。

37)　*Id.* at 41, 54-60. この違いを，アメリカ型立憲主義とヨーロッパ型立憲主義の対比として論じる，Jed Rubenfeld, *Unilateralism and Constitutionalism*, 79 N.Y.U. L. REV. 1791（2004）も参照。

38)　愛敬浩二『立憲主義の復権と憲法理論』（日本評論社，2012年）27-28頁は，日本の代表的論者の「立憲主義」は，「リベラル・デモクラシー」とほぼ同じ意味であると指摘している。

39)　赤坂・前掲注6)306頁。立憲主義の多義性につき，深田三徳『〈法の支配と立憲主義〉とは何か——法哲学・法思想から考える』（日本評論社，2021年）13-25頁も参照。

は，リベラルではない立憲主義を構想した議論が有力化している。山元一が指摘するように，「最近の比較憲法学において重要なテーマの1つとなっているのが，『立憲主義の権威主義化』という現象である。そこには立憲主義が必ずしも権威主義的統治を排除するものではないという認識が前提にある」[40]。

　この点に関して，アメリカの憲法学者で比較憲法学者としても名を馳せるマーク・タシュネットは，権威主義的立憲主義という概念を提唱している[41]。タシュネットによると，政治学における政治体制の分類の詳細化——民主主義と全体主義の中間に位置する，競争的権威主義や，混合体制といった類型[42]——によって，各国の実像をより正確に把握し議論できるようになっているが，それと比べると「比較憲法研究の領域における立憲主義の研究は，リベラルな立憲主義に集中しており，論者によっては，リベラルな立憲主義国家と全体主義国家という二分法によってこの領域を把握しているように見受けられるものもある」[43]。そこでタシュネットは，政治学の展開を踏まえつつ，より実質的な比較研究を可能とするためにも，立憲主義の類型を多元化させることが重要であるというのである。

　こうした問題意識から提唱された権威主義的立憲主義とは，一方の極にあるリベラルな立憲主義と，もう一方の極にある権威主義との中間に位置する，権力の制限や人権の保障に対する「控え目な程度の規範的なコミットメント」がなされている国家[44]——タシュネットはシンガポールをその代表例とする——であり，この類型もまた，一定の国家にとっては規範的に望ましいものとして把握され得るなどと論じている。

　このように比較憲法研究では，リベラルな立憲主義を念頭に置きつつも，そ

---

40)　山元一「グローバル化世界と憲法制定権力」法学研究91巻1号（2018年）51頁。

41)　Mark Tushnet, *Authoritarian Constitutionalism*, 100 Cornell L. Rev. 391 (2015). *See also* Mark Tushnet, *The Possibility of Illiberal Constitutionalism*, 69 Fla. L. Rev. 1367 (2017); Jorge M. Farinacci-Fernos, *Post-Liberal Constitutionalism*, 54 Tulsa L. Rev. 1 (2018).

42)　*See, e.g.,* David Collier & Steven Levitsky, *Democracy with Adjectives: Conceptual Innovation in Comparative Reseach*, 49 World Pol. 430 [1997]. また，金丸裕志「権威主義体制論の興隆と政治体制の分類枠組み」和洋女子大学紀要60巻（2019年）23頁以下なども参照。

43)　Mark Tushnet, *Editorial: Varieties of Constitutionalism*, 14 Int'l. J. Const. L. 1, 2 (2016).

44)　権威主義的立憲主義の諸特徴については，*see* Tushnet, *Authoritarian Constitutionalism, supra* note 41, at 448-450.

れ以外を「立憲主義ではない」,「比較対象とすべき憲法ではない」と排除するような思考法を採用していない[45]。それは,立憲主義を多様に理解することが比較研究を有益なものにするために必要であると考えられているからである[46]。

4　立憲主義と日本国憲法の三大原理

さらに,リベラルな立憲主義を採用しているか否かを「立憲的意味の憲法」かどうかを判断する指標としたとしても,その構成要素である「権利の保障」も「権力分立」も相当漠然としており,本書でこれから見ていくように,具体的な政治制度やその特定の実現方法を指示するものではない(⇒第6章・第7章・第11章・第12章)。別の言い方をすれば,「立憲的意味の憲法」を有するとされる国家の「実質的意味の憲法」は,多種多様である[47]。

以上を踏まえれば,立憲主義と小中高校で学ぶ日本国憲法の三大原理——国民主権主義,基本的人権尊重主義,平和主義[48]——との関係も見えてくる。すなわち,日本国憲法の三大原理は,(リベラルな)立憲主義の必然的要請ではなく,「立憲的意味の憲法」に分類される日本国憲法が,とくに重要と考える基本原理のことである。両者に重なり合う部分があったとしても,基本的には別物である。

そのため,大学における憲法の学修に際しては,日本国憲法のうち,「立憲

---

45)　なお,国際法学の領域では,「グローバル立憲主義」が議論されているが(第13章),本章で触れる余裕がない。筆者の整理として,横大道聡「グローバル立憲主義?」同ほか編『グローバル化のなかで考える憲法』(弘文堂,2021年)3頁以下を参照。

46)　「日本社会のグローバル化世界における客観的な位置測定・診断を行わなければ,日本社会の問題に対する適切な処方箋が見つからない」という問題意識に基づいて日本の立憲主義の分析を試みる山元一の研究は,この意味でも注目される。山元一「日本の立憲主義の権威主義化?」憲法研究3号(2018年)106-107頁. *See also* Hajime Yamamoto, *An Authoritarization of Japanese Constitutionalism?* in AUTHORITARIAN CONSTITUTIONALISM: COMPARATIVE ANALYSIS AND CRITIQUE 338 (Helena Alviar Garcia & Günter Frankenberg, ed., 2019).

47)　この点については,工藤達朗「立憲主義の概念と歴史」中央ロー・ジャーナル16巻3号(2019年)83頁以下を参照。

48)　なお,「憲法典自体に右の三つが基本原理だと定められているわけではない。三大原理は,主として学説によって構成されたものである」(芦部・前掲注5)199頁)ということに注意したい。本文で述べた三大原理に言及された最初期の例は,法学協会編『註解日本国憲法 上巻』(有斐閣,1948年)28頁に見られる。それよりも前の1947年に文部省が新制中学1年生の社会科の教科書として発行した『あたらしい憲法のはなし』では,憲法前文に示された「いちばん大事な考えが3つあります。それは,『民主主義』と『國際平和主義』と『主権在民主義』です」と述べられており,現在の三大原理理解との違いがみられて興味深い。学習指導要領と三大原理については,**インタールード②**を参照。

「的意味の憲法」に該当する部分と，日本国憲法が特に重要と考えている部分とを区別して理解させることが必要なのではないかと思われる。

　吉田先生，こんにちは。これからどうぞよろしくお願いいたします。

　小中高校で何度も憲法について学ぶ機会があるため，学生には憲法は比較的とっつきやすい科目だと考えられています。その一方で，吉田先生のご指摘のとおり，初等中等教育段階で学んできたことと，法学の一分野としての憲法学との違いに戸惑う学生がしばしば見受けられるのも事実です（→Ⅰ）。

　憲法の教科書の冒頭にはたいてい憲法の概念・分類論が置かれていますが，大学の講義でこの議論に触れたときが，学生にとっての「最初の関門」だという重要なご指摘をいただきました。この「関門」を突破し，憲法学の世界へとスムースに入っていくためには，「何のためにそのような分類を行うのか」，「分類することによって何が見えてくるのか」を丁寧に説明することが必要ではないかとの問題提起は，私も共感するところです。その観点からの説明を試みてみましたが，いかがだったでしょうか（→Ⅱ・Ⅲ）。

　高校までの憲法教育で“立憲主義革命”というべき事態が起こっているということも教えていただきました。立憲主義とは，憲法は「権力分立」と「人権保障」を備えるべきという考え方であると教科書では説明されますが，これは立憲主義という概念の捉え方の一つに過ぎない，ということに注意が必要です。これだけが「立憲主義」だとしたり，この意味での立憲主義の思想に基づく憲法を「立憲的意味の憲法」と呼ぶ用法は，日本独自のものなのです（→Ⅳ 1～3）。

　このことに留意しつつ，立憲主義と日本国憲法の採用する三大原理との関係を整理すると，立憲主義を採用する憲法を有する国家は世界中に数多く存在するところ，そのうち日本国の憲法が特に重要と考えている原理が三大原理である，ということになります。両者に重なり合う部分もありますが，そもそも着目する視点が異なっているのです。したがって，私は，両者を無理に結び付けて理解しないほうがよいと考えています（→Ⅳ 4）。

　　　　　　　　　　　　　　　　　　　　　　　　　　　　　［横大道］

第2章　なぜ憲法典を制定するのか

✉

横大道先生，こんにちは。

第1章の解説で，憲法学が何を対象としているのか，また，憲法の概念・分類論を丁寧に議論している理由などが理解できました。また，立憲主義を学修するうえで，日本国憲法の三大原理がどのように位置づけられるのか，その意味を構造的に把握することができたように思います。

なぜ憲法典を制定するのか

第2章は，「なぜ憲法典を制定するのか」というテーマを取り上げます。高校までの学習においては，このような問いを考える機会はこれまでほとんどなかったといってよいでしょう。憲法は所与のものであり，その存在を疑ったり，その存在理由を考察したりするような学習はほとんどなされてこなかったからです。そのせいか，憲法を学ぶことは，日本国憲法に規定された三権分立のしくみや基本的人権の名称を暗記することであると心得ている人も多いのではないでしょうか。

しかし，現状の憲法を所与のものとして受け止めるだけでは，憲法の存在理由を認識することは難しいように思います。今回は，「なぜ憲法典を制定するのか」というプリミティブな問いにこそ憲法の本質を考える手掛かりが得られるのではないかと考え，質問をいたします。どうぞよろしくお願いします。

なぜアメリカは世界に先駆けて憲法典を制定したのか

こういうスタンスに立ってみると，世界各国がなぜ憲法典を制定しているのか，そこに規定された憲法制度はどのような議論を経て誕生したのか，大変気になってしまいます。

大学で憲法の講義を受講すると，「『憲法』という言葉は，もともと英語のconstitutionなどに対応する訳語として用いられ……，constitutionという名詞はconstitute（～を構成する，設立する）という動詞から派生した語である。

何を constitute するのかといえば，それは国家であり，国家権力である」（玉蟲由樹「憲法の意義――『あたりまえ』を守る」法セ735号〔2016年〕13-14頁）という趣旨の説明を受けるでしょう。憲法は，国家という組織を創り出し，その機関を定め，各機関に立法権，行政権，司法権などの権力行使の権限を与えています。それとともに，その国家権力の行使に限界を画しています。もちろん，その具体化は国によって様々な現れ方をするわけです。イギリス，フランス，アメリカは，それぞれ異なる憲法制度を創り上げ，ある国は議会優位の仕組みを，ある国は厳格な三権分立の体制を採用しています。

その中にあって，「なぜ憲法を制定するのか」と考えるとき，アメリカ合衆国憲法を取り上げるのが最もよいのではないかと考えてみました。それは，アメリカ合衆国憲法が世界最初の成文憲法であるというだけでなく，憲法制定過程の議論において，どのような制度を創出するかをめぐり，まさに多様な可能性（選択肢）の中から連邦制や三権分立制が選び取られ制度化されているからです。アメリカはなぜ成文憲法をつくったのでしょうか。そのような背景事情を知ることで，私たちの憲法を認識する眼はより確かなものになっていくことと思います。

なぜイギリスは憲法典を持たないのか

それに対し，気になるのがイギリスの動向です。高校の教科書にもイギリスが不文憲法の国であることは紹介されていますが，世界では憲法の成文化が進んでいるにもかかわらず，なぜこの国は憲法典を持たないのでしょうか。

高校の教科書にはコモン・ローやイギリスの「法の支配」の伝統がほぼ例外なく記述されています。しかし，このような法が現実の社会の中でどのように機能しているのかイメージすることもできないのが実情です。

また，イギリスは伝統的に議会優位の体制を作っており，裁判所による違憲審査制に対しても積極的に評価しているようには見受けられません。このあたりの事情は，イギリスが憲法典を有していないことと関係があるのでしょうか。成文憲法典と違憲審査制の関係についてはこれまであまり十分に論じられてこなかったように思います。世界各国の憲法状況を見据えながら，考えるためのヒントを提供していただければ幸いです。引き続き，よろしくお願いします。

[吉田]

Ⅰ　成文憲法典と国家

　現在，世界中のほぼすべての国が憲法典——最高の形式的効力を有する成文の法典——を有しており，それを有しない国に数えられるのは，わずかにイギリス，ニュージーランド，イスラエルなどに限られる。この事実は，憲法典の制定がわずか数百年前にアメリカの植民地諸邦で始まった新しい「技術」であったこと[1]に照らすならば，驚くべきことである。(次ページの図を参照)。

　私たちは，国家は必ず憲法典を有しており，憲法典がなければ国家は成立しないと素朴に考えがちである。しかし小嶋和司は，「人類が憲法典をもったのは 18 世紀末以後のことで，それ以前にも国家は存したが，憲法典はなかった」といった歴史的事実に照らして，そのような考え方は「最も幼稚な誤り」と断じている[2]。

　それでは，国家の成立にとって憲法典が不可欠ではないとすれば，なぜ現在，世界中のほとんどすべての国家が憲法典を制定しているのだろうか。また逆に，憲法典を制定することが「常識」になったにもかかわらず，なぜイギリスなどのごく一部の国ではいまだに憲法典を制定しようとしないのだろうか[3]。

Ⅱ　成文憲法典の成立

1　作らないイギリス

　イギリスでは，これまでに何度か憲法典制定論が起こっているが[4]，今に至

1）　アルバート・P. ブラウスタイン（西修訳）『世界の憲法——その生成と発展』（成文堂，1994 年）96 頁。*See also* Horst Dippel, *Modern Constitutionalism: An Introduction to a History in Need of Writing,* 73 Legal Hist. Rev. 153（2005）.

2）　小嶋和司「憲法と憲法典」同『憲法学講話』（有斐閣，1982 年）21 頁。

3）　歴史学者の分析として，リンダ・コリー（阿部尚史訳）「憲法を起草することと世界史を書くこと」羽田正編『グローバル・ヒストリーの可能性』（山川出版社，2017 年）304 頁以下を参照。*See also* Linda Colley, *Empires of Writing: Britain, America and Constitutions, 1776-1848,* 32 Law & Hist. Rev. 237（2014）.

4）　概観として，上田健介「イギリスにおける憲法変動の改革論」駒村圭吾＝待鳥聡史編『「憲法改正」の比較政治学』（弘文堂，2016 年）85-88 頁。この問題を扱った近時の文献として，*see* Brian Christopher Jones, Constitutional Idolatry and Democracy: Challenging the Infatuation with Writtenness（2020）.

図　憲法典を有する国家数の推移

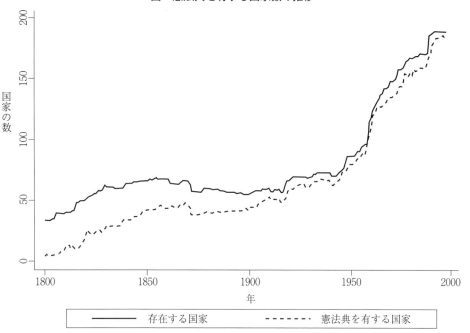

出典：Zachary Elkins, Tom Ginsburg & James Melton, The Endurance of National Constitutions 41（2009）.

るまで実現していない。その理由としてしばしば挙げられるのは，「他国において成文憲法を作らなければならなかったのは革命や独立といった大きな変化があった」[5]からであるのに対して，イギリスではそういった状況がなかったために，憲法典制定の必要性が生じていない，という理由である[6]。「イギリスの立憲制は，不文の封建原則の上に数世紀にわたる小改革を堆積して成立したもの」で，「その憲法伝統の内容は国政に関心を有するものすべてに明白で，しかも伝統尊重の国民性があるため，今日まで組織的な成文法化は必要でなかった」が，「国家じしん新しく成立した場合，政治組織として依るべき伝統はないし，古い国も従来の政治組織に基本的改革をくわえ……政府のたんなる実力的支配（専制的支配）に抑制をもうけようとするならば，それを成文化する

5）　上田・前掲注4）92頁。
6）　See, e.g., N. W. Barber, "Against a Written Constitution" [2008] Public Law 11, at 11.

ことが必要で，成文憲法とならざるを得ない」，というわけである[7]。

2　作ったアメリカ

　確かに成文憲法典を世界に先駆けて制定したアメリカは，イギリスからの「独立革命」を契機に樹立された国家である[8]。しかし，革命や独立といった大きな変化を経験したのは，世界史上アメリカが最初であったというわけでは当然ない。それでは，アメリカで成文憲法典が最初に作られたことには，どのような背景事情があったのだろうか。

　英米法学者の田中英夫は，「国の基本法を成文化するということがほとんど行われていなかった時代に，アメリカの人々が，まだイギリスとの間の砲火がおさまらぬ内に，相次いで〔各邦で〕成文憲法を作った」理由として，①植民地の統治機構の基本が国王からの特許状（charter）によって定められており，それが成文憲法類似の機能を営んでいたこと，②植民地側がイギリスのマグナ・カルタや権利章典上の権利を主張していたことから，独立後にそれに代わる自らの権利章典が必要とされたこと，③特にニュー・イングランドにおいて社会契約説的な考え方が強かったこと，の3つを挙げている[9]。

　①と②に関しては，歴史学者のゴードン・ウッドも，「17世紀以来，国王の権限にたいする防御壁として，かれらがくり返し援用したのは，成文化された植民地設立特許状であった」こと，イギリス議会から正義や公平を守るために，「アメリカ人たちの新しい邦憲法は，政府の権限の要綱を示し市民の権利を明記してある固定された設計図──イングランド国制がそうではありえなかったような成文化された単一の文書──でなければならなかった」ことを指摘している[10]。③については，メイフラワー号でアメリカに渡った人々（ピルグリム・ファーザーズ）が作成したメイフラワー協約（1620年）という，「社会契約説に基づいた文書によって一つの政治組織を創設した」という伝統が，「一つの政治体の基本契約書が必要だという発想を，植民地の人々にとってなじみ易いものとした」ことも関係する[11]。

7）　小嶋和司『憲法概説〔復刊版〕』（信山社，2004年）11頁。
8）　概要につき，ゴードン・S.ウッド（中野勝郎訳）『アメリカ独立革命』（岩波書店，2016年）参照。
9）　田中英夫『アメリカ法の歴史(上)』（東京大学出版会，1968年）86-87頁。
10）　ウッド・前掲注8)80-81頁。

　これらの諸事情を背景に，1787 年に世界初の成文憲法典であるアメリカ合衆国憲法が制定されたのである。

3　フランスの場合

　社会契約説という理論を実践してみせた「アメリカ独立革命」は，それを支援したフランスにも大きな影響を与えた[12]。アメリカ独立宣言，連合規約，『ザ・フェデラリスト』，諸邦で次々と制定された邦憲法など，アメリカ憲法に関連する文書は早いうちから翻訳されて広く海外でも読まれ，『ザ・フェデラリスト』のフランス語訳は当時のベストセラーとなっていた[13]。それらを通じたアメリカの影響も受けながら，1789 年，『第三身分とは何か』[14]の著者でもあるシィエスらを中心に，平民（第三身分）による国民議会は憲法典の制定を訴えた（テニスコートの誓い）。そして憲法制定国民議会（国民議会から改称）は，ラファイエット――アメリカ独立戦争に従軍した経験を持ち，アメリカにシンパシーを覚えていた彼は，貴族（第二身分）でありながら国民議会を支持していた――が起草した人権宣言（1789 年）を採択するとともに，その理念を具体化した 1791 年憲法を制定した。

　1791 年憲法は短命に終わり，その後フランスでは，1793 年憲法，1795 年憲法，1799 年憲法，1802 年憲法，1804 年憲法と，次々に新しい憲法典が登場することになるが，「国民の意思として起草された，根本的な成文の文書という原理は，1789 年の革命から生まれたすべての体制の法的な根拠であり続けた」[15]という事実が，ここでは重要である。

4　2つの革命と社会契約説

　そもそも，「専制政体では支配の意思と実力があれば支配体制（憲法）は成立し，政府の活動態様を客観化して示す必要もない」[16]。憲法典を有しない国

11)　田中・前掲注 9)4 頁，87 頁。
12)　*See* Charles Borgeaud, *The Origin and Development of Written Constitution*, 7 Political Science Quarterly 613, 619–623 (1892).
13)　Albert P. Blaustein, *The Influence of the United States Constitution Abroad*, 12 OKLA CITY U. L. REV. 435, 448–456 (1987).
14)　シィエス（稲本洋之助ほか訳）『第三身分とは何か』（岩波書店，2011 年）。特に第 5 章参照。
15)　Borgeaud, *supra* note 12, at 621–622.

家が 18 世紀末まで「普通」であったのは，このためであろう。これに対して，植民地からの独立（アメリカ革命）と，絶対王政の打破（フランス革命）という性格の違いはあるものの，2 つの革命は，いずれも，市民階級による支配を確立する革命であったという点で共通している。

　そして，両革命を理論的に支え，「成文憲法の発生と普及に最も大きな影響を及ぼしたもの」[17]とされるのが，社会契約説であった。高校までの学習で周知のことなので社会契約説の説明は省略するが，成文憲法との関係では，「契約」という比喩と文書化との親和性に加えて，国家は決して「自然」の存在なのではなく，「人為」的に成立しているものだと理解する点が重要であろう。樋口陽一が指摘するように，「憲法の成文化ということは，統治の根本的なあり方を，人間意思を超えた『事物の必然』としての所与なのだとうけ入れる見地から，人間意思の所産としての憲法をどのように創るのかという考え方に転換することを意味した，という点で，大きな歴史的意義をもつものであった」[18]。

　旧体制からの「断絶」と，新たな体制の「構築」。国家設立の段階において，この両面で社会契約を具体化する文書たる憲法典が大きな役割を果たすことになったのである。

III　成文憲法典の普及と普遍化

1　ヨーロッパ

　ヨーロッパへの成文憲法典の普及に大きく寄与したのは，ナポレオン・ボナパルトである。ナポレオンは，「数多くの成文憲法を起草し，制定し，ヨーロッパ大陸におけるフランスの拡大する帝国に秩序と枠組みを与えようとした」[19]。例えば，ドイツについていえば，フランスが直接統治したヴェストフ

---

16)　小嶋・前掲注 7) 10 頁。
17)　芦部信喜『憲法学 I 憲法総論』（有斐閣，1992 年）32 頁。ホッブズ，ロック，ルソーといった 17, 18 世紀の社会契約説の論者の議論は，「ヨーロッパのもろもろの主権国家の成立の時期にほぼ重なる時代」の産物であり，それが主権国家における支配の正当性を論証する機能を果たしたとされる。飯島昇蔵『社会科学の理論とモデル(10)社会契約』（東京大学出版会，2001 年）7-8 頁。
18)　樋口陽一『憲法〔第 4 版〕』（勁草書房，2021 年）8-9 頁。小嶋・前掲注 7) 12 頁も，「成文憲法は，特定時における特定人の意識的設定物を出発として構築される。しかし，不文憲法は，そのような特定人の意識的設定物というより，長期間安定的に存する社会規範の中から，憲法としての性質を有するものを抽出したに過ぎない」と指摘している。

ァーレン王国，ベルク大公国，フランクフルト大公国にフランスに倣って憲法を制定させ，ライン同盟（1806年）によってナポレオンを保護者として戴いたドイツ西部諸邦に対しても，憲法を制定することを求めた[20]。

　こうしたことも要因としつつ，アメリカとフランスで時期を同じくして導入された「成文憲法の技術は，ヨーロッパの多くの君主国へと拡がっていった。世論の抵抗すべからざる圧力に屈して，それらの国々は，人民に，憲法典（『欽定』憲法）を自発的に与えるか，あるいは強制されてそうするかのいずれかの道を選んだ」[21]。法制史学者の瀧井一博が指摘しているように，「19世紀とは，当の西洋において，憲法の時代でもあった。アメリカとフランスでの二大革命をきっかけとして，西洋諸国は憲法を政治の中心に据え，立憲主義を掲げることになる。憲法は文明国のシンボルとしても作用していたのである」[22]。

2　「文明国のシンボル」としての憲法

　「文明国のシンボル」としての憲法は，文字通りの「シンボル」以上の意味を持っていた。19世紀後半のヨーロッパ中心の国際社会において，ヨーロッパと対等な当事国として扱われるための当事者資格が「文明国」であったからである[23]。

　例えば日本の江戸幕府は，1853年のペリー来航を機に「開国」し，各国と修好通商条約を締結したが，それらは日本の関税自主権を否定し，相手国の領事裁判権を認めるなど，著しく不平等な内容であった。この不平等条約の締結を正当化する論理が，当時の日本は「半文明国」であって「文明国」と対等な条約を結ぶ当事国にあらず，というものであった。明治政府が法制度の近代

---

19)　コリー・前掲注3）315頁。
20)　ドイツについては，*see* Borgeaud, *supra* note 12, at 623-626. 栗城壽夫『ドイツ初期立憲主義の研究——バーデンにおける憲法生活を中心として』（有斐閣，1965年）5-13頁，小林孝輔『ドイツ憲法小史〔新訂版〕』（学陽書房，1992年）97-110頁などを参照。なお，ナポレオン失脚とライン同盟解体後，ドイツ連邦規約によりドイツ連邦が成立したが（1815年），その13条において，何らかの意味での国民の政治参与を定めた成文憲法典の制定が義務付けられており，それを契機に次々に憲法典が制定されている。
21)　カール・レーヴェンシュタイン（阿部照哉＝山川雄巳共訳）『現代憲法論——政治権力と統治過程〔新訂〕』（有信堂高文社，1986年）170-171頁。*See also* Borgeaud, *supra* note 12, at 626-631.
22)　瀧井一博『文明史のなかの明治憲法——この国のかたちと西洋体験』（講談社，2003年）17頁。
23)　山内進「明治国家における『文明』と国際法」一橋論叢115巻1号（1996年）20頁。

化・西洋化を急いだのは，「文明国」資格を得るためであり，それによって不平等条約の改正を達成しようとしたのである[24]。「立憲主義の採用は，したがって，明治日本の深刻な国家目標であった。立憲政治を確立し文明国として自立し，もって不平等条約を改正して全き意味で国際社会の一員となること」[25]，これが大日本帝国憲法というアジア初の成文憲法典の制定の大きな動機であり，成文憲法典のヨーロッパを越えた普及の理由でもあった。

3　世界各国へ

　成文憲法典のヨーロッパ各国，そしてそれを越えた広がりについて，歴史学者のリンダ・コリーは，「この新しい単一のテキストとしての憲法は，識字率や輸送手段，郵便制度，社会的流動性，移民，そしてなにより印刷技術が，各地でこれまでになく急速に発展しつつあった世界に，見事に適合したのである」[26]と述べ，文書として印刷されたテキストであるという形式の重要性を，具体例を交えながら強調している[27]。

　また，「アメリカ独立宣言は，史上初めて，対外主権（「独立国として当然行い得るいっさいの行為」）と独立を結び付けたもの」[28]であることを強調し，「アメリカ革命は，主権という名の伝染病の最初の大発生であり，この伝染病は 1776 年以降の数世紀の間，世界に大流行した」[29]と論じる国際思想史家デイビッド・アーミテイジの議論も参考になる。独立によって新しい国家秩序を構想する必要性に直面した際に，独立宣言と同様の先駆的試みとして，同じアメリカにおいて憲法典の制定という実践が存していたということも，独立宣言の普及とともに成文憲法典の普遍化に大きな影響を与えたと思われるからである[30]。

　他方で，独立した国民国家だけでなく，「"長い 19 世紀"において，成文憲

---

24)　概観として，岩谷十郎「近代日本の法典編纂――その "始まり" の諸相」岩谷十郎ほか『法典とは何か』（慶應義塾大学出版会，2014 年）25 頁以下参照。
25)　瀧井・前掲注 22)17 頁。安念潤司「憲法と憲法学」樋口陽一編著『ホーンブック憲法〔改訂版〕』（北樹出版，2000 年）51-54 頁も参照。
26)　コリー・前掲注 3)307 頁。
27)　コリー・前掲注 3)307-310 頁。
28)　D・アーミテイジ（平田雅博ほか訳）『独立宣言の世界史』（ミネルヴァ書房，2012 年）131 頁。
29)　アーミテイジ・前掲注 28)123 頁。

法をまったく利用しなかった陸上帝国, 海上帝国は, どれほど新興の帝国であっても, またどれほど確固たる帝国であっても, およそ見あたらない」[31]と指摘されるように, 帝国による植民地支配の道具としても成文憲法典は機能したために, 世界中に広がっていったという側面も見逃せない。ともあれ, 「成文憲法はヨーロッパに始って全世界を征服した。過去1世紀半の間に, 成文憲法は, 国民意識と国家の象徴となり, 民族自決と独立の象徴となった」[32]のである。

4 普遍化の影響

市民革命と独立, 主権国家と独立宣言, その理論的根拠としての社会契約説, その具体化・文書化としての成文憲法典, さらには印刷技術の発達, 近代合理主義の思想[33], 西洋の帝国主義の拡大, 「文明国のシンボル」としての機能[34]など, 様々な要因が重なり合いながら「成文憲法の普遍化」が進行していったのである。

しかし成文憲法の普遍化により, 次のような状況が到来している。

成文憲法は, 現代の国家組織においてひろくおこなわれ, また普遍的に受け入れられた現象となっている, といってよい。主権国家は成文憲法をもたなければならないという確信は, 深く人びとの意識に根をおろしており, そのため現代の専制主義ですら, 成文憲法に内在する民主主義的正統性に対してなんらかの敬意を払わなければならない, と感じているほどである。それゆえ, 成文憲法を創り出すことが自由かつ自治的な社会を実現するというア

---

30) アメリカの憲法学者ヴィッキ・ジャクソンは, 「アメリカ憲法の最大の貢献は, 成文憲法のもとの政府, あるいは成文憲法に従った政府という観念にこそ存している」と指摘するとともに, それと結びついた間接民主制を, アメリカが世界中に与えた影響であると指摘している。Vicki C. Jackson, *Comment on Law and Versteeg*, 87 N.Y.U. L. Rev. 2102, 2103-2105 (2012).

31) コリー・前掲注3)316頁。

32) レーヴェンシュタイン・前掲注21)171頁。

33) 芦部・前掲注17)32頁。

34) 今日において新国家が憲法典を制定する主たる理由は, それが国家として承認される事実上の要件になっている――1933年のモンテビデオ条約1条が示しているような法的な要件ではない――からであるという指摘もある。*See* Mark Tushnet, Advanced Introduction to Comparative Constitutional Law, 11 (2nd ed. 2018). 今日における憲法典の対外的・国際的意義に関して, *see, e.g.*, Mark Tushnet, *Constitution*, in The Oxford Handbook of Comparative Constitutional Law 222 (Michel Rosenfeld & András Sajó, ed. 2012).

メリカ革命とフランス革命の信念は，もはや維持することはできない。今日
では，成文憲法は，しばしば，赤裸々な暴力の便利な隠れ蓑となっているの
である。形式的な憲法の存在が，その国家を真正の立憲主義的国家とするわ
けでは断じてない[35]。

　政治学者のカール・レーヴェンシュタインが，規範的憲法／名目論的憲法／
意味論的憲法という憲法の「存在論的」分類を提唱したのは，このような理由
による[36]。また，「立憲的意味の憲法」という分類論が必要とされる理由の少
なくとも1つは，この点に存している（⇒第1章）。

Ⅳ　成文憲法典と違憲審査制

　以上，成文憲法典の普遍化の経緯を追ったが，今度は，憲法典を制定してい
ない国家において，その論拠に違憲審査制への否定的評価が挙げられているこ
とについて見ておきたい。

1　違憲審査制への否定的評価

　イギリスにおいて成文憲法典の制定に反対する理由として，しばしば「裁判
官に大きな権限を与えることに対する懐疑」，すなわち，「不文憲法では民主的
な議会が法の最高の決定者であるのに対して，成文憲法になれば最高裁判所が
議会制定法の合憲性を審査することになるから，裁判官に何が法であるかの最
終的判断権を与えてしまうことになる」[37]ことへの懐疑も口にされる。
　同じく成文憲法典を有しないニュージーランドでも，成文憲法典の制定に反
対する理由として，「(a)最高法規としての憲法が制定され，裁判所が違憲審査

---

35)　レーヴェンシュタイン・前掲注21)173頁。
36)　レーヴェンシュタイン・前掲注21)182-192頁。概観として，芦部・前掲注17)43-45
　　頁。実証研究によると，権威主義国家と民主主義国家の憲法典の内容にはほぼ違いがな
　　い。*See* Zachary Elkins, Tom Ginsburg & James Melton, *The Content of Authoritarian
　　Constitutions*, in Constitutions in Authoritarian Regimes 141（Tom Ginsburg &
　　Alberto Simpser ed. 2014）.
37)　上田・前掲注4)93頁。*See also* Barber, *supra* note 6, at 13-14; Tushnet, *supra* note
　　34, at 53. なおイギリスは，英連邦の支配のために成文憲法典を制定させていたという事
　　実には留意が必要である。コリー・前掲注3)317頁。

権を行使することになると，時の政権党に有利な決定を下す裁判官が任命され
がちになる，⒝司法の政治化を招き，議会の権限を侵すことになる，⒞憲法の
内容が時代に合わなくなっても，後の世代の人々を拘束するのは不合理である，
⒟小国であり，国民が緊密な結合を保った国家であるニュージーランドでは，
個人の権利保障規定を含む憲法典の必要性がない等の主張」がなされているよ
うであるが[38]，このうちの⒜⒝は，イギリスの議論と重なり合う。

　こうした反対論に対しては，最高法規性を備えた憲法典の制定と，その規範
の実現（裁判所による違憲審査）は論理的に別問題のはずだ，という反論がす
ぐに思い浮かぶだろう。しかし，アメリカで違憲審査権を確立した1803年の
マーベリー対マディソン連邦最高裁判決[39]の論旨を見ると，上記の懐疑論が
あながち的外れとはいえないことがわかる。

2　違憲審査制の始まり

　法律や国家行為が憲法に違反するか否かを裁判所が判断するという違憲審査
制を世界に先駆けて導入したのもアメリカであった。しかし，アメリカ合衆国
憲法のどこにも，裁判所が違憲審査権を有する旨を定める規定は存在していな
い。アメリカの違憲審査制は，1803年のマーベリー判決によって生み出され
たものだからである。ここまでは憲法の教科書でも大抵触れられているだろう
が，重要なことは，アメリカ連邦最高裁が自らの違憲審査権を確立させるにあ
たって，「我々が政治制度における最大の進歩であるとみなしているもの」[40]
と呼んだ「成文憲法」との不可分性を強調していたことである。その主張をま
とめれば，大要，次のとおりである[41]。

　①立法府の権限は定義され限定されている。そして，その制限が誤解された
　り忘却されたりしないよう，憲法が起草された。

38）　矢部明宏「ニュージーランドの憲法事情」国立国会図書館調査及び立法考査局『諸外
　　国の憲法事情(3)』（2003年）160頁。*See also* Diarmuid F. O'Scannlain, *Is a Written
　　Constitution Necessary?* 32 PEPP. L. REV. 793（2005）.
39）　Marbury v. Madison, 5 U.S.（1 Cranch）137（1803）. 概要については，田中・前掲注
　　9）223頁以下を参照。なお，マーベリー判決の歴史的評価については疑義もあるが（例
　　えば，勝田卓也「マーベリ判決の神話」法学新報119巻9＝10号〔2013年〕149頁以下
　　を参照），ここでは，判例自身の説明が重要である。
40）　*Id.* at 178.
41）　*Id.* at 176-180.

②すべての成文憲法の起草者が，国家の根本的かつ最高の法の制定を意図して
いるのは確実である。それゆえ，すべてのそのような統治に関する理論
は，憲法と矛盾する立法府の法律は無効であるとするものでなければなら
ない。この理論は成文憲法に本質的に伴うものであるから，この裁判所に
おいても，我々の社会の根本的な原理の一つとみなされる。

③何が法であるかを述べることは，断固として司法府の領域であり義務であ
る。その裁判所に憲法と矛盾する法律が存在する状況で法律の適用を認め
ることは，すべての成文憲法のまさにその根本を破壊する。

④憲法に反する法律は無効であり，他の部門と同様に裁判所も憲法に拘束さ
れるという，すべての成文憲法にとって本質的である原理は，裁判官が憲
法を尊重し擁護する旨の宣誓を求められていることや，憲法が最高法規と
されていることなど，合衆国憲法の個々の条文によっても支持される。

　このように，マーベリー判決が違憲審査制を導出する根拠は，成文憲法典と
最高法規性，そして違憲審査制との不可分性だったのである。

3　違憲審査制と成文憲法典との関係

　しかしながら，19世紀から20世紀中盤まで，憲法典を有しながらも裁判所
による違憲審査制を認めない国のほうが圧倒的多数であった（⇒第9章参照）。
この事実に照らせば，憲法典と違憲審査制は不可分ということは困難である。
もっとも，最高法規である成文憲法典の存在が司法による違憲審査制を導入す
る契機となり得ることは，マーベリー判決が示しているとおりであり，裁判所
やその他の機関による違憲審査制を統治制度に組み込もうとする場合，最高法
規としての成文憲法典が必要となる，ということはできるだろう[42]。

　第1章では，「憲法」の様々な分類論・概念論は，それによって何を問題と
しようとするのかが関係していると論じた。イギリスの憲法学では，「政治的
憲法」と「法的憲法」という区別が大きな意味を持っているが[43]，それは，
「とりわけイギリスにおいては，法的なルールや保証よりも，民主的な統治に
対するコミットメントによって支えられる憲法上の習律に対する信頼が強

---

[42]　樋口・前掲注18)89頁，440頁。
[43]　イギリスの憲法理論状況の概観として，愛敬浩二『立憲主義の復権と憲法理論』（日本
　　評論社，2012年）48-65頁を参照。

い」[44]ため，憲法には政治的な意味での規範性（政治的憲法）のみしか認められないということが自明視されていたからである。成文憲法典の導入は，これを転換させ，裁判所によって実現される規範（法的憲法）への変更をもたらす。イギリスにおける「政治的憲法」と「法的憲法」という区別は，こうした状況と関係するものであり，「憲法とは何か」をどのように考えるかに深く関連している。

　吉田先生。今回，「『なぜ憲法典を制定するのか』というプリミティブな問いにこそ憲法の本質を考える手掛かりが得られるのではないか」との重要な指摘を頂戴しました（→Ⅰ）。近代立憲主義の歴史的展開を扱う研究は日本でも見られますが（ここでは，樋口陽一『比較憲法〔全訂第3版〕』〔青林書院，1992年〕と，佐藤幸治『立憲主義について──成立過程と現代』〔左右社，2015年〕のみを挙げておきます），成文憲法典の誕生と普及の歴史的展開については，十分に議論されてこなかったように見受けられます。

　世界に先駆けて成文憲法典という「技術」──あえて憲法典の「人為性」を強調するためにこの言葉を使いました──が，アメリカとフランスでどのようにして誕生したのか（→Ⅱ2～4）については，多くの教科書でも言及されています。しかし，それがどのようにヨーロッパや世界各国に広がっていき，普遍的実践としての地位を得るまでになったのかについてはほとんど触れられていません。そこで，多くの要因が絡み合って「成文憲法の普遍化」が進んでいったことを概観しました（→Ⅲ）。国によって憲法典の制定事情は異なるでしょうが，大まかな流れは示せたのではないかと思います。

　成文憲法が普遍化するにつれて，成文憲法典を制定しないイギリスなどの国（→Ⅱ1）では，なぜ憲法を制定しないのかを自覚的に議論するようになります。そこから逆照射させるかたちで「なぜ憲法典を制定するのか」を探ってみると，成文憲法典と違憲審査制との親和的関係が浮かび上がってきます（→Ⅳ）。吉田先生の見立てのとおり，違憲審査制は成文憲法典とかなり相性が良

---

44) Peter Leyland, The Constitution of the United Kingdom: A Contextual Analysis 25 (3rd ed. 2016).

いものである一方，議会主権とは相性が悪い制度であり，だからこそ議会主権を公理とするイギリスやニュージーランドでは，憲法典制定に対する激しい抵抗が生じているのです（これらの国における人権保障については，⇒第11章）。

　私たちの一般的感覚からすると，国家は憲法典を持ち，憲法違反の事態は裁判所の違憲審査によって是正されるものだと考えがちですが，比較を通じて，それは必ずしも自明ではないということに気づかされますね。　　　［横大道］

第3章　どのように憲法を制定するべきか

✉

　横大道先生，「なぜ憲法典を制定するのか」という質問に対し，丁寧に説明をしていただき，ありがとうございました。社会契約説と憲法の成文化という行為を理論的に関係づけることで，人間意思の所産としての憲法をどのように創るかという課題がよりはっきりと見えてきたように思います。憲法をどのように創るかは，今回のテーマとも重なります。憲法制定のプロセスをどのように理解すればよいのか，アドバイスをよろしくお願いします。

アメリカ合衆国憲法の制定プロセスをどう評価するか

　第2章で先生から教えていただいたように，憲法の多くは，革命などの変革の時代に生まれています。世界初の成文憲法を定めたアメリカ合衆国の場合，イギリスから独立した邦々の代表がフィラデルフィアに集い，4か月もかけて憲法草案を作成しました。彼らは，それを邦に持ち帰り，憲法案への賛否をめぐる議論を重ね，投票によって採用を決めました。アメリカ憲法史の専門家，阿川尚之さんは，「これほどていねいに自分たちの国の形を議論して決めた国は，アメリカ以外にないでしょう。しかも憲法制定にあたってどんな議論がされたか，きちんと記録が残されています。ですから今でもアメリカの人たちは，自分たちの国の仕組みについて問題が起きると，200年前の記録を取り出して，参考にするのです」(阿川尚之「アメリカ人と憲法」ジーン・フリッツ〔冨永星訳〕『合衆国憲法のできるまで』〔あすなろ書房，2002年〕102頁)と述べ，アメリカにおける憲法制定のプロセスを高く評価しています。アメリカ合衆国憲法は，第二次世界大戦後に限定しても6回の改正が行われているにもかかわらず，「一度も基本的な変更を加えていません」[阿川]と評価されるのは，このような民主的な憲法制定のプロセスが今もなお憲法の規範力を支えているからではないでしょうか。先生はどのようにお考えですか。

憲法の制定プロセスを分析するための視座

　敗戦の中から生まれた日本国憲法は，その前文において「日本国民は，……ここに主権が国民に存することを宣言し，この憲法を確定する」とはっきりと述べています。前文を読むと，日本国憲法は，国民によって制定された民定憲法であるといって間違いないと思います。しかし，占領下，連合国軍総司令部による介入があったことや天皇の発議（勅命）・帝国議会の議決・天皇の裁可という手続で成立したことなど，憲法の制定過程の特殊性をとらえて，日本国憲法は国民の自由な意思に基づいて制定されたものではないという意見が述べられることもあります。この意見に従えば，国民の意思の反映が不十分であるにもかかわらず，日本国憲法が70年以上も改正されずに運用されていることの意味をどのように受け止めたらよいのでしょうか。私自身は，日本国憲法の制定のプロセスにおいて，連合国軍総司令部の介入はあったにしても，初めて女性議員も参加する第90回帝国議会において帝国憲法改正案に対する審議が行われ，修正も加えられたのちに圧倒的多数を持って可決されていること，さらには，憲法の正統性は，憲法制定の一時点で完結するのではなく，その後の運用においても絶えず意味を問い直し確認し続けることによってその理念が充填されていくこと，これらの意味を，どのように評価するかがポイントになるのではないかと考えています。ともあれ，日本の場合，欽定憲法とされる大日本帝国憲法，占領下において制定された日本国憲法のいずれにしても，アメリカ合衆国憲法の誕生とは異なる制定経過を辿ったことは間違いありません。憲法の規範力や正統性の根拠をめぐる評価についてもぜひ伺いたいところです。

　さて，もう少し視野を広げてみますと，アメリカや日本だけでなく，各国の憲法制定事情はそれぞれ異なる歴史的条件や制約のもとにおかれていることがわかります。占領下に制定された憲法は日本国憲法に限定されるわけではありませんし，国民が憲法制定に関与するレベルも国によって多様な形態があり得るでしょう。あらためて，このような各国の憲法制定の特徴を比較憲法的な視点に立って分析してみるとどのような傾向が読み取れるのでしょうか。さらにいえば，どのような憲法制定のプロセスが「望ましい」といえるのでしょうか。憲法制定の問題は，その事実と評価をめぐりなかなか難しい論点があるようです。複雑な議論に対する分析の視点を横大道先生から提供していただき，私たちがこの問題を考える手掛かりを示していただければ幸いです。　　　　　［吉田］

Ⅰ　憲法が制定されるとき

　憲法の制定は，革命や独立などの大きな変化が生じた場合に行われることが多い（⇒第 2 章）。日本でも著名な政治学者ヤン・エルスターは，憲法典制定の契機として，①社会的・経済的危機，②革命，③体制崩壊，④体制崩壊への懸念，⑤敗戦，⑥戦後の再建，⑦新国家創設，⑧植民地からの独立，の 8 つを挙げているが，これらをきっかけに制憲プロセスが始動する[1]。

　憲法は一般に，手続の確定[2]⇒草案の作成⇒熟議⇒承認というプロセスを経て制定される。各段階で登場するアクターは，議会，執行府，制憲会議，国民，軍，君主，外国政府，国際機関，専門家など多種多様である。そしてそれぞれのアクターが，どの程度関与して憲法が制定されるかは，時代や文化，政治的・社会的状況によって各国各様である。この点に関してアメリカの憲法学者フレデリック・シャウアーは，憲法がどのように制定されたのかに着目して，強制型，移植型，自生型，超国家型という 4 つのモデルを提示している[3]。

　このように憲法は，多種多様な経緯・方法で制定されているが，それでは，制憲プロセスはどうあ ·る ·べ ·きなのだろうか。また，制憲プロセスは憲法の内容や運用等に対していかなる意味を有するのだろうか。エルスターは，1995 年の論文のなかで，「私の知る限り，憲法制定のプロセスを，完全に一般論のかたちで，独立した実証研究対象として考察した本は 1 冊も見当たらず，論文においてですら見当たらない」[4]と嘆いていた。それから 20 年以上が経過し，エ

---

1 ）　Jon Elster, *Forces and Mechanisms in the Constitution-Making Process*, 45 DUKE L. J. 364, 370-371 （1995）. なお，民主国家においても新憲法制定（憲法の取換え）は生じているが，この点に関しては，*see* Gabriel L. Negretto, *New Constitutions in Democratic Regime*, in REDRAFTING CONSTITUTIONS IN DEMOCRATIC REGIMES: THEORETICAL AND COMPARATIVE PERSPECTIVES 1, 4-5 （Gabriel L. Negretto, ed. 2020）.

2 ）　既存の憲法典が定める改正手続を利用して新憲法を制定する場合もあれば，まったく新たに制定手続を設ける場合もある。*See* Claude Klein & András Sajó, *Constitution-Making: Process and Substance*, in OXFORD HANDBOOK OF COMPARATIVE CONSTITUTIONAL LAW, 425-434 （Michel Rosenfeld & András Sajó, ed. 2012）.

3 ）　Frederick Schauer, *On the Migration of Constitutional Ideas*, 37 CONN. L. REV. 907-918 （2005）. また，井上武史「立憲主義とテクスト──日本国憲法の場合」論ジュリ 20 号 （2017 年）117-118 頁は，フランス憲法学における，「憲法制定権力の全部または一部が国際機関や他国に譲渡されている」憲法である「国際化された憲法」についての議論を紹介している。

4 ）　Elster, *supra* note 1, at 364.

ルスター自身の研究も含め，議論が積み重ねられてきており，状況は変わりつつある。それでも未解明な部分は多く，この問題は依然として「探検」が必要なフロンティアであり続けている[5]。その点を留保しながら，近時の研究動向を概観してみよう。

Ⅱ　制憲プロセスと憲法典の内容

　政治学や比較憲法学の領域では，各国の実例を参考にしつつも，より一般論化したかたちで，制憲プロセスの各段階で，誰が／どの程度／どのように関与す・る・べ・き・かが議論されている[6]。

　例えば，制憲アクターの行動を動機づける党派的利益，理性，情念を適切に整序することで最適な制憲プロセスを構想しようと試みるエルスターは，草案作成段階では，様々な要素を考慮した投票によって選出される議員で構成される通常の立法府よりも，憲法問題に特化して選出される委員で構成される制憲議会や制憲会議が中心的役割を担うことが望ましく，またその選出は比例代表によって行うべきであるなどと論じている[7]。

　そのほかにも，会議体のサイズが大きくなればなるほど，説得や妥協，熟慮を困難にさせ，憲法典の質（内容的一貫性など）に影響を及ぼすとして，比較的少数から成る会議体に委ねるべきであるとか，少数者に配慮した憲法典を制定するためには，あらゆる層に開かれた会議体に憲法制定の中心的役割を担わせ，また，意思決定に際しては特別多数決が望ましいといった主張も展開されている[8]。

　ここで注目しておきたいのは，これらの議論に共通する前提，すなわち，制憲プロセスは何らかのかたちで憲法典の内・容・に影響を及ぼすという理解である。

---

5)　Justin Blount, Zachary Elkins & Tom Ginsburg, *Does the Process of Constitution-Making Matter?* in COMPARATIVE CONSTITUTIONAL DESIGN 31-34（Tom Ginsburg, ed. 2012）.

6)　議論状況の見取り図として，*see generally* Blount et al., *supra* note 5.

7)　Elster, *supra* note 1. *See also* Jon Elster, *Legislatures as Constituent Assemblies*, in THE LEAST EXAMINED BRANCH: THE ROLE OF LEGISLATURES IN THE CONSTITUTIONAL STATE 181（R.W. Bauman & T. Kahana, ed. 2006）.

8)　*See generally* Jennifer Widner & Xenophon Contiades, *Constitution-Writing Processes*, in ROUTLEDGE HANDBOOK OF CONSTITUTIONAL LAW 60-61（Mark Tushnet, Thomas Fleiner & Cheryl Saunders, ed. 2013）.

　確かにこの前提は直感的には妥当であるように思われるが，出来上がった憲法典の内容は，その置かれた政治的・社会的状況，人々の意識や文化などからの影響も受けるため，制憲プロセスと憲法典の内容との因果関係を実証することはなかなか困難である。そのため，少数の実例やそれに基づいて立てられた仮説を過度に一般化してしまわないように注意が必要であるが[9]，近時，多数事例（ラージN）のデータを利用した統計的な実証が試みられており，研究の深化が図られているところである[10]。

Ⅲ　制憲プロセスへの市民の関与

1　市民の関与の拡大

　現実の制憲プロセスは各国各様であると述べたが，大局的見地からみると，「市民の関与の拡大」という傾向が看取される[11]。制憲プロセスの各段階で，直接／間接，実質的／形式的な市民の関与があり得るところ，20世紀初頭から，国民表決（レファレンダム）によって「直接」的に憲法の承認を行うという実例が増加しており，また第二次世界大戦後には，市民の関与が「前倒し」で「実質的に」認められる傾向——草案作成担当者の選定，協議への参加，国民発案（イニシアティブ）によるプロセスの開始，さらには公開による監視など——がみられる，というのである[12]。あたかも今日では，市民に開かれた制憲プロセスが望ましいものであるというグローバルなコンセンサスが存するかのようである[13]。

---

9 ）　Widner & Contiades, *supra* note 8, at 61-62.

10）　Blount et al., *supra* note 5, at 31-34.

11）　憲法制定以前に「市民」ないし「国民」が存在するのかという理論的問題があるが，ここで考究する余裕はない。この論点については，長谷部恭男「われら日本国民は，国会における代表者を通じて行動し，この憲法を確定する。」同『憲法の境界』（羽鳥書店，2009年）第1章〔初出は2008年〕参照。また，鵜飼健史「日本国憲法前文は誰が書いたか——行為遂行性と事実確認性の間」中野勝郎編著『市民社会と立憲主義』（法政大学出版局，2012年）65頁以下も参照。

12）　Blount et al., *supra* note 5, at 37-39.

13）　Mark Tushnet, Advanced Introduction to Comparative Constitutional Law, 31 (2nd ed. 2018).

2　市民の関与と憲法典の内容

　再び最近の研究動向を覗いてみると，制憲プロセスへの市民参加が憲法典の
内容に与える影響について研究が進められていることに興味を引かれる。

　例えば，制憲プロセスへの市民参加が広がれば広がるほど，対立する諸利益
の調整が困難になり，その結果，憲法典の内容的な一貫性が損なわれやすく，
また，それらをすべて憲法典に反映させようとする結果，憲法典が長文化しや
すいといった傾向がみられることが報告されている[14]。また，憲法制定が国
民表決を経て行われる場合，選挙によって選出される機関の創設や，憲法改正
以外の場面での国民投票制度の導入など，市民参加の機会が広く認められる内
容の憲法典となりやすいという傾向や[15]，制憲プロセスの各段階で市民参加
が広がるほど，保障される権利数が増加するという傾向[16]なども，統計分析
によって明らかにされている。

3　市民の関与と憲法の正統性

　制憲プロセスに「市民参加を求める主張として最も頻繁に引用され，最も直
感的に説得力を有するのは，憲法の正統性を高めるという主張である」[17]と指
摘されるように，制憲プロセスへの市民参加は，憲法典の内容に対して影響を
与えるだけでなく，制定後の憲法運用や憲法に対する市民意識に対してポジテ
ィブな影響を及ぼすと考えられている。前文を有する憲法典の大半において，
何らかのかたちで「人民（the people）」が当該憲法を制定した旨が謳われてい
るのは[18]，そうすることで憲法典の正統性を高めようとするからであろう。

　近年，アメリカや国連開発計画（UNDP）は，ポスト・コンフリクト国にお
ける制憲プロセスにおいて，直接民主主義的な国民参加制度を導入した「参加

---

14)　Blount et al., *supra* note 5, at 50. しばしば引き合いに出されるのがブラジルの例であ
　　る。ブラジルでは，1988 年憲法制定に際して，一定数の署名をもとに憲法の起草提案が
　　認められており，それが4万字を超える世界でも有数の憲法典の長文化の一因となった
　　と指摘される。ブラジルの制憲過程については，矢谷通朗編訳『ブラジル連邦共和国憲
　　法：1988 年』（アジア経済研究所，1991 年）4-14 頁［矢谷］などを参照。

15)　Zachary Elkins, Tom Ginsburg & Justin Blount, *The Citizen as Founder: Public
　　Participation in Constitutional Approval*, 81 TEMP. L. REV. 361, 378-381 (2008).

16)　Blount et al., *supra* note 5, at 54-57.

17)　Justin Blount, *Participation in Constitutional Design*, in COMPARATIVE CONSTITUTIONAL
　　LAW 38, at 39 (Tom Ginsburg & Rosalind Dixon, ed. 2011).

型憲法制定」を積極的に支援するという援助方針を採用しているのも，このことに関連する[19]。この援助方針は，「国民は自らその制定に関与した新憲法にオーナーシップ感覚を持つようになり，国民の目から見た憲法の正当性は向上し，ひいては民主主義の定着と政治秩序の安定が実現される」[20]という考え方に基づいており，市民の関与と憲法の正統性との相関関係を前提とするものである。

4　市民の関与と民主主義の「質」の向上

　市民参加の拡大と憲法の正統性の向上との間に相関関係が認められるとして，それと民主主義が安定することとの間にも相関関係があるといえるのだろうか。「直接民主主義的制度の採用によって憲法制定過程を『民主主義化』することを目指す参加型憲法制定は，立憲民主主義の定着を通じた政治秩序の安定はおろか，その前提となる立憲民主主義的な内容を持った憲法の制定すら危うくする危険性を孕んでいる」[21]という指摘があることに留意が必要であるが，このことの実証を試みた政治学者のトッド・アイゼンシュタットらの研究[22]によれば，実際に一定の相関関係が認められるという。

　アイゼンシュタットらは，1974 年から 2011 年に新しく憲法を制定した 118か国（138 の憲法典）を対象に，制憲プロセスを，①草案作成，②審議，③承認の 3 段階に分けるとともに，各段階における市民参加の度合いも 3 段階に区

---

18)　Wim Voermans, Maarten Stremler, & Paul Cliteur, Constitutional Preambles 15, 26-30（2017）によると，国連加盟国 193 か国のうち，憲法典を有しない国家・地域を除いた 190 か国中，158 か国（約 83％）の憲法典が前文を有しており，かつ，そのうちの143 か国（約 90％）の憲法典で「人民」が憲法制定権力を有する主体として言及されている。もちろん，そうした内容の前文を有する憲法典を持つ国において，実際に「人民」によって憲法が制定されたわけではないということは，そのなかに独裁国家であるスーダンやキューバなどが含まれているという事実を挙げるまでもなく，容易に推察されるだろう。憲法前文は，現実の憲法制定経緯を忠実に記述するものというよりはむしろ，理想とする理念や，当該国家の歴史や宗教といった「物語」を記すことが多いのである（→Ⅳ 3）。Id. at 25-70.

19)　志賀裕朗「参加型憲法制定の問題点と可能性――国民参加による憲法制定はポスト・コンフリクト国の政治秩序安定の切り札となるか」国際政治 165 号（2011 年）46 頁。

20)　志賀・前掲注 19)47 頁。

21)　志賀・前掲注 19)51 頁。

22)　Todd A. Eisenstadt, A. Carl LeVan & Tofigh Maboudi, When Talk Trumps Text: The Democratizing Effects of Deliberation during Constitution-Making, 1974-2011, 109 Am. Polit. Sci. Rev. 592（2015）. 本論文の紹介として，粕谷祐子「憲法改正過程と民主主義の質」〈http://democracy0.blogspot.jp/2015/12/blog-post.html〉参照。

別する。そのうえで，138 の憲法典を統計的に分析し，市民参加の程度が高い
ほど，その後の民主主義の質[23]が向上するという全体的な傾向と，草案作成
段階における市民参加の程度が高いほど民主主義の質が向上するという傾向が
みられるということを実証してみせている。

5　占領と憲法

　このことにも関連して，外国の被占領下で市民の乏しい関与のもとで憲法を
制定することの意味や，その影響についての研究も見られる。

　例えば，アメリカの憲法学者ノア・フェルドマンは，被占領国に立憲主義を
「押し付け」ても，国家の安定には結びつかないことを強調する[24]。2003 年の
イラク占領を素材に，フェルドマンは，自律的かつ自己決定的なプロセスによ
って憲法の制定がなされれば，自ずと少数派にも配慮したリベラルな憲法が制
定されるのであり，そのほうが中長期的に見て立憲主義が根付く可能性が高い
と論じているが，この議論は，制憲プロセスへの市民の関与を肯定的に評価す
る議論を裏面から支えるものである。

　また，比較憲法学者ザッカリー・エルキンズらの研究[25]は，占領が行われ
たとしてもそれが必ずしも新憲法の制定に結びつくわけではないことを指摘し
たうえで（107 件の占領事例のうち，新憲法の制定がなされたのは 26 件），占領下
で制定された憲法の寿命は，そうでない場合に比べて短命であることを明らか
にするとともに（全憲法の寿命の平均は 17 年[26]，中央値は 19 年であるが，占領憲
法の平均寿命は 13 年），そのほとんどが占領終了前またはその直後に死滅して
おり，また，占領期後も存続した憲法のうち，半数は 2 年以内に他の憲法に取

---

23)　これを図るために用いた指標については，*see* Daniel Pemstein, Stephen A. Meserve & James Melton, *Democratic Compromise: A Latent Variable Analysis of Ten Measures of Regime Type*, 18 Political Analysis 429（2010）.

24)　Noah Feldman, *Imposed Constitutionalism*, 37 Conn. L. Rev. 857（2005）.

25)　Zachary Elkins, Tom Ginsburg & James Melton, *Baghdad, Tokyo, Kabul…: Constitution Making in Occupied States*, 49 Wm. & Mary L. Rev. 1139, 1153-1158（2008）. 前掲注 24)のフェルドマンの論文およびこのエルキンズらの論文の紹介を含めて，占領憲法に関する研究として，岡田順太「占領憲法の影響に関する比較研究序説──日本とイラクの比較を中心に」白鷗法学 20 巻 2 号（2014 年）243 頁以下を参照。

26)　Zachary Elkins, Tom Ginsburg & James Melton, The Endurance of National Constitutions 129-130（2009）. *See also* Thomas Ginsburg, Zachary Elkins & James Melton, *The Lifespan of Written Constitutions*, U. Chi. L. Sch. News（Oct. 15, 2009）〈https://www.law.uchicago.edu/news/lifespan-written-constitutions〉.

って代わられていることを指摘している[27]。

Ⅳ　日本国憲法の正統性

　以上，主に政治学や比較憲法学の領域における制憲プロセスに関する研究動向を概観したが，それによって，日本国憲法の特殊性も浮かび上がってくる。日本国憲法は，占領下という特殊な状況下で，しかも乏しい市民参加の機会しか与えられずに制定された憲法典であるにもかかわらず，70年以上も一度も改正されずに存続し運用されているからである。

1　「押しつけ憲法」論

　日本では，戦後長期間にわたって政権与党の座を占めてきた自由民主党を中心に，制憲プロセスを問題視する議論が根強くみられるのは周知のことであろう。いわゆる「押しつけ憲法」論である[28]。憲法典の改正が一度も行われていないという意味では日本国憲法は安定・定着しているといえるかもしれないが，憲法改正を党是とする政党が継続的かつ広範な支持を集め続けているという意味では，必ずしも日本国憲法は安定・定着しているとはいえない可能性がある[29]。憲法やその基本的考え方自体がしばしば政治的論議の対象になっているという日本の状況は[30]，そのことを物語っているようにも思われる。

　自由民主党の考え方がよく示されているのが，野党下野時代の2012年4月27日に発表した「日本国憲法改正草案」[31]である。同年10月に公表された公式解説書『日本国憲法改正草案Q&A』の増補版（自由民主党，2013年）では，「なぜ，今，憲法を改正しなければならないのですか？　なぜ，自民党は，『日本国憲法改正草案』を取りまとめたのですか？」という質問に対して，「現行

---

27)　Elkins, et al. *supra* note 25 at 1158.
28)　「押しつけ憲法」は，比較憲法的にも注目されている研究テーマである。*See generally* The Law and Legitimacy of Imposed Constitutions (Richard Albert, Xenophon Contiades, Alkmene Fotiadou, ed. 2019).
29)　境家史郎『憲法と世論――戦後日本人は憲法とどう向き合ってきたのか』（筑摩書房，2017年）が明らかにして見せた世論調査分析も，このことをある程度裏付ける。
30)　阪口正二郎「憲法に対する愛着と懐疑」広渡清吾先生古稀記念論文集『民主主義法学と研究者の使命』（日本評論社，2015年）227頁以下を参照。
31)　〈https://www.jimin.jp/policy/policy_topics/pdf/seisaku-109.pdf〉

憲法は，連合国軍の占領下において，同司令部が指示した草案を基に，その了
解の範囲において制定されたものです。日本国の主権が制限された中で制定さ
れた憲法には，国民の自由な意思が反映されていないと考えます」[32]と答えて
いる。

2　憲法自律性の原則

　自由民主党の考え方のなかには，憲法制定には「国民」の自由な意思が反映
されていなければならない，という考え方と，国家主権が制限された占領状態
での憲法制定には，「国民」の自由な意思が反映されないという認識が示され
ているが，これまでの議論を踏まえると，この認識はどのように評価すること
ができるだろうか。

　制憲プロセスへの市民参加が当該憲法典の正統性獲得にとって重要であると
いうことは，すでに見たように，制憲プロセスに着目する論者の多くが指摘す
るところであり，上記引用部分に関する限り，自由民主党の主張が的を外して
いるとはいえない。戦後日本を代表する憲法学者である芦部信喜も，「一国の
憲法の制定に，特に原案の作成という形で，外国が介入することは，国際法的
には内政不干渉の原則，国内法的には憲法の自律性ないし自主性（constitution-
al autonomy）という当然の原則に，違反する結果となる可能性が大きい」[33]
と述べているところであり，少なくない学説は，この「憲法自律性の原則」を
承認していると思われる。

　もっとも，日本国憲法の制定に際して，この「憲法自律性の原則」が破られ
たかどうかは1つの論点である。占領下における憲法制定に際しても市民参加
が不可能であるわけではないし，実際，制憲プロセスにおける日本側の少なか
らぬ主体的関与も指摘されているところである[34]。芦部は，日本国憲法の場
合，諸点を総合して検討したうえで「憲法自律性の原則」の違反はないと結論
付けているが[35]，他方で大石眞は，「憲法自律性の原則」は破られたとみるの
が妥当としており[36]，評価は分かれている。

---

32)　自由民主党『日本国憲法改正草案 Q&A〔増補版〕』2頁〔傍点は引用者〕〈https://
jimin.jp-east-2.storage.api.nifcloud.com/pdf/pamphlet/kenpou_qa.pdf〉。
33)　芦部信喜『憲法学Ⅰ憲法総論』（有斐閣，1992年）181頁。
34)　See David S. Law, *The Myth of the Imposed Constitution*, in SOCIAL AND POLITICAL
FOUNDATIONS OF CONSTITUTIONS 239（Denis Galligan & Mila Versteeg, ed. 2013）.

3　憲法の「著者」であるということ

　仮に「憲法自律性の原則」が破られたとしても，そこから「現行憲法無効論」，「自主憲法制定論」に向かうのには論理的な飛躍がある[37]。大石も，「主権回復の時（平和条約発効日）を基準として，法的追認」が行われたとしており，現行憲法無効論に与していない[38]。他方で，「自民党員のみではなく『押しつけ憲法・即・要改正』と唱える日本人は，相当有力な程度に存在しているだろうと推測する」[39]と指摘されるように，そうした論理的飛躍のある「情緒的」な主張が一定の支持を集めているということ自体，憲法の定着・安定という観点からは興味を引く社会現象である。

　この点に関して，憲法を定着させるには，独力で制定（self-given）した憲法に対する「国民のコミットメント」という，「歴史」ないし「物語」が必要であることを強調する，アメリカの憲法学者ジェド・ルーベンフェルドの議論が目を引く[40]。民主的に制定されていない憲法には，常にその正統性に対する疑念が付きまとうことになり，それが憲法の定着を妨げるというのである。ルーベンフェルドは，一方における憲法に対する絶え間ない不満と，他方における憲法の神聖視という両極端な状況にある日本を，その典型例として挙げている。

　　日本のように他国によって押し付けられた憲法のもとでは，よくても憲法の神聖視に耽ることになる。彼らは統治の形態そして基本法を変更不可能なものと捉え，自身が著者であるということ（authorship）を引き出そうとしない。自分自身の憲法を変える力を信用しないのであり，最悪の場合，彼らは押し付けられた憲法をして「歴史の終わり」を見てしまう[41]。

---

35)　芦部・前掲注32)181-192頁。さらに，芦部信喜「現行憲法の正当性」同『憲法制定権力』（東京大学出版会，1983年）149頁以下〔初出は1962年〕も参照。

36)　大石眞『日本憲法史〔第2版〕』（有斐閣，2005年）331頁，356頁。

37)　長谷部恭男『憲法〔第8版〕』（新世社，2022年）49頁などを参照。

38)　大石・前掲注36)356-357頁。

39)　奥平康弘「『自主憲法制定＝全面改正』総批判」世界840号（2013年）121頁。

40)　JED RUBENFELD, FREEDOM AND TIME, A THEORY OF CONSTITUTIONAL SELF-GOVERNMENT 12-14 (2001). この点も含め，ルーベンフェルドの憲法理論については，横大道聡「ジェド・ルーベンフェルド——憲法思想の新たな幕開け？」駒村圭吾ほか編『アメリカ憲法の群像——理論家編』（尚学社，2010年）275頁以下を参照。

　ルーベンフェルドのように，日本国憲法の「特殊」な制定事情が，憲法をめぐる様々な議論の要因になっているという分析や，民主的なプロセスを経て憲法制定を行う必要性を唱える言説は，日本でも散見されるところである[42]。たしかに憲法典が正統性を獲得する局面は必ずしも制憲時に限定されるものではない[43]。しかし日本の現状は，やや特殊なかたちで，制憲プロセスにおける市民参加の重要性を物語る，比較憲法的に見ても興味深い状況であるように思われる。

　吉田先生。今回は，歴史的経緯にも言及されながら，アメリカ合衆国憲法が民主的なプロセスで制定されたことが「今もなお憲法の規範力を支えている」のではないかという，大変鋭いご指摘を頂戴しました。吉田先生のご指摘に私も共感するところですが，それを実証するのはなかなか困難です（→Ⅰ）。それでも近時，この困難な問題を解明すべく，政治学や比較憲法学において研究が進められているところであり，今回は，それらの研究成果（のほんの一部）を紹介させていただきました。

　それらの研究で注目されるのは，制憲プロセスが憲法典の内容と，その運用や意識に対して影響を与えるものであるということが明らかにされつつある点です（→Ⅱ，Ⅲ）。そして特に目を引いたのが，制憲プロセスへの市民参加の重要性を強調する議論でした（→Ⅲ3〜5）。それは，この議論が，日本の「押しつけ憲法」論を考えるヒントになり得るからです。

---

41)　*Id.* at 14.

42)　例えば，江藤淳『1946 年憲法──その拘束』（文藝春秋，1980 年），長尾龍一『思想としての日本憲法史』（信山社，1997 年）224 頁以下，加藤典洋『敗戦後論』（筑摩書房，2005 年）などがある。ただし加藤は，後にこの見解を変更し，「ねじれのなかに生きる」ことを選択している。同『さようなら，ゴジラたち──戦後から遠く離れて』（岩波書店，2010 年）99-144 頁，同『戦後入門』（筑摩書房，2015 年）336 頁以下を参照。

43)　*See, e.g.,* Keigo Komamura, *Legitimacy of the Constitution of Japan Redux: Is an imposed constitution legitimate?* occasional paper presented at the Constitutional Revision Research Project, Reischauer Institute of Japanese Studies, Harvard University（11 Feb. 2010）.

　日本は，〈占領下で制定されたにもかかわらず，世界に類を見ないほど安定した，一度も変更されていない憲法典を有する特異な国〉として描かれることが少なくありません。憲法の正統性について，私も吉田先生と同じく，「憲法制定の一時点で完結するのではなく，その後の生活の中で絶えず意味を問い直し確認し続けることによってその理念が充塡されていく」ことで獲得されるものだと考えます。それでも，日本で「押しつけ憲法」論が一定の支持を集め続けているという社会的事実は，制憲プロセスへの市民参加が重要であるという認識が広く一般に共有されていることの反映であるように思われます（→Ⅳ）。

　他方で，制憲プロセスに市民が関与すれば万事がよい方向に進むというわけではないことには注意が必要です。ポスト・コンフリクト国における憲法制定の文脈で，このことについて注意を喚起する研究もあり（→Ⅲ3），楽観視はできません。

　そのため，どのような憲法制定のプロセスが「望ましい」といえるのかというご質問に端的に答えることはできませんが，常にこの問いを探究していくこと，そこに憲法学者はどのような貢献をできるのかを考えていくことが必要であるということはできそうです。　　　　　　　　　　　　　　　　［横大道］

第4章　どのような憲法典を作るのか

✉

　横大道先生，第3章の「どのように憲法を制定するべきか」というご論考は，制憲プロセスへの市民の参加の重要性が指摘される一方で，ただ市民が参加さえすればうまくいくほど単純な話ではないことが示されていました。そのうえで，憲法制定のプロセスに誰が，どの時点で，どのように関わるか，熟議の条件は可能なのか，個々具体的なレベルでも検討する必要があることを教えていただきました。憲法の教科書にはこれらの論点はあまり出てこないかもしれませんが，現実の憲法を捉えるうえではきわめて大切な視点になるように思います。今回もよろしくお願いします。

憲法典に何を，どのように書き込むべきか？

　今回は，「どのような憲法典を作るのか」をテーマに質問いたします。「どのような」という場合，憲法典には，いかなる内容が書き込まれるべきかという論点と，どのくらい詳細に記述されるべきかという論点が含まれていると思います。

　すでに見てきましたように，フランス人権宣言16条は「権利の保障が確保されず，権力の分立が定められていない社会は，すべて憲法を持つものではない」という近代立憲主義のエッセンスを規定しています。ここから，憲法典には，基本的人権を保障するとともに，基本的人権を侵害しないための権力分立＝統治のしくみを定めることが求められていることがわかります。そうであれば，「立憲的意味の憲法」を念頭に置いた時，世界各国の憲法典には，基本的にこの2つの要素が書き込まれているというように理解してよいのでしょうか。

　もちろん，時代の進展とともに，各国の憲法の中身は大きく変化しています。現代憲法の多くは，自由権ばかりでなく社会権も保障しています。さらに，統治のしくみの中に違憲審査制を組み込んでいますから，質量ともに大きく変容していることは間違いありません。基本的人権に関わる事項，統治のしくみに

関わる事項，各国の歴史・文化・宗教など固有の要素などをすべて一律に捉えてよいのかどうか，各国の憲法の制定事情や運用状況なども視野に入れながら，説明していただければ幸いです。

　また，関連して，「ある事項を憲法に規定するということは，国会による法律の制定に帰結する通常の民主政プロセスでは手の届かないところにその事項を置くということだ。通常の民主政プロセスで厳しく対立している争点について，一時的な多数を頼んで憲法化することはあってはならない」（曽我部真裕「憲法改正を考える㊤論議の共通土台 出発点に」日本経済新聞 2016 年 6 月 9 日付）といわれることがあります。この指摘が，憲法典に書かれるべきことと法律によって規定されるべきことを分別するということを意味しているならば，憲法典に規定されるべき事項はどのくらい詳しく書かれるべきなのでしょうか。一般論としていえば，詳細かつ明確に規定されている憲法の方が簡略に書かれた憲法よりも政治権力を規律する力は大きいように見えるのですが，いかがでしょうか。

日本国憲法が驚異的に短いことの意味

　上記の問題とも深く関連する，ケネス・盛・マッケルウェイン「『人権』が多く『統治機構』についての規定が少ない 日本国憲法の特異な構造が改憲を必要としてこなかった」（中央公論 2017 年 5 月号 76 頁以下）がとても刺激的で興味深い観点を提示してくれています。マッケルウェインさんは，その中で「世界の憲法と比べると，日本国憲法は圧倒的に文章が短い。でありながら，国民の権利についてなど『人権』の記述の比率が高く，また，国会，内閣，司法など『統治機構』に関する記述では，具体的に定めているトピックが極めて少ないという特徴がある。このため，日本は，制度改正などについては法改正で事足りることが多く，改憲にまで手を付ける必要がなかった――ということが，日本国憲法が 70 年間，一度も改正されなかった一因ではないか。憲法の構造にもその理由があるというのが筆者の結論である」と述べておられます。

　確かに日本国憲法は，生存権や労働基本権，教育を受ける権利などの社会権を保障していますから，その実現に際しては細則を法律で定め，実行していくことが欠かせません。憲法 25 条の定める「健康で文化的な最低限度の生活」を実現するためには生活保護法のような法律の制定が必要となりますし，27条は「賃金，就業時間，休息その他の勤労条件に関する基準は，法律でこれを

定める」と規定し，具体的な内容は労働基準法などの法律の制定に委ねる形を
とっています。また，国会議員の選挙に関する事項も「法律でこれを定める」
（47 条）と規定されています。このような状況を見ると，憲法の具体的な実行
はどのような法律を制定するかに関わってくることになります。

　そこで最後の質問です。憲法が国家権力を規律し，人権を保障するという立
憲主義の考え方に照らしてみると，憲法の条文や文言を少なくして法律によっ
て政策を実現していくような方式と，憲法にできる限り詳しく書き込み，憲法
によって直接立法や行政を規律していくような方式の 2 つのやり方があるよ
うに思えます。これも各国の憲法文化によって異なる回答があるのかもしれま
せんが，先の質問と合わせ，こちらについても考えるポイントを示していただ
ければ助かります。どうぞよろしくお願いします。　　　　　　　　［吉田］

I　憲法典をデザインする

1　現実の制憲状況

　第 2 章，第 3 章で見たように，憲法典の制定は，革命や独立などの大きな変
化が生じた場合に行われることが多い。そのため現実の制憲アクターは，時間
的余裕がないなか，限られたリソースを用いて，それぞれの社会における当事
者，有力者との利害調整や取引，妥協を行いながら，憲法制定作業に従事する。
　しかし本章では，そうした具体的状況を考慮せずに，憲法典をデザインする
ことそれ自体について考えてみることにしたい[1]。具体的内容に立ち入る前に，
いくつかの前提を確認しておこう。

---

1)　この問題を扱った邦語文献は少ないが，近時のものとして，赤坂幸一「憲法留保」法
セ 749 号（2017 年）51 頁以下，山本龍彦「憲法典のデザイン──『簡潔・厳格』モデル
の意義と限界」法時 90 巻 11 号（2018 年）90 頁以下，さらに，横大道聡「憲法を書くと
いうこと」中央公論 2020 年 4 月号 142 頁以下などを参照。

2　立憲的意味の憲法

　まず，ここでは，権利の保障と権力分立という内容を備えた「立憲的意味の憲法」を想定している。その理由は，日本の憲法学が「立憲的意味の憲法」を研究対象にしているということだけにとどまらない。話題を呼んだ政治経済学者ダロン・アセモグルとジェイムズ・ロビンソンの共著『国家はなぜ衰退するのか』[2]が主張したように，仮に「経済成長は包括的経済制度≒自由な市場経済の下でしか持続可能でない。しかしながら包括的な経済制度は，包括的な政治制度──つまり『法の支配』，そして究極的には自由な言論に支えられた民主政の下でしか持続可能ではない」のだとすれば，国家の存続と繁栄のためには，「立憲的意味の憲法」を有していることが必要となるからである[3]。

3　硬性憲法へのエントレンチメント

　次に，「立憲的憲法は，すべて何らかの形で硬性，すなわち法律よりもその改正手続が困難になっている」[4]ということに鑑み，ここでは硬性憲法の作成を想定している（どの程度の硬性度にするかについては，第5章を参照）。

　第1章で触れたように，憲法典のなかに「実質的意味の憲法」──どのような形式で存在しているかを問わず，国家の構成・組織・構造に関する基本を定める法──のすべてを盛り込むことはできない。したがって，「実質的意味の憲法」のなかから，憲法典に盛り込むものと盛り込まないものとの選別が必要となる。

　硬性憲法に盛り込むということは，「何を安易な改正から守るべき事項か」を選別し，日常的な政治論議において審議対象とすべきではない事項を決定するという意味を有する。憲法典を通常の法律よりも変更困難にすることを，憲

2）　ダロン・アセモグル＝ジェイムズ・A・ロビンソン（鬼澤忍訳）『国家はなぜ衰退するのか──権力・繁栄・貧困の起源(上)(下)』（早川書房，2016年，文庫版）。

3）　アセモグル＝ロビンソン・前掲注2)『(上)』の第3章を参照。引用部分は，同『(下)』338頁［稲葉振一郎による解説］。なお，アセモグルとロビンソンのいう「（包括的な）政治制度には成文憲法や社会が民主的か否かが含まれるが，それらに限定されるわけではない」（『(上)』92頁）とはいえ，成文憲法が立憲的内容であることは不可欠だろう。ただし近時，21世紀においては，権威主義国家のほうがGDPの発展が大きいなどとする研究もある。*See* Yusuke Narita & Ayumi Sudo, *Curse of Democracy: Evidence from the 21st Century*, Cowles Foundation Discussion Paper No. 2281R（rev. Aug. 2021）.

4）　芦部信喜『憲法学Ⅰ憲法総論』（有斐閣，1992年）37頁。

法学ではエントレンチメント（entrenchment）——「塹壕を構築する」という意味の単語であり，そこから派生して，固定化や定着という意味を有する語——というが，憲法をデザインするということは，とりもなおさず，何をエントレンチメントするのかという選択の問題なのである[5]。

4　憲法のデザインを考えることの意味

そして，憲法のデザインを考えるということは，単なる美的感覚や好みの問題ではないということが最も重要である。この点について，イタリアの政治学者ジョヴァンニ・サルトーリは，次のように指摘している。

　　われわれが，憲法が誘因によって監視され，誘因によって維持されたものであるということを忘れれば忘れるほど，憲法の制定がエンジニアリングに似た作業である，ということが強調されなければならない。1世紀前，憲法のデザインということは冗語的であったであろう。しかし今日，そういうことは，われわれが忘れつつある何かをわれわれに思い出させることになる[6]。

比較憲法学の領域で議論されている「憲法のデザイン」とは，一定の望ましい社会的，政治的結果は，憲法典自体を含めた制度の計画立案とその執行によって実現し得るという理解を前提に，その最適解を求めようとする学問的営みである[7]。「必然ではなく蓋然という形ではあるが，憲法が設定する法的枠組の総体から帰結される制度の論理（強制）は，政治を条件づける」[8]が故に，ある憲法のデザインからどのような帰結がもたらされやすいのかについて，他

---

5) Ernest A. Young, *The Constitutive and Entrenchment Functions of Constitution: A Research Agenda*, 10 U. PA. J. CONST. L. 399（2009）. また，大屋雄裕「憲法とは政治を忘れるためのルールである——理念から決め方の論理へ」RATIO 4号（2007年）159頁も参照。憲法典のエントレンチメントにより，多数決主義として理解される民主主義との関係で問題が生じるが，この問題については，阪口正二郎『立憲主義と民主主義』（日本評論社，2001年）を参照。

6) ジョヴァンニ・サルトーリ（岡沢憲芙監訳＝工藤裕子訳）『比較政治学——構造・動機・結果』（早稲田大学出版部，2000年）221頁（邦訳は一部改変している）。

7) Ran Hirschl, *Theories of Constitutional Design: The "Design Sciences" and Constitutional "Success"*, 87 TEXAS L. REV. 1339, 1339（2009）.

8) 只野雅人「政治機構とテクストの余白——『巧妙な体制の変更』をめぐって」樋口陽一ほか編著『国家と自由・再論』（日本評論社，2012年）318頁。

国の経験や実践から幅広く学び，活かしていくことが重要となるのである[9]。

Ⅱ　何を書くのか

　憲法典に書き込む内容を考えるにあたっては，何を書くか（＝対象となる「範囲〔scope〕」）と，どのように書くか（＝規定の「詳細さ〔detail〕」）とを区別することが有益である[10]。

　まず，前者の「範囲」から考えることにするが，そのための方法として，諸外国の実際の憲法典のあり様から帰納的に考察する方法と，憲法（典）に関する規範概念から演繹的に考察する方法があり得る。そして以下で見るように，両者から導き出される結論は必ずしも一致しない。

1　必要的憲法事項

　小嶋和司は，現実の憲法典で規定されることが多い事項として，①主権や領土，国号・国旗・国語・国民の範囲などの「国家生活についての基礎的事項」，②連邦制か単一国家かという「国家構造」と，そこにおける「政治組織」，③国民の権利保障や国際関係，国政の目標などといった「国政の内容」の3つを挙げる[11]。これに加えて，④改正手続規定も挙げることができるだろう[12]。これらが，現代の典型的な憲法典が備える標準的内容であるといってよい[13]。

　他方で小嶋は，憲法典とは，本来，政治組織すなわち統治機構のあり方を示すものであるから，「政治組織の全般または中心的部分についての基本的規定をふくまなければならない」[14]として，②だけが憲法典に不可欠の内容である

9）　以上について，横大道聡「憲法のアーキテクチャ──憲法を制度設計する」松尾陽編『アーキテクチャと法──法学のアーキテクチュアルな転回？』（弘文堂，2017年）199頁以下，横大道聡「憲法のデザイン」憲法理論研究会編著『憲法理論叢書㉖　岐路に立つ立憲主義』（敬文堂，2018年）61頁以下も参照。

10）　Tom Ginsburg, *Constitutional Specificity, Unwritten Understandings and Constitutional Agreement*, in Constitutional Topography: Values and Constitutions 77（A. Sajó & R. Utiz ed. 2010）.

11）　小嶋和司『憲法概説〔復刊版〕』（信山社，2004年）18頁。

12）　*See* Ruth Gavison, *What Belongs in a Constitution*, 13 Const. Pol. Econ. 89（2002）.

13）　多くの憲法典に規定されている事項とその変遷，さらに比較的少数の憲法典にしか規定されていない事項とその変遷の詳細について，*see* Zachary Elkins & Tom Ginsburg, *What Can We Learn from Written Constitutions?* 24 Annu. Rev. Polit. Sci. 321, 333-337（2021）.

とする。そして立憲主義を採用する憲法典の場合，そこに立法手続（国民への
義務の設立手続）と三権分立体制（立法・行政・司法権を担う組織および相互関係
の大要）が示されていなければならないと述べている[15]。これらは，立憲的意
味の憲法を作ろうとする場合に必ず含めなければならない内容であるという意
味で，「必要的憲法事項」と呼ぶことができる。

2　人権の保障は必要的憲法事項か

　立憲的意味の憲法は権力分立と人権保障を求めるが（⇒第 1 章），人権保障
は必ず憲法典に書き込まれなければならない事項なのだろうか。小嶋はそうは
考えない。曰く，「国政の内容〔上記の③〕について定めることが，法典とし
ての憲法典の目的ではな」く，「憲法典が国政の内容にかんする規定をもつの
は，その制定者が，それを，憲法典の権威をかりて保障または宣言すべきもの
と考えた場合に限られる」。人権の保障は「ほとんどの憲法典に見られる」も
のではあるが「憲法典不可欠の内容」ではない[16]。

　もっとも，人権の保障を必要的憲法事項に挙げる論者も少なくない。例えば，
フランスの著名な憲法学者ジョルジュ・ヴデルは，民主国家の本質的要素は，
①憲法典の存在とその尊重，②自由な普通選挙，③権力の非集中（権力分立），
④個人およびマイノリティの権利保障，⑤法の支配であるとしており，憲法典
の必要的憲法事項は，基本的な権利および自由の宣言，統治機構の基本的な構
成・権限およびその行使方法，連邦制か単一国家かという国家構造の 3 つであ
るとしている[17]。このヴデルの見解は，欧州評議会に設置された憲法問題に
ついての諮問機関である「法を通じた民主主義のための欧州委員会」，通称ヴ
ェニス委員会のセミナーにおいて示されたものであり，同委員会が冷戦終結後

---

14)　小嶋和司『憲法学講話』（有斐閣，1982 年）32 頁。
15)　小嶋・前掲注 11)18-24 頁および小嶋・前掲注 14)32-33 頁。具体的にどのような統治
　　機構を設定するかについては，一般的な教科書でも触れられているとおり，大統領制か
　　議院内閣制か半大統領制か，一院制か二院制か，憲法裁判所型か通常裁判所型か等々，
　　多様なヴァリエーションがある。設計意図どおりに制度が作動しなかった例は枚挙にい
　　とまがないが，それらの事例から何を学び取れるかが，憲法学や比較政治学の課題の 1
　　つである。この問題（の一部）については本書第二部で取り上げる。
16)　小嶋・前掲注 14)34-35 頁。小嶋は「憲法典の必要的規制事項は政治組織である」と断
　　言しているが（同 36 頁），そうすると，必要的憲法事項ではないにもかかわらず，なぜ，
　　世界のほとんどの憲法典において人権を保障しているのかが問題となる。この点につい
　　ては，第 11 章を参照。

に旧ソ連・東欧諸国が体制転換して新憲法を次々と制定した際に大きな役割を果たしているだけに注目される[18]。

3　任意的憲法事項

　実証研究によると，憲法典に取り込まれる事項の「範囲」は，時の経過とともに広がりをみせている。その背景には，初期の憲法典では保障されていなかった諸権利（積極的権利や，いわゆる第三世代の権利など）が規定されるようになったこと（⇒第12章），新しい政治組織（憲法裁判所など）や機関（オンブズマン，選挙委員会などの独立機関）が「発明」され，それが憲法典に規定されるようになっていったこと，さらには，環境や財政などの政策的事項が頻繁に憲法典に取り入れられるようになったことなどの事情がある[19]。これらの多くは，必要的憲法事項ではないという意味で，「任意的憲法事項」と呼ぶことができる。

　任意的憲法事項のうち，ここで国政の目標や理想について触れておきたい。「現代の憲法典は，たんに国政の組織や運営に関する根本規則をいわば実利主義的に表現するだけでなく，一定の国家目標を示すというイデオロギー的な要素をも兼ね備えているのが通例であり，これもまたあるべき1つの立場と考えられる」[20]と指摘されるように，国政の目標や理想を書き込む憲法典は少なくない[21]。例えば現在，大多数の国の憲法典に前文が置かれているが[22]，そこ

---

17)　Georges Vedel, *Fundamental Legal Options*, in Constitution Making as an Instrument of Democratic Transition: Proceedings of the UniDem Conference organised in Istanbul on 8-10 October 1992 in co-operation with the Government of the Republic of Turkey and the Turkish Democracy Foundation 43-44（CDL-STD（1992）003, Science and technique of democracy, No.3）, *available at* 〈https://www.venice.coe.int/webforms/documents/?pdf=CDL-STD（1992）003-e〉.

18)　ヴェニス委員会の詳細については，山田邦夫「欧州評議会ヴェニス委員会の憲法改革支援活動——立憲主義のヨーロッパ規準」レファレンス57巻12号（2007年）45頁以下，寺谷広司「欧州を越える欧州——ヴェニス委員会による裁判官対話の普遍的展開」法時93巻4号（2021年）63頁以下などを参照。

19)　Ginsburg, *supra* note 10, at 78-80. *See also* Mila Versteeg & Emily Zackin, *Towards an Alternative Theory of Constitutional Design*, 4（Feb. 2, 2014）, *available at* 〈http://digitalcommons.law.umaryland.edu/cgi/viewcontent.cgi?article=1184&context=schmooze_papers〉. 邦語文献では，西修『現代世界の憲法動向』（成文堂，2011年）第2章を参照。

20)　大石眞『憲法秩序への展望』（有斐閣，2008年）48頁〔初出は2004年〕。

21)　この点に関しては，石塚壮太郎「国家目標と国家目標規定」山本龍彦＝横大道聡編著『憲法学の現在地——判例・学説から探究する現代的論点』（日本評論社，2020年）17頁以下などを参照。

に理想とする理念や当該国家の歴史，宗教等を記すのが通例となっている[23]。そうした事項を憲法典に書き込むことが「望ましい」ことであるかどうかは評価が分かれるだろうが，少なくとも，それが「禁止」される事項ではないということは確認できよう[24]。

Ⅲ　どのように書くのか

1　分量と詳細さ

憲法典は，他の法典と比較すると，簡潔かつ概括的に規定されるのが通例である。小嶋はその理由として，①憲法典の制定が法的政治的に安定していない時期に行われること（⇒第 2 章），②憲法典に民法典・刑法典なみの法的効果を期待されなかったこと，③政治的考慮がその規制事項・規律態度を決するという事情，④起草者が当然と考えることは規定されないこと，という 4 つを挙げたうえで，なかでも②が決定的な理由だとしている[25]。「18 世紀末以降，ヨーロッパ諸国の憲法典は司法裁判所に依って適用される法とは考えられなかった」のであり，「いわば，憲法典は『直接妥当する法……』とされなかったわけで，そのような心構えでの文章の起草が，厳密な法規範の指示とならないことも当然の帰結である」[26]，というのである[27]。

近時の統計調査研究によると，成文憲法の「技術」が生まれた 18 世紀末から現在にかけて，「憲法典の長文化」[28]と，「記述内容の詳細化」という明確な傾向[29]がみられるが，小嶋の説明を踏まえると，違憲審査制が普及し（⇒第 9

---

22)　Wim Voermans, Maarten Stremler, & Paul Cliteur, Constitutional Preambles 15 (2017) によると，国連加盟国 193 か国のうち，憲法典を有しない国家・地域を除いた 190 か国中，158 か国（約 83％）の憲法典が前文を有している。なお前文の邦訳として，網羅的ではないが，中山太郎編『世界は「憲法前文」をどう作っているか』（TBS ブリタニカ，2001 年）も参照。

23)　Id. at 25-70.

24)　立憲的意味の憲法を想定する場合，「禁止的憲法事項」として，常態的な権力集中や権利保障の否定を挙げることができる。

25)　小嶋和司「法源としての憲法典の価値について」同『小嶋和司憲法論集 3 憲法解釈の諸問題』（木鐸社，1989 年）497-498 頁〔初出は 1977 年〕。

26)　小嶋・前掲注 25)497 頁。

27)　「近代立憲主義は議会をにない手としたのであり，議会制定法を拘束する硬性憲法の観念は，かならずしも不可欠のものではなかったのである」との指摘もこれに関連する。樋口陽一『近代立憲主義と現代国家〔新装版〕』（勁草書房，2016 年）156 頁。

章)，憲法典が「直接妥当する法」となったことが，憲法典の長文化・詳細化の理由の一つであると推察される。また，上述したように，憲法典が扱う事項の「範囲」の広がっているところ，そこでの記載が「詳細」になっているということも長文化の理由に挙げることができよう。オーストラリアの比較憲法学者ロザリンド・ディクソンは，特定の憲法規範の意味や機能について，極めて一般的な文言を用いて指針のみを規定する「枠組型」と，明確に詳細を規定する「法典型」という区別を提示しているが[30]，この区別を用いるならば，近時の憲法典は「枠組型」から「法典型」の方向へとシフトしているということができる。

2　枠組型と法典型

　比較憲法学者のミラ・ヴェルスティーグとエミリー・ザッキンは，近時の憲法典の「法典型」化と，憲法改正の頻度との相関関係を検証したうえで，憲法の捉え方に変容が生じているのではないかという仮説の検証を行っている[31]。

　彼女らによると，従来の憲法学は，憲法典を強固にエントレンチして安定化させ，政治を規律するという戦略を採ってきた。この戦略のもとでは，憲法典は簡潔かつ概括的であるほうが望ましく，時々の政治状況や経済状況に左右される個別の政策事項はエントレンチすべき事柄ではないと捉えられる。しかし近時の世界各国の憲法制定・運用状況をみると，憲法典の規律内容の詳細化・明確化によって政治を規律するという戦略が採られるようになっている。この戦略のもとでは，弱いエントレンチメントと，頻繁な憲法典のアップデート（改正）のほうが望ましいことになる。憲法が政治を規律する方法は，〈強いエントレンチメント＋概括的・抽象的規定〉という方法と，〈弱いエントレンチメント＋詳細・具体的規定〉に大別されるところ，後者の方法が主流になりつつあるのではないか，というのである[32]。

---

28)　憲法典全体，前文のみ，権利規定のみ，前文と権利規定を除いた部分のいずれを取り出してみても長文化傾向がみられる。Ginsburg, *supra* note 10, at 72. *See also* Peter E. Quint, *What is a Twentieth-Century Constitution?* 67 Md. L. Rev. 238, 239（2017）.

29)　Mila Versteeg & Emily Zackin, *Constitutions Un-entrenched: Toward an Alternative Theory of Constitutional Design*, 110 Am. Pol. Sci. Rev. 657, 661-664（2016）.

30)　Rosalind Dixon, *Constitutional Drafting and Distrust*, 13 Int'l. J. Const. L. 819（2015）.

31)　以下の記述については，*see* Versteeg & Zackin, *supra* note 29.

3　どちらが望ましいか

　もちろん，このような傾向が現実に見られるとしても，「法典型」が望ましいモデルかどうかは検討を要する事柄である。ディクソンは，裁判官が憲法解釈を行うことを前提にしたとき，「枠組型」憲法典の場合，それを解釈する裁判官に対する一定の信頼を基盤とする制度設計である一方，「法典型」憲法典は，制憲者の意図どおりに憲法を解釈させようとするものであるから裁判官に対する一定の不信を前提とする制度設計であると指摘したうえで，憲法解釈者としての裁判官への不信を前提とした「法典型」憲法典を制定しようとする行為それ自体が裁判官をそのような方向へと向かわせてしまうが故に，「枠組型」憲法典のほうが望ましいと論じている[33]。また，ヴデルは，①市民の理解のしやすさ，②憲法が複雑だとその改正も複雑なものにせざるを得なくなる，③現実の政治制度をある程度柔軟に運用する余地が必要である，という理由から，「枠組型」のほうが望ましいとしている[34]。

　他方で，「枠組型」憲法典は，解釈の余地が広いだけに政治部門に対する統制が弱くなりがちであること，裁判所が積極的に憲法解釈を行うようになると裁判官支配につながりかねないこと，「死者の手による支配」，すなわち，すでに存在しない制憲者らによって定められた憲法典になぜ現在を生きる者が従わなければならないのかという問題がより深刻化する，などのデメリットが指摘されている[35]。

Ⅳ　日本国憲法の場合

　以上の考察を踏まえて，日本国憲法のデザインについて考えてみよう[36]。

　日本国憲法の特徴としてまず挙げられるのは，その短さである。190 か国の

---

32)　なお，ヴェルスティーグらは，1 つの憲法典のなかに複数の憲法改正手続や改正禁止規定を盛り込み，両者を組み合わせた「いいとこ取り」の憲法典を制定する例も増えており，かつ，それは望ましいことであるとも評している。*Id.* at 671-672. この点については第 5 章で言及する。

33)　Dixon, *supra* note 30.

34)　Vedel, *supra* note 17, at 44.

35)　Versteeg & Zackin, *supra* note 29, at 659-660.

憲法典の「長さ」の中央値（英語ベース）が 13630 語に対して，日本国憲法は 4986 語しかなく，下から 5 番目の少なさである[37]。比較政治学者のケネス・盛・マッケルウェインとクリスチャン・ウィンクラーが指摘するように，日本国憲法典の顕著な特徴は，必要的憲法事項である統治機構に関する記述量が少なく抽象的で，かつ，扱われる「範囲」も限定的であるという点に存している[38]。日本国憲法は典型的な「枠組型」憲法典といってよい。

　日本国憲法の「書かれ方」の特徴の一つは，法律に委ねられた事項が多いことである。憲法上，特定の事項につき「法律でこれを定める」という表現が 10 回，「法律の定めるところにより」という表現が 15 回も用いられており，それ以外にも「法律」形式での規律を予定している箇所が多数ある[39]。日本国憲法は，「規律密度」が低く概括的な定めがなされているため，憲法典を改正せずとも実質的意味の憲法を変動させる余地が広いのであり，さらに明示的に「法律」に委ねている事項が多いという規定ぶりが，さらにその余地を拡大

---

36)　本文で触れる余裕がなかったが，「どのような文体で書くのか」も問題となり得る。周知のように日本国憲法は，制定途中で口語化されることになった（経緯については，横田喜三郎「憲法のひらがな口語」同『パリの奇跡』〔勁草書房，1952 年〕176 頁以下を参照）。口語化を進めた当事者の一人である横田喜三郎は，その意義について，「平易な法文は，民権の保障である。法を人民に知らせ，法に人民を行為の基準として指示するもので，人民の権利を保障することに大いに役立つ。ひらがな口語体の，やさしい，わかりやすい形式は，たんに形式の問題として，軽く見られるべきことではない。それは憲法そのものを民主化するものである。憲法に民主主義機能をはたさせるものである。民主的憲法には，ぜひとも必要なことである。民主化の最後の仕上げとして，欠くことができない要件である」と述べている。横田「ひらがな口語の憲法」同書 170-171 頁。山元一も，「口語化された憲法は，国民生活に極めて強い影響を与えることになります。口語であることによって，憲法の言葉は，いまや普通の日本語になり，今日，国民のだれもが当然のように利用しています。憲法の言葉を自分の言葉として多くの国民が育ち，言葉だけでなく，日本社会そのものが変わって行きました」と指摘している。山元一「〈戦後憲法〉を抱きしめて」憲法問題 18 号（2007 年）142 頁。

37)　「比較憲法プロジェクト」のウェブサイトより〈https://comparativeconstitutions project.org/〉。

38)　Kenneth Mori McElwain & Christian G. Winkler, *What's Unique About the Japanese Constitution?: A Comparative and Historical Analysis*, J. 41 Japanese Stud. 249（2015）. ケネス・盛・マッケルウェイン「『人権』が多く『統治機構』についての規定が少ない 日本国憲法の特異な構造が改憲を必要としてこなかった」中央公論 2017 年 5 月号 76 頁以下も参照。

39)　憲法典に「法律により定める（by law）」という規定を設けるのは，時間や情報が限られた制憲状況における意思決定コストと失敗コストを最小化するための戦略であると指摘しつつ，この方法は将来の議会に過剰な負担を課すなどの問題点があると指摘するものとして，*see* Rosalind Dixon & Tom Ginsburg, *Deciding Not to Decide: Deferral in Constitutional Design*, 9 Int'l. J. Const. L. 636（2011）.

させているのである。これに加えて，裁判所が積極的に違憲審査権を行使していないために，憲法典改正ではなく政治部門によって実質的意味の憲法の変動が行われやすい。日本国憲法が戦後一度も改正されない大きな理由は，これらの構造的特徴に起因するものである可能性が高い[40]。

　ヴェルスティーグらは，上述した研究が有する「最も明らかな含意」は，憲法の「成功」は単一の憲法典の存続期間によって測られるべきではないということだと述べたが[41]，この指摘は，日本国憲法を評価するに際しても示唆的であるように思われる[42]。

　吉田先生，こんにちは。法学者は一般に，現在通用している法令を所与としたうえで，その解釈作業に従事するのが基本です。そのため，「どのような憲法典を作るのか」といったような立法論・政策論に対する関心は，それほど高くありません。今回いただいた質問は，憲法学は憲法について知りたいというニーズに十分に応えていないのではないか，関心をもっと広げてほしい，という叱咤激励のようにも感じました。

　さて，質問を頂戴して最初に思い浮かんだのは，高校の公民科の教科書にも登場するイギリスの功利主義者ジェレミー・ベンサムでした。ベンサムは晩年，いかなる国にも適用可能な「憲法典」を構想し，その普及活動を行っていたからです。ここでも，そうした汎用性のある完璧な憲法典なるものを提示できればよかったのかもしれません。しかしそもそも，望ましい憲法典のデザインは，どのような設計理念によって立つかで変わりますし（ベンサムの場合は功利主義），時代や国を超えて通用する最良の具体的な憲法典を構想するというプロ

40）　日本国憲法が改正されてこなかった理由については，*see* Satoshi Yokodaido, *Constitutional stability in japan not due to popular approval*, 20(2) GERMAN L. J. 263（2019）．また，井上武史「立憲主義とテクスト――日本国憲法の場合」論ジュリ20号（2017年）112頁以下も参照。

41）　Versteeg & Zackin, *supra* note 29, at 671.

42）　ディクソンとトム・ギンズバーグは，「法律により定める（by law）」を多用する憲法には，長文化の傾向と，改正手続の硬性度が低くなる傾向が見られるという興味深い指摘も行っている。Dixon & Ginsburg, *supra* note 39, at 652-655. これとは逆の傾向を示している日本国憲法は，比較憲法的に見ても興味深い検討素材となろう。

ジェクト自体が「大言壮語のナンセンス」のようにも思えます。そこで今回は，具体的な政治的・社会的状況から離れて立憲的意味の内容を備えた硬性憲法を制定する場面を想定して（→Ⅰ），何を書くのか／どのように書くのかという区別と，帰納的／演繹的考察という方法の区別をしながら，「必要的／任意的憲法事項」という類型と（→Ⅱ），「枠組型／法典型」憲法典という類型を示したうえで（→Ⅲ），そのよって立つ理念の違いなどを指摘して，議論の見通しをつける交通整理を試みました。

　日本に関しては，実証的な統計分析によって日本国憲法の特質を明らかにした，吉田先生も引用されたケネス・盛・マッケルウェイン先生のご研究が何よりも参照されるべきでしょう。日本国憲法が一度も改正されなかった理由の１つはそのデザインにあるという指摘は，大変説得的です。「形式的意味の憲法」（憲法典）を改正せずとも「実質的意味の憲法」を変えることができるという日本国憲法の構造を，そのよって立つ理念を含めて検討していくことが求められているのではないかと思います（→Ⅳ）。　　　　　　　　　　　［横大道］

第5章　どうやって憲法を変えるのか

---✉---

　横大道先生，こんにちは。第4章は，「どのような憲法典を作るのか」という　テーマを取り上げました。憲法典に「何を書くのか」については必要的憲法事項と任意的憲法事項，「どのように書くか」については枠組型と法典型というように問題点を整理していただいたことで，私自身の問題意識もクリアになってまいりました。とくに日本国憲法が「枠組型」であることから派生する様々な論点は興味深く，引き続き検討してみます。

なぜ憲法改正手続を厳しくするのか

　さて，今回は，憲法改正をどのようにとらえるか，あるいは，憲法をどのように変えるのか，というテーマに思い切って踏み込んでみます。毎年，5月3日の憲法記念日のニュースを見ていると，改憲対護憲という構図で日本国憲法の現在が描き出されることが多いように思います。こうした論点はもちろん重要であるのですが，この問題をもっと深くとらえるためには，憲法のことを基本から学び直すことができるような企画を立ち上げていただくことも大切ではないかと考えております。そこで，先生に伺いたいのは，多くの憲法がなぜ憲法改正手続を厳しくしているのかという点です。

　まず高校の教科書を取り上げてみますと，憲法改正については日本国憲法が硬性憲法であるということが書いてあります。しかし，「なぜ憲法が普通の法律と比べて改正が非常に難しくなっているのか」など，その理由をきちんと説明できているわけではありません。少し古くて恐縮ですが，2018年5月3日付の毎日新聞には，「憲法はパソコンに例えるとOS（基本ソフト）。憲法もアップデートしないといけないんです」という若者の声が紹介されていました。時代が変われば憲法もどんどん変えていくべきだという意見は素朴ではありますが多くの人の共感を呼ぶような気がします。他方，憲法がその時々の多数派によってどんどん変えられていくならば，憲法の安定性は損なわれ，立憲的意味の憲法たる理由を失ってしまうような気もします。あらためて硬性憲法とい

う仕組みを各国が採用している理由を探究することは，憲法の基本的特質を理解するために欠かせないのではないかと考え，質問いたしました。どうぞよろしくお願いします。

憲法典の改正と実質的意味の憲法の改正

　次に，第4章の学修を引き継ぐことになりますが，日本国憲法は，一般的な文言を用いて指針のみを規定する「枠組型憲法」の典型であるというご指摘をいただきました。この場合，憲法の解釈を通して比較的柔軟な憲法の運用ができますし，憲法改正に至らないまでも，法律の制定によって実質的な「憲法改革」を行うことが可能になります。実際，日本では，1990年代以降の統治機構改革（政治改革，行政改革，司法制度改革，地方分権改革など）をすべて法律の制定や改正により実現しています。また，基本的人権のうち，「多くの改憲案に見られる環境権の『加憲』についてみると，環境権は抽象的な権利であるため，具体化する法令がなければ憲法に書き込んでも無意味だし，逆に具体化する法令があれば憲法に書き込むことは不要である」（西村裕一「現実的な憲法論議とは㊦改憲の自己目的化避けよ」日本経済新聞2017年7月4日付）という見解もかなり広く主張されているところです。

　憲法が，憲法典と実質的意味の憲法に相当する憲法附属法の二層の構造によって成り立つものであるとの認識をふまえ，この間，政府が取り組んできた「憲法改革」の動向を振り返るなら，憲法典の改正を経なくとも，憲法の解釈や法律の制定・改正によって何がどこまで改革できるのか，逆に解釈や法律の制定・改正だけでは及ばない領域は何かを，より具体的に吟味することが重要になります。また，憲法典の中にも，国民主権，基本的人権の保障，平和主義などの基本原則に関わる規定と統治機構に関する専門技術的な色彩の強い規定など，様々な内容の規定が混在していることが指摘されています（例えば，曽我部真裕「憲法改正を考える㊤論議の共通土台 出発点に」日本経済新聞2016年6月9日付）。以上のような視角から憲法改正問題を捉えたとき，憲法改正をめぐる議論に主権者国民はどのように関わることができるでしょうか。先生の分析の視点をご教示ください。今回も，どうぞよろしくお願いします。

［吉田］

Ⅰ　なぜ憲法改正手続を厳しくするのか

　憲法典に書き込まれた事項は，日常の政治の議題から切り離され，厳格な改正手続を通じてエントレンチメント（固定化）される。第 4 章では，「何を」エントレンチメントするかという問題，すなわち，何を／どのように憲法典に書き込むのかという問題について見たが，それでは，具体的な憲法改正手続をどのように設計すること，すなわち，どのように／どの程度エントレンチメントすることが望ましいのだろうか[1]。

　「憲法典も，特定の目的を実現するために作りだされた一種の社会的技術であり，道具である。道具が，当初の目論見どおりに働かなかったり，あるいは目的自体が変わった場合には，道具としての憲法典を修正する必要が生ずる」[2]。当初の目論見どおりに「道具」が作動するように意を払うことはもちろん重要である。しかし，「実際に使ってみたうえでなければよくわからない」[3]ことも多々ある。そのため憲法典は，改正に対して開かれていなければならない。他方で，憲法が頻繁に変更されてしまうとなると，国家の安定性が損なわれてしまう。

　こうして憲法典の安定性と可変性という，相互に矛盾する要請に応えることが求められることになるわけであるが，そのために考案された「技術」こそが，硬性憲法（rigid constitution），すなわち，「憲法の改正手続を定めつつ，その改正の要件を厳格にするという方法」[4]である。第 2 章では，なぜ世界に先駆けてアメリカやフランスにおいて成文憲法が生まれたのか，そしてそれがどのように世界中に普及したのかを見たが，成文憲法の普及の物語は，同時に，硬性憲法という「技術」の普及の物語でもある[5]。

---

1)　比較憲法学領域における憲法変動についての研究の状況については，*see* Xenophon Contiades & Alkmene Fotiadou, *Introduction: Comparative Constitutional Change: A New Academic Field* in Routledge Handbook on Comparative Constitutional Change 1 (Xenophon Contiades & Alkmene Fotiadou, ed. 2020). 松平徳仁『東アジア立憲民主主義とそのパラドックス──比較憲法の独立時代』（羽鳥書店，2021 年）第 6 章も参照。

2)　長谷部恭男『憲法〔第 8 版〕』（新世社，2022 年）33 頁。

3)　長谷部・前掲注 2)33 頁。

4)　芦部信喜（高橋和之補訂）『憲法〔第 7 版〕』（岩波書店，2019 年）404 頁。*See also* Christopher L. Eisgruber, Constitutional Self-Government, ch. 1 (2000).

　現在では，憲法典のなかに自らの修正・改正の手続を定めることが通例であり，憲法改正手続は憲法典に記載すべき必要的憲法事項とも解されている（⇒第4章）。実際，現在有効な193の憲法典のすべてに，憲法改正のための手続規定が設けられている[6]。

Ⅱ　憲法改正手続の比較

　各国における具体的な憲法改正手続の制度設計を見てみると，実に多種多様である[7]。概していえば，「各国とも，非常に細かく，場合をわけて改正手続を規定しており，硬性憲法として（「競って」とよべるほど）複雑かつ厳格な改正手続を置いて」おり，「とくに憲法の基本原理などの重要事項……について厳しくするとともに，他の条項については硬性憲法の枠内で多少とも緩めることを定めている国が多い」[8]。以下，具体的に見てみよう[9]。

1　エントレンチメントのデザイン

　まず，諸外国の憲法では，複数の憲法改正方法を定める例が少なくない。例えば，フランス第五共和制憲法89条は，憲法改正案の発議主体として，国会議員と大統領を予定しているが，どちらが発議するかによって異なった手続が採用される。アメリカ合衆国憲法5条には，2通りの発議と，2通りの承認手続が定められており，合計で2×2の4通りの憲法改正方法が定められている。

5）　アメリカ合衆国憲法の改正手続の意義については，A・ハミルトンほか（齋藤眞＝武則忠見訳）『ザ・フェデラリスト』（福村出版，1998年）216頁（第43篇）を参照。

6）　全世界の憲法典（英語版）を収録しているウェブサイト "Constitute Project"〈https://www.constituteproject.org/〉より。

7）　その分類を試みるものとして，*See* Richard Albert, *The Structure of Constitutional Amendment Rules*, 49 WAKE FOREST L. REV. 913 (2014)。同論文については，横大道聡「憲法のアーキテクチャ──憲法を制度設計する」松尾陽編『アーキテクチャと法──法学のアーキテクチュアルな転回?』（弘文堂，2017年）213-215頁も参照。*See also* Richard Albert, *Introduction: The State of the Art in Constitutional Amendment* in THE FOUNDATIONS AND TRADITIONS OF CONSTITUTIONAL AMENDMENT 73 (RICHARD ALBERT ET AL., ed. 2017)。

8）　辻村みよ子『比較のなかの改憲論』（岩波書店，2014年）42-43頁。同『比較憲法〔第3版〕』（岩波書店，2018年）257頁も参照。

9）　以下，本節の記述については，横大道聡「憲法改正と国民参加」阪口正二郎ほか編『憲法改正をよく考える』（日本評論社，2018年）21-25頁も参照。また，近時の包括的な研究として，福井康佐『憲法改正国民投票』（晃洋書房，2021年）を参照。

　このことにも関連して，改正対象となる条項や項目によって適用される改正手続が決められている場合もある。例えば，憲法典の全面改正（revision）と部分改正（amendment）とを区別するオーストリア憲法 44 条，スペイン憲法 192 条〜 195 条，スイス憲法 192 条などは，全面改正の場合には，より加重された改正手続が用いられる。南アフリカ共和国憲法 74 条は，①憲法典の基本原理などを定める第 1 章の改正，②権利章典部分と州の権限や組織に関わる規定の改正，③それ以外の規定の改正，とを区別して，それぞれ異なった改正手続を用意している。アメリカ合衆国憲法 5 条は，「いかなる州も，その同意なしに，上院における平等の投票権を奪われることはない」とも定めているが，このように特定の条項ないし内容の改正に限定して用いられる特別の改正手続を用意する場合もある。

　憲法典のなかに特別多数決以外の様々な「ハードル」を設けることも通例となっている。例えば，「発議の仕方」について定める場合（スイス憲法 194 条 2 項やアイルランド憲法 46 条 4 項など），「発議から投票までの期間」について定める場合（オーストラリア憲法 128 条や大韓民国憲法 129 条・130 条など）がある。また，発議された憲法案を「承認」するためには，両院において 3 か月以上の期間を挟んで行われる連続する 2 回の審議にて両議院で可決されなければならず，2 回目の表決では両院ともに議員の絶対多数での可決を要するイタリア共和国憲法 138 条，憲法改正案は同一文言で 2 回可決されなければならず，2 回の可決の間に総選挙の実施と，原則として 9 か月以上の時の経過が必要であるとするスウェーデン基本法第 8 章第 5 部 14 条などもある。憲法典で明示的に「最低投票率」を設ける場合もある（ロシア憲法 135 条 3 項，大韓民国憲法 130 条 2 項・3 項など）。

2　永遠のエントレンチメント

　さらに進んで，特定の内容や事項を明文で改正禁止と定める例も少なくない。イスラエルの比較憲法学者ヤニヴ・ロズナイによると，1789 年から 2015 年までの間に存在した全世界の 742 の憲法典のうち，212 の憲法典にて改正禁止条項が設けられており（約 28％），1989 年から 2015 年に制定された憲法典に限定すれば，149 の憲法典のうち，実に 81 の憲法典に当該規定が存在している（約 54％）[10]。もはや改正禁止条項は，現代の憲法典にとっての標準装備に近づ

いている，といえるかもしれない。

　改正が禁止される事項や内容は多岐にわたっている[11]。第一に，最も典型的な対象が国家形態に関するものであり，100 以上の憲法典において「共和政体」の統治体制が改正禁止の対象にされており，また「君主制」，「立憲君主制」などについての改正禁止規定もみられる。第二に，「連邦制」，「一院制」，「二院制」，「地方政府」，さらには，「権力分立」，「法の支配」，「司法権の独立」，「違憲審査制」など，統治機構に関する仕組みを改正禁止とする例も多い。第三に，当該国家のアイデンティティや基本理念を改正禁止とする例もある。例えば，国教を定める憲法は当該宗教を，政教分離を定める憲法は国家の世俗的性質を，社会主義国家では社会主義を改正禁止とすることがある。いくつかの憲法典では，より具体的に，「公用語」，「国旗」，「国歌」，「首都」なども改正禁止とされている。第四が人権であり，その例は多いが，抽象的に「人間の尊厳」（ドイツ連邦共和国基本法 70 条 3 項）などと定める憲法典もあれば，極めて具体的に「労働者，労働者の委員会及び労働組合の権利」を改正禁止の対象に挙げている憲法典（ポルトガル憲法 288 条 e 項）もある。第五は，国家主権や領土の一体性などを改正禁止とする憲法典であり，その例は少なくない。その他，憲法改正が禁止される「状況」についての定めを設ける例（例えば，緊急事態下での改正を禁止するルーマニア憲法 152 条，エストニア憲法 161 条など）もある。

Ⅲ　憲法改正手続の評価

　以上で概観した各国の改正手続と比較したとき，日本国憲法の改正手続はどのような特徴を有しており，またそれはどのように評価されることになるだろうか。

1　日本国憲法 96 条

　日本国憲法を改正するための方法は，憲法 96 条に定められている。同条 1

---

10)　ヤニヴ・ロズナイ（山元一＝横大道聡監訳）『憲法改正が「違憲」になるとき』（弘文堂，2021 年）33-34 頁。同書の巻末付録（479-513 頁）には，これまでに存在した憲法典に規定されている明文の改正禁止規定のリストが掲載されている。

11)　ロズナイ・前掲注 10)36-38 頁。

項で「この憲法の改正は，各議院の総議員の 3 分の 2 以上の賛成で，国会が，これを発議し，国民に提案してその承認を経なければならない。この承認には，特別の国民投票又は国会の定める選挙の際行はれる投票において，その過半数の賛成を必要とする」と定め，2 項で「憲法改正について前項の承認を経たときは，天皇は，国民の名で，この憲法と一体を成すものとして，直ちにこれを公布する」と規定する。

　Ⅱに見た各国の改正手続と比較すると，日本国憲法の改正手続の特徴として，第一に，憲法を改正するための方法がこの 1 つしか用意されていないこと，第二に，少なくとも明文上，改正禁止規定が設けられていないこと，第三に，発議・承認に関しての表決数のほかに細かな定めが置かれていないことが判明する。第 4 章では，日本国憲法は簡潔・簡素な「枠組型」憲法典であると述べたが，憲法改正手続もまた同様の特徴を有しているのである。

　憲法改正手続をめぐる日本の議論状況に目を向けてみると，憲法改正手続の厳格さ（とりわけ発議要件）に対する批判が政治の側から主張されてきたこともあって[12]，日本国憲法の改正手続は決して厳しすぎるわけではないことを論証する文脈で，他国との比較が試みられることが多かった[13]。その反面，学説の側から憲法改正手続をよりよいものにしていこうという議論は，ほとんどみられなかったように見受けられる[14]。

---

[12]　自由民主党「日本国憲法改正草案 Q&A〔増補版〕」36 頁〈https://jimin.jp-east-2.storage.api.nifcloud.com/pdf/pamphlet/kenpou_qa.pdf〉。

[13]　辻村・前掲注 8)（『比較のなかの改憲論』）第 1 章などを参照。日本の憲法学でも知られている代表的研究として，*see* Donald Lutz, *Toward a Theory of Constitutional Amendment*, 88 AM. POL. SCI. REV. 355 (1994), アレンド・レイプハルト（粕谷祐子＝菊池啓一訳）『民主主義対民主主義——多数決型とコンセンサス型の 36 カ国比較研究〔原著第 2 版〕』（勁草書房，2014 年）第 12 章も参照。上記研究以外の先行研究の紹介も含め，北村貴「日本における憲法硬性度はどの程度の高さか——改正手続に基づく定量指標の形成と国際比較」法政治研究 3 号（2017 年）69 頁以下を参照。

[14]　ただし，憲法改正手続の改正は「論理的に」不可能であるとする立場（石川健治「あえて霞を喰らう」法時 85 巻 8 号〔2013 年〕1 頁以下などを参照）に立つとしたら，革命による新憲法制定の場面でも想定しない限り，「日本国憲法の憲法改正手続規定はどうあるべきか」は，（憲法学者が）考える必要のない問いである。この立場に対する批判的検討として，土井真一「憲法改正規定の改正について——清宮四郎教授の所説を中心に」初宿正典先生古稀祝賀『比較憲法学の現状と展望』（成文堂，2018 年）241 頁以下を参照。さらに，法哲学からの議論として，大屋雄裕「憲法改正限界論の限界をめぐって」法の理論 33 号（2015 年）51 頁以下，大塚滋『憲法改正限界論のイデオロギー性』（成文堂，2017 年），井上達夫『立憲主義という企て』（東京大学出版会，2019 年）183-192 頁なども参照。

2　評価の視点

　各国の憲法改正手続の比較から明らかになるのは，憲法典にエントレンチするとしても，その程度は一様である必要はないこと，エントレンチされた事項であったとしても，必ずしも等価値とは限らないこと，エントレンチメントの程度が同じだったとしても，それによって守ろうとする価値も同一ではないということであろう。したがって，憲法改正手続を分析する際には，エントレンチされた事項ごとに，それがいかなる価値を守ろうとするものなのか，それは現代世代の多数者を拘束することを正当化し得るだけの価値なのか，守ろうとする価値に見合った程度のエントレンチメントとなっているのか，改正に関与させるアクターは当該価値に照らして適切といえるか，といった諸点を検証していくことが必要である[15]。

3　改正禁止条項の用い方

　そして改正禁止条項という手法を採用する場合，最硬度のエントレンチメントに相応しい理由が求められる。一般に憲法改正手続の規定は，過去のある時点の決定によって特定の価値をエントレンチし，現在および将来の（単純）多数者の意思による変更を認めないという意味で反民主主義的な側面を有するものであるが[16]，これがもっとも深刻となるのが改正禁止条項だからである。その安易な多用は控えるべきであろう[17]。

　この点，比較憲法学者のリチャード・アルバートは，安易に改正禁止条項に頼るのではなく，エントレンチしようとする価値を文化的に根付かせるためには，①時限的な改正禁止（例えば，憲法制定後5年間一切の改正を禁止するクウェート憲法174条，10年間禁止するカタール憲法148条など）にとどめ，その後は，②憲法上の規定を序列化し，それに応じて改正の難易度を設定し，③その改正

---

15)　*See* Oran Doyle, *Constraints on Constitutional Amendment Powers*, in ALBERT ET AL., ed., *supra* note 7, at 73. 厳格度の異なる複数の改正手続の重要性については，*see* Rosalind Dixon & David Landau, *Tiered Constitutional Design*, 86 GEO. WASH. L. REV. 438 (2018).

16)　この問題について取り組んだ邦語文献として，エントレンチメントという概念も含め，阪口正二郎『立憲主義と民主主義』（日本評論社，2001年），特に166頁以下を参照。

17)　改正禁止条項の詳細については，ロズナイ・前掲注10) を参照。

に際しては，一定の期間を置いた複数回の特別多数による承認を求めるというやり方のほうが望ましいと論じている[18]。さらにアルバートは，憲法改正手続規定自体を通常の改正手続による改変からエントレンチする必要性を強調し，そのための方策として，一定期間（5 年程度）を置いた 2 回の特別多数による承認（2 回目はより厳しい要件を求める）と，憲法改正についての司法審査を憲法典に明示する手続が望ましいなどとも論じている[19]。比較憲法的分析に裏付けられた主張であり，日本国憲法の改正手続を分析する際にも参考になる。

Ⅳ　憲法改正によらない憲法秩序の変動

「どうやって憲法を変えるのか」というテーマを考えるにあたっては，憲法典の改正についてだけに目を向けるのでは不十分である。成文憲法体制をとる国の憲法秩序は，「通常，単一の憲法典に盛り込まれた各種の条規だけでなく，憲法典に準ずる効力を有する司法的先例又は憲法判例や，それらに劣位する通常の法令又は憲法附属法などから形づくられている」[20]のであり，それらの変更を通じても，「実質的意味の憲法」（⇒第 1 章）は「改正」されるからである[21]。この点は特に日本において重要である。日本国憲法は 1946 年の制定以降今日に至るまで，一言一句変更されずにオリジナルなまま存続しているが，「この国のかたち」は，1946 年と現在では大きく様変わりしているからである（⇒第 4 章）。

それでは，憲法典を変更せずに「実質的意味の憲法」を「改正」することは，どのように評価できるだろうか[22]。

---

18) Richard Albert, *Constitutional Handcuffs*, Ariz. St. L. Rev. 663, 706-714（2010）.
19) アルバートは，憲法改正手続規定の改正が議論された近時の日本の状況を 1 つの素材としつつ，あるべき憲法改正手続規定として，同趣旨の指摘をしている。*See* Richard Albert, *Amending Constitutional Amendment Rules*, 13 Int'l J. Const. L. 655（2015）.
20) 大石眞『憲法秩序への展望』（有斐閣，2008 年）6 頁。
21) 大石・前掲注 20)10-11 頁，15 頁，26 頁。「実質的意味の憲法」の改正について論じる文献として，宍戸常寿「『憲法を改正する』ことの意味」論ジュリ 9 号（2014 年）22 頁以下，駒村圭吾「憲法学にとっての『憲法改正』」駒村圭吾＝待鳥聡史編『『憲法改正』の比較政治学』（弘文堂，2016 年）19 頁以下，さらに待鳥聡史『政治改革再考──変貌を遂げた国家の軌跡』（新潮社，2020 年）なども参照。
22) 以下の議論は，横大道聡「憲法典の改正と憲法秩序変動の諸相」憲法問題 28 号（2017 年）7 頁以下をやや別角度から再述したものである。併せて参照願いたい。

1　憲法典改正に対するスタンス

　吉田先生も指摘されたとおり，日本ではこれまで，「何が何でもテキストを
守り抜くことが大事」と考える護憲派と，「テキストの絶大な効力を信じてい
るからこそ新しいテキストを書こうとしている」改憲派との対立構図のもとで
憲法改正の是非について議論されるのが通例であった。この両者は正反対の立
場をとるものの，政治学者の杉田敦が指摘するように，「テキスト」（条文）を
決定的に重視する点では共通する。曰く，「『現行憲法典という立派なテキスト
があるおかげで，戦後の日本ではそれなりに人権や平和主義，デモクラシーな
どが定着して来たのであって，それらは基本的に，テキストの作用なのだ。し
たがって，何が何でもテキストを守り抜くことが大事なのであって，人々の実
践なるものに期待するのは間違っている』という見方……は，護憲派の中に，
かなり広く共有されているものと思います。……他方，改憲派もまた，テキス
トの絶大な効力を信じているからこそ新しいテキストを書こうとしているので
しょうから，テキスト重視という点では同様です」[23]。

　アメリカの憲法学では，憲法典の改正に過度に執着する立場は「憲法修正症
候群」[24]として，逆に憲法典の改正を過度に恐れる立場は「憲法修正恐怖
症」[25]として描かれることがあるが，上述したような日本の護憲派と改憲派の
議論は，そうした症状を典型的に発症しているように思われる[26]。すなわち，
憲法典の改正に過度に執着することも，過度に恐れることも，いずれも「病
理」であるといってよい。

2　エリート・プラグマティズム

　それでは，どのような態度ならば「病理」ではなく「生理」ということがで

23）　杉田敦「『押し付け憲法』は選びなおさないと，自分たちの憲法にはならないのではな
　　いか」憲法再生フォーラム編『改憲は必要か』（岩波書店，2004 年）64-65 頁。
24）　Kathleen M. Sullivan, *Constitutional Constancy: Why Congress should Cure Itself of
　　Amendment Fever*, 17 CARDOZO L. REV. 691, 694（1996）.
25）　Vicki C. Jackson, *The(Myth of Un)Amendability of the US Constitution and the
　　Democratic component of Constitutionalism*, 13 INT'L J. CONST. L. 575（2015）.
26）　関連して，「病」の根深さは日本のほうが深刻であることを論じる，阪口正二郎「憲法
　　に対する愛着と懐疑」広渡清吾先生古稀記念論文集『民主主義法学と研究者の使命』（日
　　本評論社，2015 年）227 頁以下参照。

きるのだろうか。日本の学説に目を向けてみると，憲法以外の法令の制定改廃を通じて達成できることを，憲法典の改正によって実現しようとするべきではないという見解や，憲法秩序に対して直接的な変化をもたらすのでなければ憲法典の改正は差し控えるべきである，といった議論が有力であるように見受けられる。「立憲主義の趣旨からして，法律で対応できることは法律で対応し，どうしても憲法を変えなければならないような事項だけが問題となる。単に元気を出したいから，といった『精力剤』のような憲法改正論は論外であるし，法律で対応できることをあえて憲法問題にするのも時間と労力の無駄である」[27]とする議論がその典型である。

　こうした立場を，山本龍彦の用語法を参考に，エリート・プラグマティズムと呼んでおこう[28]。

3　エリート・プラグマティズムの問題点

　しかし，このエリート・プラグマティズムにはいくつか問題があるように思われる。

　第一に，この見解は，実際の憲法秩序が憲法典以外の法令の制定改廃によって大きく変動しているという事実が，「成熟した民主政社会」のあるべき姿であると描く議論[29]と併せて主張されることで，事実上，ほとんどの憲法典改正は「不必要」であるとネガティブに評価することに繋がる。果たして，現実に「成熟した民主政社会」にて行われた憲法典改正のほとんどをネガティブに描くことになってしまうような評価基準は妥当であるといえるだろうか。例えば，2015 年にアイルランドは，国民投票を経た憲法改正[30]によって同性婚を憲法上容認した世界初の国となったが，同性婚を憲法で認めなくても法律の改

27)　杉田敦「まっとうな憲法改正論議の条件」樋口陽一＝山口二郎編『安倍流改憲に NO を！』（岩波書店，2015 年）207 頁。また，長谷部恭男『憲法とは何か』（岩波書店，2006 年）18-19 頁，阪口正二郎「改憲論と『生ける憲法』」同ほか編・前掲注 9）42-44 頁も参照。

28)　宍戸常寿ほか「〔座談会〕憲法のアイデンティティを求めて」論ジュリ 24 号（2018 年）171-172 頁［山本龍彦発言］は，「憲法典ではなく憲法附属法で対応すればよいというメンタリティ」をエリート・プラグマティズムと呼んでいる。この概念に関して，「憲法の規範力」研究会「〔ディスカッション〕誰のための，何のための『憲法典』か？」法時 90 巻 12 号（2018 年）92 頁以下も参照。

29)　David A. Strauss, *The Irrelevance of Constitutional Amendments*, 114 HARV. L. REV. 1457 (2001). *See also* DAVID A. STRAUSS, THE LIVING CONSTITUTION, ch. 6 (2010).

正により実現できるという立場も学説上有力であった[31]。では，この憲法改正は「時間と労力の無駄」だったのか。そうではないと評するとすれば，エリート・プラグマティズムとは違った評価の視点に基づいていることになる。

　第二に，**第4章**で指摘したように，日本国憲法は，「規律密度」が低く，実質的意味の憲法の変動は，憲法典を改正せずとも実現できる余地が広く，概括的な定めがなされているため，解釈の余地も広い。そして，裁判所が積極的に違憲審査権を行使していないために，憲法典の改正ではなく政治部門によって実質的意味の憲法の変動が行われやすい。エリート・プラグマティズムの立場は，これを追認することになるのではないか。

　関連して第三に，エリート・プラグマティズムがもたらし得る国民に対する影響である。政治学者の境家史郎によると，「そもそも，憲法典が一国の最高法規の位置にあり，それに準拠して政権は行動しなければならない，といった発想自体，国民に広く浸透しているとはいいがたい」[32]。そのような国民の憲法観が形成されたのは，とくに「1990年代以降，9条条文と現実の安保政策との外形的乖離が，政府によってなし崩し的に広げられ，主要政治勢力がその状況を追認するようになった」という「9条をめぐるエリート間論議の変化を反映」したものである[33]。エリート・プラグマティズムの立場は，このような国民の憲法観に棹差す可能性がある。境家がいうように，「有権者のなかでも，憲法典の拡大解釈――さらには，憲法典は融通無碍に読める（読んでよい）のだとの見方――が着実に広がってきた」責任の一端は，「エリート層による，これまでの憲法の扱い方」[34]にあると考えられるからである[35]。「〔憲法〕96条あるいはそれを通じた明示的な改正によって建前と本音とを一致させることが

---

30)　アイルランドの憲法改正については，オレン・ドイル（横大道聡監訳＝瑞慶山広大訳）「アイルランドにおける憲法変動」法セ767号（2018年）46頁以下，井田敦彦「アイルランドにおける憲法改正の手続と事例」レファレンス816号（2019年）27頁以下，徳田太郎「アイルランドの憲法改正における熟議と直接投票(上)(下)」法學志林118巻3号（2020年）122頁以下，同118巻4号（2021年）210頁以下などを参照。

31)　Fergus Ryan, *Ireland's Marriage Referendum: A Constitutional Perspective*, 22(2) DPCE Online 1, 11-12 (2015).

32)　境家史郎「日本人の憲法観」法時90巻9号（2018年）131頁。

33)　境家・前掲注32)135頁。

34)　境家・前掲注32)135頁。

35)　さらに，境家史郎「"非"立憲的な日本人――憲法の死文化を止めるためにすべきこと」中央公論2021年12月号94頁以下も参照。

目指されるとすれば，そのようにたくらむ人々の方が，法に対する尊敬の維持・法と実態の一致という理念に対してはむしろ忠実であると評し得るのではないか」[36]という法哲学者の大屋雄裕の指摘は，エリート・プラグマティズムの立場が見落としている憲法典改正の意義を指摘するものとして重要である。

　憲法典を改正しなくても実現できる憲法秩序の変動を，憲法典の改正を通じて行うことには様々な意義が認められるのであり，必ずしも頭から否定されるべきではない。

　吉田先生，こんにちは。憲法典は，歴史のある一時点になされた特定の決定を，将来にわたってエントレンチメント（固定化）するための装置であり，それを担保するのが硬性の憲法改正手続です（→Ⅰ）。しかし，同じく憲法典に規定されている事項であったとしても，その理由は必ずしも同一ではないですし，そうである必要もありません。しかし日本では，憲法が自らを改正するための方法を1つしか用意していないことにも起因して，この当たり前のことがあまり意識されてこなかったように思います。世界各国の憲法改正手続の「多様性」を示し，エントレンチメントのデザインを考えることの重要性を強調したのは（→Ⅱ，Ⅲ），そのことに意識を向けてもらいたかったからです。憲法典を所与とするのではなく，外在的な視点から眺めてみることで，よりよくその特徴を把握できるようになるはずです。

　他方で，憲法典がその国の憲法秩序において果たす役割は限られています。実質的意味の憲法を憲法典において語り尽くすことは不可能ですし，憲法典が抽象的かつ簡潔であればあるほど，憲法典以外の「実質的意味の憲法」が憲法秩序において果たす役割が広がります。日本の場合，様々な要因が関係して，憲法典の改正ではなく法律の制定改廃を通じて，「この国のかたち」が大きく変化してきました。それでは，「憲法典」と「憲法典以外の憲法」から構成される憲法秩序を変化させようとするとき，どちらを変更するべきなのでしょう

---

36)　大屋・前掲注14)64頁。同「根元的規約主義は解釈改憲を放縦化させるのか」井上達夫編『岩波講座 憲法(1)立憲主義の哲学的問題地平』（岩波書店，2007年）283頁以下も参照。

か。

　この問題について，日本の憲法学では，「憲法を変えなくても実現できる変化であるならば，憲法を変えるべきではない」という立場が支配的であるように見受けられます。しかし本章では，このエリート・プラグマティズムの立場が見落としている点を指摘して，問題提起を行いました（→Ⅳ）。日本国憲法の場合，憲法改正に国民投票が必要です。第2章では憲法の正統性について，国民の関与が重要であるということを見てきましたが，国民投票というかたちでの憲法改正への関与が，憲法秩序にとって有する意義についても，合わせて考えるべきであるということも付言しておきたいと思います。　　　　　[横大道]

インタールード①　憲法をどう教えるのか

はじめに

　市民の憲法意識や憲法認識を形成するうえで，高校までの憲法教育が少なからぬ影響を与えてきたことは間違いないであろう。インタールードでは，これまで中等教育において取り組まれてきた憲法教育・人権教育・主権者教育をテーマに取り上げ，その現状と課題を分析・検討してみたい。

　第1回は，憲法教育をテーマとして取り上げる。なかでも中等教育段階での憲法教育に焦点を当て，その特徴と課題を明らかにしてみたい。その際，高等学校「公民科」に新設される共通必履修科目「公共」における憲法教育の構想を明らかにし，実践的課題を提示してみようと思う。

I　高校までの憲法教育の実際

1　憲法教育の実際と分析
──高校までに何を学んでいるか

　実は，このテーマに関わっていえば，横大道先生をはじめとする憲法研究者グループが2013年に実施した「大学に入学するまでに憲法の何を勉強したのかについての実態把握」という研究成果[1]が報告されており，参考になる。この調査は，「大学生が憲法についてどこまで学習してきたのか」という「程度」をはかるために，75の質問項目について「詳しく習ったことがある」「習ったことがある」「あまり習っていない」「全く習ったことがない」「習ったことはないが自分で勉強した」「わからない（聞いたことがない）」という6段階の回答項目を用意して得た回答を整理したものである。調査結果は，2010年代中頃までの憲法教育の実情（学習履歴）を理解するうえできわめて有用であるため，ここに紹介し，その特徴を明らかにしてみたい。なお，このインタールード①では，憲法に関する75項目の学習履歴のうち「詳しく習ったことがある」

表　大学入学時における憲法学習状況の実態調査
　　「詳しく習ったことがある」回答数（集計結果）

上位順位（1～20位）・学習項目・回答数		下位順位（56～75位）・学習項目・回答数		
1	三権分立（権力分立）	480	56	予算	103
2	労働基本権	457		憲法制定の経緯	103
3	憲法9条（平和主義）	454	58	裁判官の身分保障	100
4	立法権・行政権・司法権	447	59	裁判所の組織と裁判の手続	88
5	国民主権	443		罪刑法定主義	88
6	生存権	418	61	統治行為論	86
7	国民の三大義務	401	62	立憲主義	83
8	教育を受ける権利	390	63	刑事補償	75
9	知る権利	382	64	令状主義	65
10	プライバシーの権利	380	65	検閲	60
11	衆議院の解散	362	66	外国人の人権問題	48
12	衆議院の優越	352		通信の秘密	48
13	日本の選挙制度	351	68	国家賠償	42
14	法の下の平等	337		租税法律主義	42
15	三審制	333	70	憲法の私人間効力	41
16	議院内閣制	318	71	財政民主主義	40
17	裁判員制度	301	72	憲法尊重擁護義務	32
18	自己決定権	297		公務員の人権問題	32
19	天皇の国事行為	296	74	アファーマティブ・アクション	26
20	象徴天皇制	288	75	適正手続の保障	24

にマークを付けた回答数をもとに分析を試みている。

　アンケートの結果を分析すると（**表**），次のように特徴を整理することができた。

a. 高校までの憲法教育は，日本国憲法の三大原理と三権分立（75項目中1位；以下数値は75項目の学習履歴の回答数から得られた順位を示す）の学習率が高い。憲法9条（平和主義）（3位），国民主権（5位）のほか，基本的人権については，労働基本権（2位），生存権（6位），教育を受ける権利（8位）

1）　岩切大地ほか「大学入学時における憲法学習状況の実態調査──高大接続の憲法教育に向けて」立正大学法制研究所研究年報19号（2014年）3頁以下。アンケート調査は，12大学・1886名の学生から回答を得たものであるが，そのうち大学において憲法を履修したことのある学生は集計結果から除外されており，サンプル数は1481名となる。

などの社会権関連の学習に比重が置かれているようである。

b. 基本的人権の中では，社会権のほか，知る権利（9位），プライバシーの権利（10位）などの「新しい人権」の学習履歴が高いのに対し，表現の自由（21位），思想・良心の自由（28位），信教の自由（29位）に代表される精神的な自由に関わる学習履歴は，社会権や「新しい人権」に比べ必ずしも高くはない。

c. 注視したいのは，裁判員制度（17位）の学習履歴が比較的高く出ているにもかかわらず，適正手続の保障（75項目中75位）や罪刑法定主義（59位），令状主義（64位）などの人身の自由（35位）に関連する分野，さらには裁判所の組織と裁判の手続（59位）に関連する分野の学習履歴が低いことである。これらのデータは，裁判員制度の「しくみ」は教えられているが，人身の自由や適正手続の保障などの「人権」に関わる学習がセットで扱われていないという実態を示唆しており，人権と制度（しくみ）の学習をどのように連携し教育内容を構成するかは，今後の検討課題となるであろう。

d. 三権分立（1位）の学習とセットとなって，立法権・行政権・司法権（4位）の学習項目が多数取り上げられている。関連して衆議院の解散（11位），衆議院の優越（12位），議院内閣制（16位），日本の選挙制度（13位）など，政治制度の学習が上位を占めている。これに対し，租税法律主義（68位），財政民主主義（71位）など，財政に関する事項はあまり取り上げられていない。高校までの財政学習は基本的に経済分野の一つとして位置付けられているが，財政に対する民主的コントロールという観点からの学習は，その重要性にもかかわらず，あまりなされていないことが伺える。

e. 司法の独立（30位），違憲立法審査権（34位），裁判所の組織と裁判の手続（59位）など，司法に関わる学習履歴は，立法・行政など民主主義に関連する各分野の学習事項に比べ相対的に低い。今後の憲法学習のあり方を考えるうえでこのことがもたらす意味を検討する必要があろう。

f. 憲法の基礎理論に関わる事項はあまり取り上げられていないようである。とくに立憲主義（62位）や憲法尊重擁護義務（72位），憲法の私人間効力（70位）などの学習履歴はいずれもが低くなっている。

g. それに対し，近代立憲主義の要素とは位相の異なる国民の三大義務（7位）の学習履歴が基本的人権の学習事項全般に比べ相対的に高くなっている点に

も注意を払っておきたい。

　ここまで，憲法研究者グループのデータを紹介しながら，分析を試みてみた。私自身もこのアンケート結果に触発され，ほぼ同様の調査を私の「担当科目（基礎社会Ⅰ）」の受講生に対し実施したことがある[2]（2016年調査）。結論からいえば，憲法研究者グループの調査結果とほぼ同様の傾向を読み取ることができたのだが，相違点がなかったわけではない。その１つが，立憲主義の学習履歴が2013年に実施された憲法研究者グループの調査結果よりも高く出ていたことである。立憲主義については，「詳しく習った」「習った」との回答が全体の88％に達していたのである。そのような変化の背景には，立憲主義という語句が2010年代に入ると多くの教科書において記述されるようになったことや2013年以降の集団的自衛権や安保法制をめぐる政治動向などが少なからぬ影響を与えていたのではないかと思われる。

2　大学生の憲法認識から見えるもの
──「立憲主義」の理解をめぐって

　高校までに何を学んできたかという学習履歴とともに，学生が高校までに学んできた学習事項をどのように認識しているかについても検討する必要があろう。前者が知識などの量に関わる問題であるとすれば，後者は質の問題ということになる。すべての学習事項を取り上げることはできないので，ここでは近年，多くの教科書においても記述されるようになり，学生の認知度も向上してきた「立憲主義」を取り上げ，私の担当科目の受講生のアンケートの回答や自由記述の内容を分析した結果を紹介してみたい[3]。

　そこで，学生に対し，「憲法規範は何（誰）に対して向けられているか」＝「憲法の名宛人は何（誰）か」を問う質問をし，その理由を含めて記述してもらったところ，実に，回答者の90％を超える学生が「国民こそが率先して憲法を守らなければならない」との認識を示していたことが伺えた。憲法教育関連の文献を読んでみると，このような認識は，学生のみならず一般市民にも広

2）　吉田俊弘「憲法教育と高大接続──立憲主義と憲法尊重擁護義務を中心に」大正大学教育開発推進センター年報2号（2017年）34頁以下に詳細は記してある。

3）　吉田・前掲注2）35頁以下に質問項目とその結果，分析などの詳細は記している。

く見られるようであり，憲法感覚としては決して特殊なケースとはいえないようである。問題は，その理由である。当初，私は，「国民自身が憲法制定権者であるから」とか「憲法の人権規定に国民が拘束されているから」というような回答が多いのではないかと予想していたが，これらの理由は思いのほか少なく，むしろ「憲法が最高法規であるから当然に国民は憲法に従わなくてはならない」という趣旨の回答が多数寄せられていたのである。「最高法規たる憲法に国民は拘束されている」という感覚は，権力拘束というよりも義務遵守のイメージが色濃く表れているということができるであろう。「憲法が最高法規であるのは，その内容が，人間の権利・自由をあらゆる国家権力から不可侵のものとして保障する」[4]という点が重要であり，このことが憲法の最高法規性の実質的根拠となるというのが通説的理解であるが，学生の認識における「憲法の最高法規性」とは，形式的効力の点で憲法が国法秩序の最上位にあること（形式的最高法規性）を意味しており，人権保障の実質を伴った裏付けとは切り離されている点に特徴があるようにみえる。

　憲法の名宛人となる国家権力の形成と統制というテーマに言及していえば，相当数の学生から「国会議員や総理大臣，国務大臣，国民のいずれにしても，同じ国民なのだから憲法に従わなくてはならない」という趣旨の意見が表明されていたことも紹介しておきたい。公権力の担い手と国民一般が同じ平面で並べられ同一視されているという点に関していえば，法学研究者の立場から社会科教員の養成に携わる上田理恵子の指摘が参考になる。上田は，大学の教員養成課程における憲法教育に関わって，「内閣総理大臣をはじめ，『国に関わる仕事』をする人たちが『専横な権力者』のようには見えないのに，敢て『縛らなければいけない』という論理を実感させることができるか」[5]と問題を提起している。上田の問題意識は，学生の憲法意識──国民も内閣総理大臣も国会議員も，憲法の下では同じであるのだから，皆で憲法を守ればよいのではないかというもの──を検討するうえで有用な視点を提供しており，国家権力の形成とその統制に関わるものの見方をどのように育成するか，という憲法教育上の重要な案件であるといえる。その際，憲法が「形式的に最高法規であるから従

4）　芦部信喜（高橋和之補訂）『憲法〔第7版〕』（岩波書店，2019年）12頁。
5）　上田理恵子「教員養成課程における日本国憲法教育を考える──憲法尊重擁護義務をめぐる授業実践例より」熊本大学教育実践研究33号（2016年）159頁。

わなければならない」というように捉えるべきではなく，主権者である国民が，個人の尊重を軸とする人権を確保するために，憲法という最高法規を作り，国家権力に一定の権限を与えたり，その行使を制限したりしていることが理解されなくてはならないのである。

　関連して，日本国憲法99条の「憲法尊重擁護義務」を授業の中でどのように取り上げるかが議論となることがある。この点についても，上田理恵子が，「『国家権力を縛る』という視点から捉えた憲法尊重擁護義務に限定するからこそ『国民』が外れるのであって，私たちが『憲法を大事にする』からこそ，憲法は力を持ちうることも，児童の皆さんと今一度確認し合ってほしい」と述べている点に注目したい。国民が，「憲法尊重擁護義務から外れること」と「憲法を大事にするからこそ，憲法は力を持ちうること」は，一見，両立しがたいように見える。上田の指摘は，この2つの意味を整合的にとらえ，子どもたちにとって得心がいくように理解できるかどうかを憲法教育上の課題として提起したものである。これに対し，憲法研究者は，どのように応えることができるであろうか。

　この点について，興味深い解説を試みているのが高橋和之である。以下，少し長くなるが，高橋の見解を引用してみよう。

　日本国憲法99条は国民を意識的に擁護義務者から除いている。立憲主義の論理からは，国民は憲法を定めて権力担当者に課す立場にあり，その立場で自らが定めた憲法を守るべき義務を負うのは当然であるが，しかし，この義務は，国民により憲法を課された権力担当者が負う擁護義務とは質を異にする。いうなれば，国民の負うのは，権力担当者が憲法を守るよう監視する義務である。このように，日本国憲法99条が国民を除いたのはそれなりの理由がある[6]。

憲法尊重擁護義務に関連して「質を異にする」2つの意味を読み込もうとする高橋の見解は，上田の提起する憲法教育上の課題ともシンクロし，この難解な問題を解き明かすうえで有用な示唆を与えてくれるようにみえる。立憲主義

6）　野中俊彦ほか『憲法Ⅱ〔第5版〕』（有斐閣，2012年）400頁〔高橋和之執筆〕。

をどのように把握し，教授するべきか，このような憲法教育の内容構成に関する問題は，憲法学と憲法教育の両面からその意義をさらに吟味していくことが必要になるであろう。

3　法教育の展開
──学習指導要領の変遷から見えるもの

　ところで，学生や一般市民の「憲法的常識」＝「国民は率先して憲法を守らなければならない」という憲法感覚を「勉強不足」などの理由で責めることはできないであろう。実は，学習指導要領の解説書までもかつては「天皇，国務大臣，国会議員，裁判官その他の公務員は憲法を尊重擁護しなければならないこと，国民もまた自分たちの自由や権利を守り，民主政治の発展を図るために憲法を尊重擁護しなければならないことなどを理解させる」[7]と述べていたからである。

　この指導書は，「法の支配」の解説についても，「法の支配は，……国家権力の恣意的な政治を押さえて，国民の権利と自由を保障するという役割を果たしてきた」と適切に記述する一方で，その「法」を「議会の議決を経て制定される法律」であると規定し，そこから，「法の遵守なくして自他の人権尊重はあり得ないことをじゅうぶん理解させなければならない」（1970 年版指導書 338頁）と述べていた。指導書が「法の遵守」を説く根拠は，「議会制については，議会制民主主義のもとにおいて，国民の意思が国政の上にじゅうぶん反映されて，すべての国民に自由と豊かな生活を保障することができる」（341 頁）と解しているからである。ここにみられる議会制民主主義の理解は，国民の意思と代表の意思との間に不一致があったとしても，あたかも一致があるかのように説くことによって，実際上の不一致を覆い隠してしまうような性格を有するものであるということができるであろう。そのことを考慮しつつまとめてみると，このような国民に対する「法の遵守」の要請は，〈国民主権→選挙→議会→法律の制定（多数決）→国民の法の遵守〉という単線的・形式的な民主主義観の反映であり，国民の憲法遵守義務と相俟って市民の憲法や法に対する認識の一部を形成しているように思われ，気になるところである。

---

7 ）「1970（昭和 45）年版中学校指導書 社会編」336 頁。

しかし，徐々にではあるが，学習指導要領とその解説には変化が見られるようになっていく。たとえば，1989年版以降の指導書（解説）には，議会の意思と民意との不一致にも配慮した記述が見られるようになり，2008年版の「中学校学習指導要領解説 社会編」には，多数決の原理の説明において「多数決でも決めてはならないことがあることについても理解させることが大切である」との記述が登場するに至っている（解説137頁）。この記述は，議会による「多数決」の決定を尊重し，そこから国民の法の遵守を導き出そうとする1970年版指導書の論理を見直す契機となる可能性がある。現実に，学校でルールを作ったり，国会で法律を作ったりする場合に，集団の意思決定の際に用いられる「多数決」という方法が，どのような場合でも正当性を持つのか，あるいは「多数決」によって制定された法律が「個人の尊重」を否定するような内容を含んでいるとき，どのように考えたらよいのか，といったテーマを考察する時，「多数決でも決めてはならないことがある」との視座を得ることは大いに有用であるに違いない。ここから多数決型民主主義と違憲審査制の関係というテーマにも踏み込み，理解を深めていくことが可能になろう。

実は，2008年版の解説は，近年の法教育研究の成果[8]が反映されており，同様の視点は，2017年7月に発表された「中学校学習指導要領解説 社会編」（156頁）にも継承されている。このような記述をふまえた教育内容や教材，教育方法が，教育者と法律家との協働の中から開発され，「立憲主義」と「民主主義」に関わる国民の憲法認識がより適切に深められていくことを期待したい。

II 新科目「公共」と憲法教育

1 新しい学習指導要領の特質と新科目「公共」

2018年に公示された新しい学習指導要領は，すべての教科，科目，分野等において各教科の特質に応じた「見方・考え方」を働かせながら，目標に示す

8）「多数決でも決めてはならないことがある」との視座は，法務省の法教育研究会が発表した報告書『我が国における法教育の普及・発展を目指して——新たな時代の自由かつ公正な社会の担い手をはぐくむために』（2004年）93頁以下において，民主主義を「みんなのことはみんなで決めること」，立憲主義を「みんなで決めるべきこと，みんなで決めてはならないことを明らかにすること」と言い換え，中学生対象の教材を作成して提示したことが嚆矢ではなかろうか。

資質・能力の育成を目指すこととなった。「見方・考え方」は、「学習の対象を捉える視点や思考・判断の枠組みを意味し、個別の知識を相互に関連付け構造化するとともに、知識を用いて推論・判断する際の論理を規定する」[9]ものであるが、新学習指導要領は、このような「見方・考え方」という用語を用いて目標記述を統一し、「〜な見方・考え方を働かせ、〜の活動を通して、〜の資質・能力を育成する」という形で、教科の学習構造を基本的に統一したのである[10]。

「公民科」に必履修科目として新設される「公共」は、すでに選挙権年齢が引き下げられ、2022年から成人年齢が18歳へと引き下げられることに伴い、高校生にとって政治や社会が一層身近になり、自ら考え、積極的に国家や社会に参画する環境が整いつつあることを背景に新設されることになった科目である[11]。学習指導要領によると、新科目「公共」の目標は、「人間と社会の在り方についての見方・考え方を働かせ、現代の諸課題を追究したり解決したりする活動を通して、広い視野に立ち、グローバル化する国際社会に主体的に生きる平和で民主的な国家及び社会の有為な形成者に必要な公民としての資質・能力を……育成することを目指す」(解説29頁)ことである。

そのため、「公共」において想定される学習活動のイメージは、主体的・対話的で深い学びを実現するために、学習課題を設定し、教師はその課題追究のための枠組みとなる多様な視点(概念や理論など)に着目させ、課題を探究したり解決したりする学習活動を組織していくことになろう。

2 「公共」における憲法教育構想とその課題

さて、このような特徴を持つ新科目「公共」であるが、その中から「公共」の憲法教育構想について述べてみよう。この点、哲学者、一ノ瀬正樹の簡潔なまとめが参考になる。

---

9) 土井真一「社会・地理歴史・公民において育むべき資質・能力を考える」中等教育資料2016年7月号26頁。
10) 「公開シンポジウムI『育成すべき資質・能力』と『アクティブ・ラーニング』をめぐって──次期学習指導要領改訂に向けて」教育学研究84巻1号(2017年)63頁[パネリストである池野範男発言]。
11) 「2018(平成30)年版高等学校学習指導要領解説　公民編」27頁。以下、本文では「解説」と略する。

「公共」における「憲法」へのスタンスは，基本的に，中学校での学習を前提する，というものである。改めて一から学ぶ，というものではない。むしろ「公共」での「憲法」に対するスタンスは，憲法そのものというよりも，憲法に表されている基本的発想に学習の主題が置かれる，というように表現できるだろう。こうした姿勢は，憲法に表されている基本的着想それ自体にも主体的思考を求めていくということであり，「公共」の基本着想に立脚している。つまり，人権とは何か，自由とは何か，そういう根源的な問いが出されてもよい，ということである[12]。

「公共」における憲法教育は，日本国憲法に規定された憲法条文の内容を一から順に系統的に理解していくような学習を想定しているわけではない。むしろ，学習指導要領は，「人間の尊厳と平等，個人の尊重，民主主義，法の支配，自由・権利と責任・義務など」の憲法制度の背景にあると想定される基本的原理を活用して，よりよい社会の形成を探究するように学習活動を設計しているのである。そこでは，主題を探究するために，どのような「見方・考え方」（思考判断の枠組みや視点など）が立てられるかが問われてくる。

新科目「公共」において規定される「見方・考え方」は，学習の対象を捉える視点や思考・判断の枠組みを定め，探究的な学習を支える原動力となるような役割を果たすものである。したがって，憲法教育においても学習主題にふさわしい「見方・考え方」が適切に設定されているかどうかを検討することが重要なポイントの一つとなる。

例えば，学習指導要領は，経済学習を進める際に「個人の尊重」を取り上げ具体的に明記しているが，そこで設定された「見方・考え方」は，「より活発な経済活動と個人の尊重を共に成り立たせることが必要である」（50頁）という枠組みである。ここでは，「個人の尊重」は，「より活発な経済活動」という，もう一つの利益とほとんど同格ないし並列的に扱われていることが伺える[13]。

また，学習指導要領は，法・政治・経済の各事項において学習主題を設定する際に，「基本的人権の保障に関連付けて取り扱ったり」，「世代間の協力，協

---

12) 一ノ瀬正樹「高校新科目『公共』についての哲学的覚え書き」思想1139号（2019年）150頁。

働や，自助，共助及び公助などによる社会的基盤の強化などと関連付けたり」して，主題を追究したり解決したりできるようにすることを要請している（51頁）。さらに，「少子高齢社会における社会保障の充実・安定化」の扱いは「財政の持続可能性と関連付けて扱うこと」と具体的に明記している（52頁）。ここでは，「基本的人権」は「見方・考え方」の枠組みとして位置づけられるというよりも，世代間の協力，自助・共助・公助，財政の持続可能性などと並んで，社会保障などの政策選択をする際の判断材料の一つとしての意味しか与えられていないようである。

　ここに見てきたように，学習指導要領の「見方・考え方」に関わる記述の仕方は相当に具体的である。ここに設定された学習の枠組みそのものが，多面的・多角的な学習を推奨する学習指導要領の意図に反し，かえって探究の範囲と方向性を相当程度に制約し，学習者の主体的な思考・判断を縛ることにならないか，その適切さを含め一層の検討が望まれるところである。

　新科目「公共」において，いかなる「見方・考え方」を学習の軸として設定するかはこれからの憲法教育の行方を左右するほどの大切なポイントとなることであろう。多面的・多角的な学習の内実を具体的な学習主題ごとに丁寧に分析し，「人間の尊厳と平等」「個人の尊重」「民主主義」「法の支配」「自由・権利と責任・義務」が憲法教育における「見方・考え方」の軸となるのかどうか，それぞれの学習主題と具体的に関連づけながら検討していく必要がある。さらにいえば，学習指導要領に掲示されたこれらの原理のほかに，他の原理が立てられるとすればそれは何かを含めて精査することが大切である[14]。

---

13)　学習指導要領「解説」は，「より活発な経済活動と個人の尊重の両立」をめぐって，製品事故や薬害問題などを例示し，政府による適切な政策や企業の社会的責任のある行動を理解できることを求めている（67頁）。このようなテーマを設定したとき，授業において「両立」をどのように捉え実践するかが問われることになる。

14)　例えば，君塚正臣は，学習指導要領に立憲主義が明示されていないことに疑問を提起している。君塚正臣「高等学校新科目『公共』と法教育に関する覚書──入試科目としての対応も含めて」横浜国際社会科学研究 24 巻 1 号（2019 年）7-9 頁。また，栗田佳泰「『公共』における主権者教育，愛国心教育，憲法教育──憲法パトリオティズムとリベラル・ナショナリズム，それぞれの視座から」法政理論 51 巻 3・4 号（2019 年）1 頁以下は，憲法教育は，「個人の尊重」のような「基底的な価値」について十分に理解を深めてから行うべきであると説いている（29 頁）。

Ⅲ　憲法教育の行方
——中等教育における憲法教育の課題

　ここまで，高校の新科目「公共」における憲法教育を取り上げ，分析を試みてきた。最後に，「公共」に限らず，もう少し広い視野から中学校や高校における憲法教育の課題を提示しておくことにしよう。ポイントの一つは，主権者である国民によって形成された権力の役割を学ぶとともに，その権力をなぜ統制する必要があるか，そして，どのように統制するかを学ぶことである。この点，本書において横大道先生が指摘しているように，日本国憲法典に限定された学習をするだけでなく，憲法典の根底にある憲法の「見方・考え方」を学ぶこと，憲法典だけでなくその附属法の特徴を捉えること，さらには憲法を比較することによって得られた知見を活かして議会や裁判所がいかなる役割などを果たしているかを理解することが憲法を広く深く認識するうえで有用である。

　現代の民主政治は，国民主権を採用した憲法の下で運営され，議会が多数決によって法律を作り，内閣がそれを執行することによって担われている。国民は，立法権を行使する国会議員を選出する選挙を通して，より良い社会の形成に参加することができる。この民主政治のプロセスを学ぶことは，主権者教育のみならず，憲法教育においても重要なテーマとなることはいうまでもない。多様な価値観を持った諸個人が共生するためには，意見や利害の対立をふまえながらも徹底した討論を尽くし，最終的には多数決によってまとめあげることが求められる。新科目「公共」が「よりよい社会は，憲法の下，個人が議論に参加し，意見や利害の対立状況を調整して合意を形成することなどを通して築かれるものであることについて理解すること」（50頁）と定めるのは民主主義を運営するうえで必要な大切なポイントを指摘しているものといえよう。

　しかし，民主主義による政治は，国家権力を抑制し，国民個人の基本的人権を保障することを目的とする立憲主義とは原理的に鋭く対立する面もあることに注意を払う必要がある。民主主義の理念のもと，国民が主権者として創出した公権力の担い手が多数決で決定した法律であったとしても，「個人の尊重」という社会の基本価値を侵害する恐れが十分に考えられるからである。国家権力がいつでも国民個人の権利を守ってくれるわけではなく，むしろ人権の侵害

者ともなりうること，そして，実際に権限の濫用や人権侵害が発生するときにその動きを憲法によって規制できることを認識できるかどうかに憲法教育の成否はかかっているのである。

その意味において，憲法教育では，権力をどのように構成するか，そして，いったん構成された統治権力をどのようにコントロールするかという2つの視点から学習が行われる必要があり[15]，「多数決によって統一的に決定されるべきでない事項までが，政治的に決定されないよう歯止めを置くことが，硬性憲法を制定する意味」[16]であることが理解されなくてはならない。そのためには，「憲法が法律の親玉である」というような形式的な理解を脱し，憲法に他の法律とは異なる「固有の役割」があることを認識できるかどうかがポイントとなるのである。先にあげた上田理恵子の言葉にひきつけていえば，国民が選挙によって選出した国家権力の担い手は，とても「専横な権力者」のようには見えないかもしれない。しかしそれでもなお敢えて憲法によってその権限を「縛らなければいけない」という論理構造を理解するために学習の枠組みが設定される必要があろう。

では，深い学習を促す「法的な見方・考え方」を育んでいくためには，どのように憲法教育の内容と方法を構想したらよいのであろうか。

第一は，横大道先生ら憲法研究者グループの調査結果を分析したように，現在の中等教育においては民主主義に関わる学習内容と法による権力の統制に関わる学習内容との間にアンバランスが見られる。そのため，法による権力統制の実質的な意義を理解するための教育内容を系統的に整理することを提唱したい。選挙や国会，内閣など，多数決を中心とする民主主義に関連する学習要素に加え，適正手続の保障，司法や違憲立法審査権，少数者の権利保障などの学習要素をカリキュラムに正当に位置づけ学習の中に組み込むのである。例えば，裁判員制度に関するこれまでの学習は，制度の「しくみ」は学んでいるが，人身の自由や適正手続の保障などの人権関連の内容がセットで扱われてこなかったという点に特徴がみられた。これについて，新科目「公共」の学習指導要領には，適正手続の保障など，従来あまり扱われてこなかった学習要素が反映さ

---

15) 笹倉秀夫『思想への根源的視座』（北大路書房，2017年）191頁以下。立憲主義・リベラリズムとデモクラシーの関係を説明している。

16) 長谷部恭男「立憲主義」大石眞＝石川健治編『憲法の争点』（有斐閣，2008年）7頁。

れている面もある。これらの改訂ポイントを活かしながら教育内容の改善を図っていくことが望まれる。

　第二に，多数者支配型民主主義と立憲主義の調和と対立などの側面にも目を向け，その民主主義と立憲主義との調和と緊張関係を具体的な事例などを通してダイナミックに理解していくことである。

　例えば，(a)ある法律の立法過程を教材として取り上げ，賛否を含む議会での議論を読み取りながら法律が制定されていくプロセスを学ぶこと，その際には，立法目的や目的達成のための手段の適切さを検討する機会を設けること，(b)多数決によって成立した法律であっても「個人の尊重」の原理や具体的な人権を侵害する危険があり得ること，(c)実際に提起された違憲訴訟と最高裁判所の違憲判決，その効果などを学ぶことは，憲法を構成する民主主義と立憲主義の調和と緊張関係を理解するうえで有効であろう。そこから国民が自ら創り出した権力であっても，憲法によってその行使は制限され，それによって人権が確保されるというきわどい関係が理解できるようになると思われる。

　第三に，立憲主義という言葉を頭の中で覚えるだけでなく，現実社会の中で立憲主義が生きて働く場面を教材として提示することを通して，憲法認識を深め，人権回復のための手段を学んでいくことが大切である。その際，社会的課題を探究し解決していくような実践型の学習プログラムが開発されるとよいが，そのようなプログラム作りに高校と大学の憲法教育関係者が参加して行われることが望ましい。例えば，夫婦別姓論は政治的な論争を含む社会的課題であり，選択的夫婦別姓訴訟のように継続的に司法の場で争われていくことになる現在進行形のテーマとなっている。この場合，司法的救済だけでなく，立法的な解決，国際連合の女性差別撤廃委員会からの改善勧告など，社会的な課題の解決に向けた多様な手続きや方法を取り上げ，権利を行使するための手立てを含む学習をしていくことができるであろう。これらの点は，**インタールード②，③**においてあらためて取り上げることとしたい。　　　　　　　　　　　　［吉田］

第二部

統　治

第6章　権力分立とは何か

　横大道先生，こんにちは。今回から統治制度に関するテーマを取り上げてみたいと思います。統治制度については，事例などのトピックに基づいて考えるというよりも，どちらかといえばたくさんの語句を暗記していくような学修スタイルが多くみられる領域です。表面的な暗記型の学修ではなく，もっと制度の本質に迫るような学修を進めるためには，統治制度に関わる法的なものの見方や考え方の手掛かりとなるものが欠かせません。

　そこで，第6章は，統治制度の学修の要であり，近代立憲主義の核心ともいえる権力分立の原理とその具体化を主題に取り上げ，どのように問題を捉えていけばよいのかを考えてみたいと思います。今回もどうぞよろしくお願いします。

権力分立制をどのようにとらえるか

　まず，高校の公民科の教科書を覗いてみましょう。すると，権力分立制については，相当に詳しく解説が施されていることがわかります。法思想的にはロックやモンテスキューの権力分立の考え方が紹介されていますし，法制度的にはイギリスの議院内閣制やアメリカの大統領制が取り上げられており，高校の教科書レベルの知識を身につけることができれば，現実に生起する様々な政治事象についても一定程度までは理解できるようになると感じさせるほどの内容です。さらに，日本国憲法についていえば，立法権は国会に，行政権は内閣に，司法権は裁判所に帰属するとし，それらが抑制し合う三権分立を採用しているとの記述が続きます。

　教科書に描かれた権力分立制の内容を整理してみると，①権力を立法・行政・司法の三権に分立し，異なる機関に帰属させる考え方であり，②3つの権力をお互いに抑制と均衡の関係に置くことで，権力の集中と濫用を防ぐことができる，というようにまとめることができます。つまり，教科書に記述されている権力分立には，権力の「分立」と権力相互の「抑制・均衡」という2

つの要素が示されているのですが,「立法権は国会に帰属する」というように,どちらかといえば,権力を縦割りにした「分立」の意味合いが強調されているように見えるのです。他方,権力が相互に「抑制・均衡」し合うという,もう1つの機

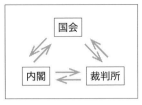

能は,教科書の有名な三権分立のイラストのおかげで知識としては普及しているものの,実際に権力相互の「抑制」がどのように行われ「均衡」しているのか,その姿を具体的に理解できている人は少ないように思います。

高校生や大学生に聞いてみると,権力分立を「分立」というレベルでとらえ,立法・行政・司法に関わる専門的な知識を持った人々に各々の権力の運営をゆだねるようなイメージを持っている人が少なくありません。これは,権力分立の持つ自由主義的特質とは異なるイメージといえるでしょう。権力分立という語句それ自体の高い認知度と権力分立が実際に果たしている機能や効果に対する認識との間には相当に乖離があるようです。憲法学修のつまずきの石の1つになっているのが権力分立の理解ということがいえるかもしれません。

アメリカ憲法における権力分立

このような日本の権力分立イメージに対し,アメリカの権力分立はどうなっているでしょうか。アメリカ憲法の場合,政府の各部門がそれぞれ互いを抑制し,1つの部門や1人の人間が力を持ちすぎないような仕組みを用意しています。それは,いわば障害物競争の障害に例えられる関門のようなものです。

立法権を例にあげると,議会の下院が可決した法案は上院に送られ,そこで承認されなければなりません。各州より人口比例で選出された議員から構成された下院に対し,上院には人口の少ない州も人口の多い州の議員と同じ数の議員がいるため,小さな州の利益も一定程度反映される可能性があります。さらに,上院で可決された法案は大統領に送られ,署名してもらわなければなりません。大統領はその法案がよくないと思えば,拒否権を使って法案を議会に送り返すことができます。しかし,議会にはまだチャンスが残されていて,大統領が拒否権を発動しても,両院議員の3分の2があらためて法案の可決に同意すれば,その法案は成立して法律となるのです。もちろん,ここには,法律に対する裁判所の違憲審査制をどのように位置づけるかという問題が出てきますが,今回は,触れないことにいたします。

　ここで理解されるのは，議会という一つの機関が独立して立法作業を完結するのではなく，立法という一つの作用に議会（下院と上院）や大統領といった複数の機関が参画することによって「抑制・均衡」が成立するという点です。つまり，アメリカの場合，立法過程に議会が参画するのはもちろんですが，行政権の担い手である大統領も署名や拒否権を通して立法に関与するという仕組みをつくっているわけです。アメリカは，厳格な三権分立制を採用したといわれますが，このような立法プロセスは，権力分立の「分立」だけに着目していてはなかなか気づかないように思います。むしろ，この「抑制・均衡」のシステムがどのように行われているのか，そしてこのようなシステムをつくることによってどのような目的を達成しようとしているのか，といった諸問題を考察することによって初めて統治制度のダイナミックな動きが見えてくるのではないでしょうか。

　そこで，横大道先生に伺いたいのは，近代立憲主義の要素の１つとしてあげられる「権力分立」の本質を認識するためには，どのような点に着目していけばよいのかという点です。私からは，とりあえず，権力の「分立」と権力相互の「抑制・均衡」という２つの要素を考えるためのポイントとしてあげてみました。そのような問いの立て方が適切なのかどうかを含め，権力分立を捉えるための判断のポイントについて解説をよろしくお願いします。なお，議院内閣制を採用する日本と大統領制を採用するアメリカとでは，権力分立の現れ方は当然異なるわけであり，そのことが私たちの権力分立の理解にも少なからぬ影響を与えているように思います。このことは第７章でまた伺いたいと思います。

[吉田]

Ⅰ　通俗的な権力分立理解

　第１章で指摘した通り，憲法の教科書では，「権利の保障が確保されず，権力の分立が規定されないすべての社会は，憲法をもつものでない」と定めるフランス人権宣言 16 条に，「近代立憲主義の真髄」[1]，「立憲的意味の憲法」の趣旨[2] が示されていると説明されるのが通例である。それでは，ここでいう「権

力分立」とは，いったいどのような統治制度のことを指しているのだろうか。権力分立の採否が（近代）立憲主義に立脚しているか否かを決する基準になるのだとすれば，その意味内容を明確にしておかなければならない[3]。

　権力分立と聞いて私たちが素朴にイメージするのは，阪本昌成によってよく見られる通俗的な権力分立理解として示された，次のような見方であろう。それは，「separation of powers とは機関を分立（separate）させると同時に，作用をも分立（separate）させること」であり，「分離された3機関がそれぞれ独自の権力（正確には，権限）を行使する」ものとして権力分立＝三権分立を理解するという「1作用1機関対応型」という見方である[4]。いわば，「司法権の独立」と同様に，立法権・行政権も相互に独立し，三権が相並び立つような厳格分離のイメージである。

　憲法学の通説的な定義によれば，権力分立とは，「国家権力が単一の国家機関に集中すると，権力が乱用され，国民の権利・自由が侵されるおそれがあるので，国家の諸作用を性質に応じて立法・行政・司法というように『区別』し，それを異なる機関に担当させるよう『分離』し，相互に『抑制と均衡』を保たせる制度であり，そのねらいは，国民の権利・自由を守ることにある」[5]。この定義は，通俗的な理解と親和的に解される余地を含むものであることは否定できない。また，憲法の学説上でも，暗黙の裡に，通俗的な理解に親和的な厳格分離のイメージが前提とされることが少なくなかった[6]。

1）　佐藤幸治『日本国憲法論〔初版〕』（成文堂，2011年）6頁（なお，同書の第2版（2020年）では，この表現は用いられていないようである）。川岸令和「立憲主義──権力の制限と積極的関与との間で」法セ688号（2012年）2頁なども参照。
2）　芦部信喜（高橋和之補訂）『憲法〔第7版〕』（岩波書店，2019年）5頁。
3）　赤坂幸一「権力分立と正統性」法セ754号（2017年）77頁。
4）　阪本昌成『権力分立──立憲国の条件』（有信堂高文社，2016年）47頁。
5）　芦部・前掲注2）297頁。権力分立の歴史については，*see generally* M.J.C. VILE, CONSTITUTIONALISM AND THE SEPARATION OF POWERS（2nd ed. 1998）. 邦語では，高見勝利「『権力分立』論の成立とその展開」公法57号（1995年）1頁以下などを参照。
6）　村西良太『執政機関としての議会──権力分立論の日独比較研究』（有斐閣，2011年）223-232頁。

Ⅱ　モンテスキューの権力分立論

1　通俗的な権力分立理解の出所

　この通俗的な権力分立理解の出所を辿っていくと，近代的意味での権力分立という考え方の源流として位置づけられている[7]，モンテスキューが1748年に著したベストセラー『法の精神』[8]のなかで展開した権力分立論——モンテスキュー自身は権力分立という言葉を用いていないことに注意——に行き着くようである[9]。「モンテスキュー——『法の精神』—権力分立と連想していくと，権力分立に関しては，権力の絶対的分立，すなわち分立された一権力を賦与された機関は自己に賦与された権力のみを行使し，その領域内にとじこもり，他の権力を侵害しないという絶対的分立」[10]という，「人口を膾炙した」見方がそれである。

　モンテスキューの権力分立論は，通俗的な権力分立理解の源流であるだけでなく，フランス人権宣言16条にいう「権力分立」という着想に強い影響を与えたものでもあるだけに[11]，ここで改めて吟味するに値する。

2　権力集中の排除

　モンテスキューは，「およそ権力を有する人間がそれを濫用しがちなことは万代不易の経験である」[12]という認識のもと，政治的自由の確保を国家目的とする国制（constitution）——具体的にはイギリスを念頭に置いている——にお

---

7)　Jenny S. Martinez, *Horizontal Structuring*, in The Oxford Handbook of Comparative Constitutional Law 547, 548（Michel Rosenfeld & András Sajó, ed. 2012).

8)　邦訳として，モンテスキュー（野田良之ほか訳）『法の精神(上)(中)(下)』（岩波書店，1989年）。

9)　モンテスキューが権力分立について議論しているのは，大部の著書『法の精神』のうちの一部（第11篇6章）に過ぎない（邦訳の(上)に所収）。モンテスキューの権力分立論についての文献は極めて多いが，さしあたり，清宮四郎『権力分立制の研究』（有斐閣，1950年）第1編第2章，野村敬造『権力分立に関する論攷』（法律文化社，1976年）9-20頁，小嶋和司「権力分立」同『小嶋和司憲法論集(2)憲法と政治機構』（木鐸社，1988年）157-170頁などを参照。なお，近時の重厚な研究として，上村剛『権力分立論の誕生——ブリテン帝国の「法の精神」受容』（岩波書店，2021年）も参照。

10)　野村・前掲注9)5頁。

11)　M・デュヴェルジェ（時本義昭訳）『フランス憲法史』（みすず書房，1995年）55頁。*See also* Sophie Boyron, The Constitution of France: A Contextual Analysis 40(2012).

12)　モンテスキュー・前掲注8)(上)289頁。

いてみられる原理，というかたちで権力分立について論じている。

　まず，国家の作用（function）を立法・行政（執行）・司法（裁判）の3つに分けたうえで，次のように述べる。

　　同一の人間あるいは同一の役職者団体において立法権力と執行権力とが結合されるとき，自由は全く存在しない。なぜなら，同一の君主または同一の元老院が暴君的な法律を作り，暴君的にそれを執行する恐れがありうるからである。

　　裁判権力が立法権力や執行権力と分離されていなければ，自由はやはり存在しない。もしこの権力が立法権力と結合されれば，公民の生命と自由に関する権力は恣意的となろう。なぜなら，裁判役は立法者となるからである。若しこの権力が執行権力と結合されれば，裁判役は圧制者の力をもちうるであろう。

　　もし同一の人間，または，貴族もしくは人民の有力者の同一の団体が，これらの三つの権力，すなわち，法律を作る権力，公的な決定を執行する権力，犯罪や個人間の紛争を裁判する権力を行使するならば，すべては失われるだろう[13]。

　このようにモンテスキューが何よりも懸念したことは，3つの作用の2つ以上が同一の機関・主体によって担われるという事態，すなわち権力の集中であった[14]。

3　権力集中の排除方法

　それでは，権力集中を防ぐにはどうすればよいか。モンテスキューは，2つの方法を用意した。

　1つは，モンテスキューが自由に対する一番の脅威と見ていた立法権力を2つに分け，それぞれを貴族の代表者と人民の代表者に担わせるとともに，執行権力は君主に，裁判権力は身分や職業に結び付けずに人民から法律に基づいて

13）　モンテスキュー・前掲注8)(上)291-292頁（傍点は引用者）。
14）　長谷部恭男「権力分立原理」同『Interactive 憲法』（有斐閣，2006年）61頁以下などを参照。

選出された人々に担わせる，というように，諸権力を異なった社会階層に担当させること——特にここには君主制，貴族制，民主制の混合形態による統治構造を良しとする混合政体論の影響が強く見られる——である。

　そしてもう 1 つは，人民から成る団体には法を「制定する権能」を与えつつ，貴族から成る団体にはそれを「阻止する権能」を，執行権力も「阻止する権能」をもって立法に関与するというように，「事物の配置によって，権力が権力を抑止する」ようにすることである。このモンテスキューの考え方は，次のように要約されている。

　　われわれの述べている政体の基本的な国制は次のとおりである。その立法府は二つの部分から構成され，相互的な阻止権能によって一方が他方を抑制するであろう。両者はともに執行権力によって拘束され，執行権力自体も立法権力によって拘束されるであろう。……これらの権力は事物の必然的な運動によって進行を強制されるので，協調して進行せざるをえないであろう[15]。

　なお，ここで立法権と行政権の関係のみに焦点が当てられていて，司法権が登場していない。それは，「裁判権力が立法権力や執行権力と分離されて」おり，かつ，裁判権力を身分や職業に結び付けずに人民から法律に基づいて選出された人々に担わせていれば，司法権は「ある身分にも職業にも結びつけられないので，いわば眼に見えずに無となる」[16]と考えられているためである。

Ⅲ　権力分立の捉え方

　このようにモンテスキューの権力分立論は，政治的自由の擁護という特定の目的を実現するための方法として，①国家権力をその権能ないし作用に応じて立法・行政・司法の 3 つに「区別」し，②それらの 2 つ以上が同一の機関・主体によって担われるという「権力集中」が生じることのないようにするために，

---

15)　モンテスキュー・前掲注 8)（上）303-304 頁。
16)　モンテスキュー・前掲注 8)（上）294 頁。297 頁も参照。

③各作用の担い手を，社会的に存在する諸勢力に「配分」するとともに，④それぞれが「抑制」し合う権能を有することで，動態的な「均衡」状態を保とうとする，というものであった。

　それでは，以上のように要約されるⅡで確認したモンテスキューの権力分立論と比較したとき，Ⅰでみた通俗的な権力分立理解とどのように異なるのだろうか。以下，①から④について，順に若干の検討を加えていこう。

1　作用の「区別」

　まず①について。国家の作用は，いかなる観点に着目して区別・分類するかによって様々に想定できるが[17]，モンテスキューの功績は，適正な法の定立・執行・裁定を確保するという観点から，国家の作用を立法・行政・司法に区別した点にある[18]。小嶋和司が，「多くの論者によって権力分立が『三権分立』と等視されるのは，このモチーノを中核的と考えてのことである」[19]と指摘しているように，現在，この視点から国家作用を区別することが当然視される状況になっている。高校までの教科書において，権力分立と三権分立という語が互換的に用いられている理由もここに求めることができる。

　もっとも，国家作用をこの3つに区別し，各々を別の機関に担当させるというのは，あくまでも権力分立論における「ミニマム」の要請であるに過ぎない[20]。例えば，台湾憲法は，「三権」分立ではなく，立法・行政・司法の3つに，統制（control）と審査（examination）を加えた「五権」分立を定めているが[21]，これも権力分立の一形態として位置づけられるのは，権力分立のミニマムの要請を満たしているからである[22]。なお，国家の諸作用がこの3つに尽きるかどうかは，別途の検討を要する問題である[23]。

---

17)　大石眞「現代社会における『憲法』の役割──憲法イメージの変容と守備範囲の拡大」同『統治機構の憲法構想』（法律文化社，2016年）12-14頁。清宮四郎『国家作用の理論』（有斐閣，1968年）3-5頁も参照。

18)　小嶋・前掲注9)160頁。ちなみにジョン・ロックの権力分立論は立法権力と執行権力およびその担い手の分離であった。ジョン・ロック（加藤節訳）『完訳 統治二論』（岩波書店，2010年）後編12章，13章を特に参照。

19)　小嶋・前掲注9)157頁。

20)　ANDRÁS SAJÓ & RENÁTA UITZ, THE CONSTITUTION OF FREEDOM: AN INTRODUCTION TO LEGAL CONSTITUTIONALISM 131-132（2017）.

21)　JIUNN-RONG YEH, THE CONSTITUTION OF TAIWAN: A CONTEXTUAL ANALYSIS 52-57（2016）.

22)　小嶋・前掲注9)179-183頁。

2　司法権と違憲審査制の位置づけ

　通俗的な権力分立理解のもとでは，司法権，さらには違憲審査権が権力分立に不可欠の構成要素であるかのように扱われることも少なくない。しかしⅡ3で触れたように，モンテスキューは，司法権を「無」にすることでその権力性を剥奪しようとしていたということに注意が必要である。司法を1つの権力と据えたのは，モンテスキューの強い影響を受けつつ憲法典を起草したアメリカであった。

　アメリカ合衆国憲法の設計理念が示された『ザ・フェデラリスト』の第78篇「司法部の機能と判事の任期」を執筆したアレクサンダー・ハミルトンは，モンテスキューを引用しながら，「権力の三部門の中で，司法部が比較の余地なく一番弱い部門であることは，争うまでもなくたしかである」から，司法部自身を他の部門からの攻撃から守るための方策として，「裁判所の完全なる独立は，権力を制限する憲法にとっては，ことに欠くことのできないものである」[24]と述べ，司法の他権力からの「分離」・「独立」を強調した[25]。

　しかし，そのアメリカ合衆国憲法においてさえ，明示的に違憲審査制を採用しておらず，判例法理として採用されたものであった[26]。「かつてヨーロッパ大陸諸国では，裁判所による違憲審査制は民主主義ないし権力分立原理に反すると考えられ，制度化されなかった」[27]ため，アメリカの実践は長らくヨーロッパでは特異な制度と見なされてきたのである（⇒第9章）。

　こうした経緯に照らすと，違憲審査制の導入の有無をもって権力分立を採用しているかの判断基準にすること，ひいては立憲主義に基づいているかの判断基準にすることは，妥当とは言い難い。

---

23)　大石・前掲注17)15-18頁。
24)　A・ハミルトンほか（齋藤眞＝武則忠見訳）『ザ・フェデラリスト』（福村出版，1998年）377-378頁（傍点は引用者）。
25)　フランスでは，フランス革命以降に制定された諸憲法典に明文の規定はないものの，憲法上の原則として「裁判官の不可動の原則」が採用されており，それが「フランスの司法のあり方を，基底において決定している」と指摘するものとして，江藤价泰「フランス人権宣言と権力分立」自正40巻7号（1989年）28頁。
26)　Marbury v. Madison, 5 U.S. 137 (1803). マーベリー判決が違憲審査権を解釈によって導出するに際して成文憲法典との結びつきを強調していたことについては，**第2章**を参照。
27)　芦部・前掲注2)389頁（傍点は引用者）。

3　権力相互の関わり合いの容認

　次に②について。ここでは，モンテスキューがいわんとしたのは，権力集中の排除の必要性であって，「権力分立が独立した三機関に国家の三作用を排他的に配分する原理ではない」[28]ということを強調しなければならない[29]。

　この点については，『ザ・フェデラリスト』の第47篇「権力分立の意味」が参照に値する。そこでは，「立法・行政・司法の各部門が明確に分離されていなければいけないという政治上の公理〔権力分立のこと〕を，この憲法案は破っている，という反対論」[30]に対する反論が展開されているからである。第47篇の執筆者であるジェームズ・マディソンは，「権力分立の問題についてつねに参照され利用される権威」である「モンテスキューが，権力分立制をもって，何を意味していたかを確かめる必要がある」[31]とする。そしてモンテスキューの議論を検討したうえで，「モンテスキューが真にいわんとしたことは，……ある部門の全権限が，他の部門の全権限を所有するものと同じ手によって行使される場合には，自由なる憲法の基本原理は覆される，ということ以上には出ない」[32]，「権力分立制についての格言も，立法部・行政部・司法部が相互にまったく関連をもってはならないということを意味するものではなかった」[33]などと指摘している[34]。

4　抑制と均衡

　続いて，③と④についてであるが，この部分は権力集中を排除するための方法を示している部分である。③は上述の通り，混合政体論の影響を受けたもの

28)　井上嘉仁「法原理としての権力分立の限界と可能性」阪本昌成先生古稀記念論文集『自由の法理』（成文堂，2015年）59-60頁（傍点は引用者）。
29)　Martinez, *supra* note 7, at 551.
30)　ハミルトンほか・前掲注24)234頁。
31)　ハミルトンほか・前掲注24)235頁。
32)　ハミルトンほか・前掲注24)236頁。
33)　ハミルトンほか・前掲注24)241頁。
34)　なお，モンテスキューは，「君主が存在せず，執行権力が立法府から選ばれた若干の人々に委ねられるならば，もはや自由は存在しないであろう。なぜなら，二つの権力が結合され，同じ人々がそのいずれかにもときとして参加し，また，常に参加しうるからである」とも述べており（モンテスキュー・前掲注8)(上)299頁），議院内閣制のような制度に批判的であった。議院内閣制については，第7章で検討する。

であり，君主や貴族を認めない共和制下においてはそのままのかたちでは妥当
しない議論である（ちなみにモンテスキューは貴族であった）。もっとも，各作用
を社会的諸勢力に配分するという発想は，④の権力間の抑制と均衡のためになされるものであって，このコンセプト自体は現代でも通用する余地がある[35]。

　④の「抑制と均衡」について，モンテスキューは，ある機関・主体が担う権能が遂行する際に，他の機関・主体による関与——阻止する権能——があるからこそ，自由が保障されると理解していたことが重要である[36]。そして，この「抑制と均衡」部分を精緻化したのがマディソンであった。

　マディソンもモンテスキューと同様，権力集中を排除する方法に論を進め，『ザ・フェデラリスト』の第 48 篇「立法部による権力簒奪の危険性」において，「理論的に権力を，本来，立法・行政・司法に属するものに従って，それぞれ三部門に分類した後，次になすべききわめて困難な仕事は，各部門に他部門よりの侵害に対する一定の具体的な保障を与えることである」[37]とする。そして，この「きわめて困難な仕事」について，まず，「憲法の成文の中に各部門の境界を明確に規定し，権力のもつ他を侵害する傾向に対しては，この紙上の防塞を信じてまかせる」[38]というのでは有効な保障とはなり得ないと評する。そして，第 49 篇「権力簒奪防止策」および第 50 篇「違憲に対する監察」において，事あるごとに直接人民に訴えて判断をさせるという方法と，定期的に人民の審判に訴えるという方法を検討したうえで，両方とも政府各部門の憲法上の均衡を保つという目的には役立たないとして退ける。

　こうして，「外部からの抑制方策はすべて不適当であると判明した以上，政府を構成する各部分が，その相互関係によって互いにそのしかるべき領域を守らざるを得ないように，政府の内部構造を構成することによって，欠陥を補う以外に手段はない」[39]という結論に達したマディソンは，第 51 篇「抑制均衡の理論」において，次のように提案する。

---

35)　赤坂・前掲注 3)79 頁。政党・複数政党制にその現代的役割を見出すものとして，例えば，瀧川裕英「権力分立原理は国家権力を実効的に統御しうるか」井上達夫編『岩波講座　憲法(1)立憲主義の哲学的問題地平』（岩波書店，2007 年）98-101 頁などを参照。
36)　ジュリアン・ブドン（佐藤吾郎＝徳永貴志訳）「権力分立の理論」北大法学論集 65 巻 6 号（2015 年）1872 頁。
37)　ハミルトンほか・前掲注 24)241 頁。
38)　ハミルトンほか・前掲注 24)241 頁。同 245 頁も参照。
39)　ハミルトンほか・前掲注 24)253 頁。

　数種の権力が同一の政治部門に次つぎに集中していくことを防ぐ最大の保障は，各部門を運営するものに，他部門よりの侵害に対して抵抗するのに必要な憲法上の手段と，個人的な動機とを与えるということにあろう。防御のための方途は，他の場合におけると同様，この場合も，攻撃の危険と均衡していなければならない。野望には，野望をもって対抗せしめなければならない[40]。

　ここで強調されている「抑制と均衡」も，やはり，通俗的な権力分立理解とは異なり，1機関が排他的に1つの作用を独占しなければならないという趣旨を含むものではない[41]。むしろ，「一つの作用が一つの機関に専属するとき，そこには『相互抑制』を語る土壌はない。逆にいえば，一つの作用に複数の機関が参画する場合——ある機関による一定の機能遂行に対して別の機関が介入する場合——にはじめて，『相互抑制』は作動するのである」[42]。ここで提案されているのは，「抑制原理のためには『権力分立』は，ある統治作用を分割してこれを複数の統治機関に分散・分有させておかねばならない。ひとつの作用をめぐって複数の機関を競争関係に置くからこそ，相互抑制可能となるのである」[43]，という理解なのである[44]。

Ⅳ　権力分立という「原理」

1　通説的なモンテスキュー理解

　以上に見たモンテスキュー理解は，極めてオーソドックスな，通説的（≠通俗的）な権力分立の理解である。試みに手元にあるドイツの代表的な憲法教科

---

40)　ハミルトンほか・前掲注24)254頁。
41)　Martinez, *supra* note 7, at 552. ブドン・前掲注36)1870頁は，フェデラリストたちは，「権力分立とは，機関同士の密接な繋がりと，ある機関が別の機関に『本来』属する領域に侵入するという制限的かつ憲法により組織された能力とを要するものであると理解していた」と評している。
42)　村西・前掲注6)166頁。
43)　阪本・前掲注4)49頁。さらに高橋和之「立法・行政・司法の観念の再検討」同『現代立憲主義の制度構想』（有斐閣，2006年）126頁，瀧川・前掲注35)107-108頁なども参照。
44)　ただし，上述のように司法権については分離・独立が強調されており，ここでいう「抑制と均衡」の役割は期待されていない。この点については，小嶋和司「権力分立と司法権の独立」小嶋・前掲注9)277頁以下を参照。

書を見てみても，次のように説明されている[45]。

　モンテスキューが行った立法・行政・司法という区別は，「あらゆる国家にとって中心的な作用」の区別であるが，「国家権力を分割することが第一次的な目的なのではなく，権限の分配を通じた国家作用の抑制と統制，要するに権限の有効な分配が第一次的な目的」なのであって，「作用と作用担当者の完全な一致」を求めていたわけではなかった。その要点は，「国家権力の個別の作用は厳格に分離されるべきではなく，むしろ立法機関・執行機関・司法機関が互いに統制し制限しあうことで，国家権力が緩和され個人の自由が保護される」という点に存する。この「モンテスキューの原理の本質的な内容が今日でも生き延びているのは，作用の分配と抑制」というアイデアの有効性の故である。

2　権力分立の理解の仕方

　比較憲法学者のアンドラス・サイヨーらは，権力分立論において，「政府機関の完全かつ完璧な分離を論じるのはミスリーディングである。それは権力分立が達成しようとした憲法モデルではない」[46]と断言している。サイヨーらはその理由として，①仮に権限が明確に定義されていたとしても，ある機関が他の機関からのコントロールや干渉を受けることなくその権限を行使できるとすれば，際限のない機関間の紛争と独裁という危険を冒すことになり，それは権力分立の「目的」に反すること，②実際上，完全分離に基づいた政治体制は存続し得ないことを挙げている[47]。

　このようにして今日では，「最も一般的なレベルでいえば，権力分立とは，相対的に別個（relatively distinct）の立法，行政および司法という権能（powers）ないし作用（functions）を，相対的に別個の立法，行政および司法機関（institutions）に対して，その分離にある程度（in some degree）関連させる仕方で配分することに関係する」[48]原理として理解されている[49]。そのため，

---

45)　以下の記述は，クラウス・シュテルン（赤坂正浩ほか編訳）『ドイツ憲法 I 総論・統治編』（信山社，2009 年）421-428 頁による。

46)　Id. ①については，前掲注 41）も参照。②に関連してマディソンは，アメリカ各邦の憲法典において，権力分立という「公理が非常に強調され，時には無条件的な表現をもってのべられているにもかかわらず，権力の各部門が完全に明確に分離されている事例は，ひとつとして存在していない」と指摘している（ハミルトンほか・前掲注 24）237 頁）。

「実定憲法における『権力分立』は，モンテスキュー説と逐一おなじではなく，かなり柔軟で，また，かなり多様な実現形態をもつもの」[50]となっているのである。

3　「原理」としての権力分立

このことは，モンテスキューの権力分立論を踏まえた憲法典を起草したと解されるフランス憲法の展開によっても裏付けられる。フランスの最初の憲法典である1791年憲法と，現行の1958年第五共和制憲法が定める統治構造はまったく異なるが，1789年人権宣言は，両憲法典の一部を構成するものである。そのため，両憲法典とも「権力分立」を備えていると自認・自負しているといってよい。しかし，前者はモンテスキューの権力分立論に「かなり忠実」[51]であったのに対し，半大統領制（⇒第7章）を採る後者は，大統領と首相が行政権を「分有」する点に特色があり[52]，まったく異なった統治構造を採用している。

それにもかかわらず，いずれも「権力分立」を自認・自負できるのは，権力分立が具体的な統治制度を指示するのではなく，様々な統治制度を包含し得る懐の広い「原理」として捉えられているからに他ならない。そうであるからこそ，「権力分立」は，憲法解釈の場面において決定的な決め手として機能させるべきではないし[53]，立憲主義の採否を判断する基準としても明確なものであるとは言えないのである。

48)　Cheryl Saunders, *Theoretical Underpinnings of Separation of Powers*, in COMPARATIVE CONSTITUTIONAL THEORY 66, 70 (Gary Jacobsohn & Miguel Schor, ed. 2018) (emphasis added).

49)　Denis Baranger & Christina Murray, *System of Government*, in ROUTLEDGE HANDBOOK OF CONSTITUTIONAL LAW 73, 76 (Mark Tushnet, Thomas Fleiner & Cheryl Saunders, ed. 2013).

50)　小嶋・前掲注9)226頁。

51)　清宮・前掲注9)228頁。

52)　Cindy Skach, *The "Newest" Separation of Powers: Semipresidentialism*, 5 INT'L J. CONST. L. 92, 96-98 (2007). 大山礼子「第5共和制下の権力分立とフランス政治」辻村みよ子編集代表『政治変動と立憲主義の展開』（信山社，2017年）249-251頁。半大統領制については，第7章で簡単に触れる。

53)　小嶋・前掲注9)245-247頁。

吉田先生，私も高校の教科書を見る機会があるのですが，その記述の充実さに驚かされることが少なくありません。今回は，その教科書における権力分立の記述に関して，「分立」の側面が強調されすぎているのではないか，高校生や大学生が，権力分立のもう 1 つの側面である「抑制・均衡」を十分に捉えきれてないのは，そうした教科書の記述にも起因して，権力分立の本質を理解させることができていないからではないか，という問題提起として受け止めました（→Ⅰ）。この問題提起に応えるために，近代における権力分立論の代表的論者であるモンテスキューの議論と，それを基に実際の統治制度の設計を試みたアメリカの制憲者たちの議論に立ち戻って，権力分立の本質について考察したのが今回の内容です。

　モンテスキューが強調したのは，立法・行政・司法に区別された権力ないし権限のうち，2 つ以上が同一の機関や主体によって担われるという「権力集中」への警戒であったこと（→Ⅱ），そして，モンテスキューの権力分立論を「権威」として受け止めて憲法をデザインしたアメリカにおいて，1 つの作用を 1 つの機関が排他的に担うのではなく，1 つの作用に複数の機関の関わり合いがあるからこそ，抑制と均衡が機能するのだということが熱心に主張されていたこと（→Ⅲ）を見ていきました。アメリカの立法プロセスが，吉田先生が紹介されたような仕組みになっているのはそのためです（なお，司法については特殊な位置づけになります→Ⅲ 2）。

　このように「分立」と「抑制・均衡」を権力分立の車の両輪として理解させることが，その通俗的なイメージからの脱却の第一歩でないかと思います。権力集中による自由の侵害を防ぐことが権力分立の本質であることを踏まえれば，それを具現化する統治制度は多様に構想できるということが理解できるでしょう（→Ⅳ）。具体的な統治制度と権力分立の関係については，次の機会で触れたいと思います。　　　　　　　　　　　　　　　　　　　　　　　　　［横大道］

第 7 章　どのような執政制度にするのか

―✉―

　第7章は，前回の権力分立制の続きとなります。権力分立制の研究で知られる清宮四郎さんは，「権力分立制は，19世紀における立憲主義の普及とともに世界の大部分を支配した」（清宮四郎「権力分立」清宮四郎＝佐藤功編『憲法講座⑴』〔有斐閣，1963年〕116頁）と述べておられます。しかし，第6章の解説によると，各国の権力分立制の内容は，モンテスキューが示した権力分立の考えと逐一同じタイプとしてあるわけではなく，各国の歴史に応じて多様な形態へと発展してきているということでした。そこで，今回は，議院内閣制と大統領制を中心に考えてみたいと思います。

議院内閣制を理解するのは難しい

　最初に伺いたいのは，権力分立制を学んでいくとき，アメリカ合衆国の大統領制については，大統領と議会との関係や違憲審査権を組み込んだ司法の役割も含め比較的よく理解ができるのに，イギリスや日本の議院内閣制の学修となると，権力分立制の意義がわからなくなってしまうケースがあることです。その理由は，アメリカの大統領制の場合，三権相互の抑制と均衡の仕組みが比較的よく見えるのに対し，議院内閣制では，内閣の成立と存続が議会の信任のもとに置かれるため，両者の分立の意味を見出しにくくなっているからではないでしょうか。ここには，立法権と行政権を分立させ，抑制・均衡の関係に置くという権力分立制の持つ自由主義的な要素と，行政権を民主的にコントロールしようとする民主主義的な要請とが複雑に絡み合い，事態を複雑にしています。

議院内閣制をめぐる政治学・憲法学・学校教育の捉え方

　これに関連して，このような議院内閣制を学校教育においてどのように教えているかという論点をテーマの一つにした研究書が出版され，注目を集めています。蒔田純『政治をいかに教えるか──知識と行動をつなぐ主権者教育』（弘前大学出版会，2019年）がその本です。蒔田さんの研究によると，大学で

用いられる政治学のテキストでは，立法権と行政権の関係について両者の「融合・連携」を志向する傾向があるのに対し，中学校社会科公民的分野や高校公民科「政治・経済」の教科書には，立法権と行政権の関係は互いの「分立」と「抑制・均衡」が強調される傾向にあり，政治学のテキストと学校教科書の間には議院内閣制をめぐって乖離がみられるというのです。

　蒔田さんは続けて，政治学と学校教育との乖離の要因を分析していきます。

　一つの要因は，中学校や高等学校の学習指導要領が，議院内閣制と権力分立を関連付けた記述をしており，そのことが学校教科書の記述に影響を与えていることです。もう一つは，議院内閣制の認識をめぐる政治学と憲法学の乖離をあげています。つまり，政治学の一般的な傾向は，議院内閣制を立法権と行政権の「融合・連携」でとらえているのに対し，憲法学においては，例外はあるものの，立法権と行政権の「分立」と「抑制・均衡」が基本的な見方になっており，このことが学校教科書の記述に影響を与えている可能性があるというわけです。このような点から，学校教科書の議院内閣制の記述は「憲法学の傾向と合致する」と蒔田さんは指摘しています。

　以上のような分析は，憲法教育や政治教育を研究テーマとしている私にとっても重要な指摘となるのですが，横大道先生は，この問題をどのように認識していらっしゃるでしょうか。比較憲法的に見たとき，議院内閣制と権力分立制の関係をどのように捉えているかは，非常に興味深いところです。

立憲主義と議院内閣制

　最後に伺いたいのが，近代立憲主義のメルクマールとなるフランス人権宣言16条「権利の保障と権力の分立が規定されないすべての社会は憲法を持つものでない」というテーゼと議院内閣制との関係です。蒔田さんの研究を踏まえてみれば，政治学者が指摘するように，議院内閣制は権力分立というよりも権力の融合・連携に特徴があるとみなした方がよいことになりますが，そうすると，日本国憲法の立憲主義をどのようにとらえたらよいのか，よくわからなくなります。こちらの点についても横大道先生のご見解を伺えれば幸いです。どうぞよろしくお願いします。　　　　　　　　　　　　　　　　　　　［吉田］

I　執政制度の諸構想

　本章のタイトルに登場する「執政制度」という語には，あまり馴染みがない
かもしれない。そこで執政制度とは何か，というところから始めよう。

1　執政制度とは何か

　立法・行政・司法という，国家が担う3つの「作用（function）」が区別され
ていることを前提に，立法機関（議会）と行政機関（政府ないし執政府）との関
係のことを執政制度という[1]。第6章では，「実定憲法における『権力分立』
は，モンテスキュー説と逐一おなじではなく，かなり柔軟で，また，かなり多
様な実現形態をもつもの」[2]であることを見たが，それでは，具体的な各国憲
法のなかで，どのような執政制度が導入されているのだろうか。
　「政治制度」は，いかなる執政制度を導入しているかに基づいて，大統領制
や議院内閣制といったように分類される。この分類論のなかで三権の一翼を担
う司法の位置づけが問題とならないのは，今日，司法権が他権から「分離」し
ていない例はほとんどなく，その程度こそ異なるものの，司法権の「独立」を
保障しない民主国家はおよそ存在していないため[3]，政治制度の分類という目
的からすると，司法部門の分離独立性は基準として機能しないためである[4]。

2　大統領制・議院内閣制・半大統領制

　「民主主義体制における執政府と議会との関係を規定するうえで最も重要な
基本的形態」[5]，とされるのが，大統領制と議院内閣制である。両者を比較し

1）　建林正彦ほか『比較政治制度論』（有斐閣，2008年）104頁などを参照。
2）　小嶋和司「権力分立」同『小嶋和司憲法論集(2)憲法と政治機構』（木鐸社，1988年）
　　226頁。
3）　Cheryl Saunders, *Theoretical Underpinnings of Separation of Powers*, in COMPARATIVE
　　CONSTITUTIONAL THEORY 66, 72 (Gary Jacobsohn & Miguel Schor, ed. 2018).
4）　待鳥聡史『代議制民主主義──「民意」と「政治家」を問い直す』（中央公論新社，
　　2015年）143-144頁。小嶋和司「権力分立と司法権の独立」小嶋・前掲注2)279頁も参
　　照。
5）　アレンド・レイプハルト（粕谷祐子＝菊池啓一訳）『民主主義対民主主義──多数決型
　　とコンセンサス型の36カ国比較研究〔原著第2版〕』（勁草書房，2014年）91頁。川人
　　貞史『議院内閣制』（東京大学出版会，2015年）11頁も参照。

ながらその特徴を見てみると[6]，第一に，「議院内閣制では，執政府の首長と
その内閣は議会の信任に依存し，また不信任投票によって退陣させられるとい
う意味で，議会に責任を負っている」のに対して，「大統領制では，執政府の
首長はつねに大統領（president）と呼ばれ，憲法で規定された期間のみ在職し，
通常は議会の不信任による辞任を強制できない」。第二に，「大統領は直接，あ
るいは有権者に選ばれた大統領選挙人団によって国民から選ばれるが，首相は
議会によって選ばれる」。第三に，「議院内閣制は共同合議にもとづく内閣をも
つが，大統領制では，大統領のみがリーダーシップをとっていて合議制のない
単独決済内閣（one-person executive）を形成する」。

　この2つの類型に，半大統領制[7]，すなわち，「国民に選ばれた大統領と議
会で選ばれた首相とが両方存在する制度」[8]を加えたうえで，それぞれの政治
制度を採用する典型国として，議院内閣制はイギリス[9]，大統領制はアメリカ，
半大統領制はフランス[10]を範型に据えながら，それぞれを比較対照させて議
論する，というのが，執政制度が論じられる際の基本形であろう[11]。

6）　以下，レイプハルト・前掲注5）91-92頁。さらに，同97-98頁も参照。

7）　この名称の名付け親による説明として，M・デュヴェルジェ（時本義昭訳）『フランス
　　　憲法史』（みすず書房，1995年）146頁以下を参照。より詳しい分析として，山元一『現
　　　代フランス憲法理論』（信山社，2014年）599頁以下などを参照。さらに，デュヴェルジ
　　　ェの議論とこの類型自体に対する批判として，ジュリアン・ブドン（大津浩訳）「第五共
　　　和制の憲法的特質としての『混合的な（mixtes）』システムと『半大統領』制のカテゴ
　　　リー」論叢91巻4＝5号（2019年）293頁以下も参照。

8）　レイプハルト・前掲注5）94頁。ちなみにレイプハルトは，半大統領制を，大統領と首
　　　相のどちらが「事実上」の執政府の首長であるかによって，大統領制か議院内閣制に分
　　　類して扱っている。同94-97頁を参照。

9）　イギリスが議院内閣制の発祥地であることは疑いないが，現在，議院内閣制の運用形
　　　態の典型国であるかは異論の余地がある。イギリス型の議院内閣制を特に指す場合，議
　　　会の所在地名を取って，ウェストミンスターモデルと呼ばれることが多い。この点に関
　　　しては，レイプハルト・前掲注5）第2章，第3章のほか，大山礼子『比較議会政治論
　　　──ウェストミンスターモデルと欧州大陸型モデル』（岩波書店，2003年）などを参照。
　　　さらに，高安健将『議院内閣制──変貌する英国モデル』（中央公論新社，2018年）も
　　　参照。

10）　ワイマール共和国が先にこの制度を導入しているが，ナチスドイツを生んでしまった
　　　という蹉跌の経験もあって，フランスが典型国として取り上げられるのが通例である。
　　　なお，半大統領制を世界で初めて導入したとされるのはフィンランドであるが，度重な
　　　る改革により現在では，議院内閣制と位置づけられるほうが妥当な執政制度になってい
　　　るという。詳細については，山崎博久「半大統領制から議院内閣制へ──フィンランド
　　　の経験から」高岡法学38号（2019年）1頁以下を参照。

図　執政制度の採用状況

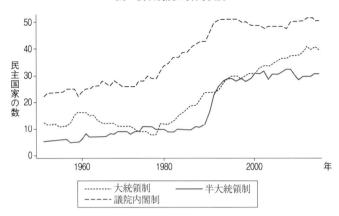

3　執政制度の採用状況

　この代表的な3つの執政制度の採用状況を示したのが，図である[12]。数の
うえでは議院内閣制が最も多く，大統領制，半大統領制と続く。議院内閣制は，
コモン・ウェルス諸国を中心に採用され[13]，大統領制はラテン・アメリカ諸
国を中心に採用されている[14]。半大統領制は，ソ連崩壊後の東欧諸国など，
比較的新しく憲法典を制定した国家において採用されており，1990年代に最
も採用数を伸ばしている[15]。
　ところで，日本の憲法教科書では，議院内閣制，大統領制に並ぶ代表的な執
政制度として，半大統領制ではなく，それよりも圧倒的に採用数の少ない「政

---

11)　ただし，すべての国家体制をこの3つのどれかに厳密に分類することの困難はたびた
び指摘されている。*see* José Antonio Cheibub, Zachary Elkins & Tom Ginsburg, *Beyond
Presidentialism and Parliamentarism*, 44 BRIT. J. POL. SC. 515（2014）. 長谷部恭男「議院
内閣制」同『Interactive 憲法』（有斐閣，2006年）54頁以下も参照。議院内閣制と大統
領制の相対性については，*see* Richard Albert, *The Fusion of Presidentialism and
Parliamentarism*, 57 AM. J. COMP. L. 531（2009）.

12)　TOM GINSBURG & AZIZ Z. HUQ, HOW TO SAVE A CON-STITUTIONAL DEMOCRACY 178（2018）.

13)　Anthony W. Bradley & Cesare Pinelli, *Parliamentarism*, in THE OXFORD HANDBOOK OF
COMPARATIVE CONSTITUTIONAL LAW 650, 654-657（Michel Rosenfeld & András Sajó, ed.
2012）. 齋藤憲司「英国型政治制度はなぜ普及したか」レファレンス731号（2011年）11
頁以下なども参照。

14)　Héctor Fix-Fierro & Pedro Salazar-Ugarte, *Presidentialism*, in Rosenfeld & Sajó ed.,
supra note 13, at 628, 634-639.

15)　Cindy Skach, *The "Newest" Separation of Powers: Semipresidentialism*, 5 INT'L J.
CONST. L. 92, 92-93, 98（2007）.

府がもっぱら議会によって選任され，その指揮に服するスイス型」の「会議政
（assembly government）ないし議会統治制」[16] を取り上げる向きがあるが，そ
の採用数に比して過剰な扱いを受けていると言わざるを得ない。

Ⅱ　執政制度の研究動向

とりわけ1990年代以降，比較政治学の領域において大統領制と議院内閣制
のどちらが「望ましい」政治体制であるかについての研究が様々な角度から試
みられている[17]。

1　制度の安定性

最初期の著名な研究として，大統領制は議院内閣制に比べて「安定性」に欠
けることを論じた，政治学者ホアン・リンスの研究が挙げられる[18]。

リンスの議論を要約すると，大統領制のもとでは，議会多数派と大統領の党
派が異なるという分割政府（divided government）の状態になった場合に政治
的な行き詰まりが生じやすく——議院内閣制の場合，少数内閣になることは稀
である——，この行き詰まりを打破するために，国民の支持を背景にした大統
領の独裁的行動，クーデターなどの強硬手段が採られやすい。このように大統
領制には，民主主義体制を掘り崩す危険性が内包されている，というものであ
る。

2　制約された議院内閣制の評価

憲法学では，リンスの議論も参考にしながら，アメリカ型の大統領制でも，
イギリス型の「議会主権」の考え方に基づいた制約のない議院内閣制ではなく，
権利章典を備えた成文憲法典と裁判所による違憲審査制によって「制約された

---

16)　芦部信喜（高橋和之補訂）『憲法〔第7版〕』（岩波書店，2019年）341頁。
17)　概観として，*see* Jenny S. Martinez, *Horizontal Structuring*, in Rosenfeld & Sajó ed., *supra* note 13, at 554, 558–560. 邦語文献では，恒川惠市「大統領制の不安定性——その意味と起源」国際問題573号（2008年）1頁以下，建林ほか前掲注1)108–113頁などを参照。
18)　邦訳として，J・リンス＝A・バレンズエラ編（中道寿一訳）『大統領制民主主義の失敗——その比較研究』（南窓社，2003年）第1章を参照。

議院内閣制（constrained parliamentarianism）」という執政制度が望ましいとする，アメリカの憲法学者ブルース・アッカマンの議論がよく知られている[19]。

　ごく簡単にアッカマンの議論の概要を示せば，次の通りである。①「民主的正統性」という視点から見たとき，議院内閣制の場合は1回の選挙で多数派が形成され，掲げた政策の実現に取り掛かることができる。②これに対して（アメリカの）大統領制の場合，2年ごとの上下院の選挙と大統領選挙に連続して勝利しなければ，掲げた政策の実現が困難である。③その裏返しとして，大統領制の下では，全ての選挙に勝利して「万全の権限（full authority）」を手にした場合，その後選挙に連敗して相手方の党派の手に「万全の権限」が渡るまで，政策の変更を防ぐことができるため，直近の民意を反映した政治の実現が困難である。④ただし，イギリス型の議院内閣制は，議会主権のもとで制約がまったく存せず，選挙の勝者にすべてが渡ってしまう危険性を有している，⑤そこで，違憲審査制によるチェック，両院のねじれを防ぐために上院の権限を弱めるといった制度設計を組み込んだ，「制約された議院内閣制」が望ましい，というのである[20]。

3　民主主義の衰退の防止

　「民主主義の衰退」を防ぐという目的のみから憲法典のデザインを考える場合，他の事情が同じであれば（ceteris paribus），議院内閣制を導入するほうが望ましいとする議論もある。

　比較憲法学者のトム・ギンズバーグとアジズ・ハックは，議院内閣制の場合，執政府の長が議会から選ばれるため，大統領制と比べると民主主義や立憲主義の「衰退」をもたらすようなカリスマ性を備えたポピュリストが選ばれる可能性が低く，仮にそのような人物が選出されたとしても，議会からの継続的な信任が在職のために必要なので，議会との調整・妥協や，説明責任の履行が求め

---

19)　Bruce A. Ackerman, *The New Separation of Powers*, 113 HARV. L. REV. 633（2000）. 同論文の紹介として，孝忠延夫＝大江一平「論文紹介」法時72巻11号（2000年）110頁以下，長谷部恭男『憲法とは何か』（岩波書店，2006年）第4章も参照。

20)　Ackerman, *supra* note 19, at 642-688. アッカマンの議論に対抗して大統領制の擁護の論陣を張る論者として，*see* Steven G. Calabresi, *The Virtues of Presidential Government: Why Professor Ackerman is Wrong to Prefer the German to the U.S. Constitution*, 18 CONST. COMMENTARY 51（2001）.

られることになり，結果,「民主主義の衰退」に至るような極端な政治を行い
にくい，と論じている。また半大統領制については，どちらに近い運用がなさ
れるかによって評価が異なるが，議院内閣制的な運用の余地がある点で,「民
主制の衰退の防止」という目的のみに照らした場合，大統領制よりも望ましい
と評している[21]。

　なお，半大統領制の検討は議院内閣制と大統領制に比べると少ないが，その
ようなマージナルな扱いに異を唱え，独自の類型としての意義等を検討・追求
すべきだと論じつつ，それが機能するための条件の提示などを試みる研究も見
られるところである[22]。

Ⅲ　議院内閣制と権力分立

1　議院内閣制は権力分立の体制か

　このように，いかなる執政制度が望ましいかについて，とりわけ比較政治学
の領域で活発な議論が展開されている[23]。その評価は，何を実現すべき目的
に措定するかに依存する面が大きく，必ずしも議院内閣制のほうが大統領制よ
りもカテゴリカルに優れた制度であるとは言い切れない[24]。そのことに留意
しつつ，仮に，（制約された）議院内閣制が大統領制よりも望ましい政治体制で
あったとしても,「権力分立」という観点から見たとき，議院内閣制という選
択肢はどのように評価されるのかという問題は残る。というのも，議院内閣制
が成立する前のイギリスの国制（constitution）を参考に議論を構築した[25]，権
力分立論の源流に位置づけられるモンテスキュー（⇒第6章）は,「君主が存

---

21)　GINSBURG & HUQ, *supra* note 12, at 180-186.
22)　*See e.g.*, CINDY SKACH, BORROWING CONSTITUTIONAL DESIGNS: CONSTITUTIONAL LAW IN
　　WEIMAR GERMANY AND THE FRENCH FIFTH REPUBLIC（2005）.
23)　現在の研究動向は，立法と行政の機関間の関係から，政府，政党，議会会派などのア
　　クターの相互関係の分析へとシフトしていると指摘するものとして，*see* Jose Antonio
　　Cheibub & Fernando Limongi, *Legislative-Executive Relations*, in COMPARATIVE CONSTI-
　　TUTIONAL LAW 211（Tom Ginsburg & Rosalind Dixon, ed. 2011）.
24)　例えば，比較憲法研究の領域でも引用されることが多い文献として，*see* JOSE ANTONIO
　　CHEIBUB, PRESIDENTIALISM, PARLIAMENTARISM, AND DEMOCRACY（2007）. 同書は，大統領制が
　　統治の不安定を招くのではなく，不安定な国家において大統領制が採用されやすいなど
　　として，実証的に大統領制の擁護を試みている。
25)　樋口陽一『比較憲法〔全訂第3版〕』（青林書院，1992年）121頁。

在せず，執行権力が立法府から選ばれた若干の人々に委ねられるならば，もはや自由は存在しないであろう。なぜなら，二つの権力が結合され，同じ人々がそのいずれかにもときとして参加し，また，常に参加しうるからである」[26]と記しており，議院内閣制のような政治制度にネガティブな評価を下していたからである。

2　権力の「融合」としての議院内閣制

イギリスのジャーナリストで思想家のウォルター・バジョットは，モンテスキューの『法の精神』から約120年後の1867年に『イギリス憲政論』を上梓した。そのなかでバジョットは，イギリスの国制（constitution）についての誤った理解として，「立法，行政，司法の三権が完全に分離し，そのおのおのが違った個人ないし団体に委託され，しかも三権のいずれもが他の任務に干渉できないことが，体制の一原理として規定されている」[27]という理解と，「君主・貴族・庶民がイギリス憲法の外形を構成するだけでなく，その内部で活動している本体，すなわち憲法の生命力でもあると強調する」[28]立場を挙げたうえで，次のように述べている。

イギリス憲法に潜む機能の秘密は，行政権と立法権との密接な結合（close union），そのほとんど完全な融合（fusion）にあるということができる。もちろん，あらゆる書物に書かれている伝統的理論によれば，イギリス憲法の長所は，立法権と行政権との完全な分離にあるとされている。しかし実際には，その長所は両者の不思議な結合（singular approximation）にあるのである。両者を結ぶきずなが内閣である[29]。

政治学者のカール・レーヴェンシュタインも著書のなかで，「非現代的理論

26）　モンテスキュー（野田良之ほか訳）『法の精神(上)』（岩波書店，1989年）299頁。
27）　バジョット（小松春雄訳）『イギリス憲政論』（中央公論新社，2011年）4頁。ここでは明らかにモンテスキューが念頭に置かれている。
28）　バジョット・前掲注27)5頁。
29）　バジョット・前掲注27)14頁。内閣についてバジョットは，「国家の立法部と行政部とを連結させる委員会であり，また両者を結合させるハイフンであり，さらに両者を締め合わせるバックルである。内閣は，その起源においては立法部に属し，その機能においては行政部に属している」としている（同19頁）。

——『権力分立』」という表題のもと，立憲主義と権力分立を等値するフランス人権宣言 16 条に言及したうえで，次のように指摘している。

　　以後，権力分立は立憲主義国家の標準的装備となった。第二次世界大戦後に生まれた最新種の諸憲法すら，昂然と権力分立原理を掲げ続けているありさまであるが，そのさい，20 世紀の現実からいえば，すでにこの教説は古臭く現実遊離的になっているのだ，ということが見逃されているのである。今日最も一般的な統治形態である議会主義（parliamentarism）を一瞥しただけでも，立法権力保持者と執行権力保持者は，もはや人的にも機能的にも分離されていない，ということが憲法起草者たちにはわかったはずである。政府の構成員は議会の構成員である。政府と議会の統合が行われているのである[30]。

　このように，議会−政府間関係の「融合」を特徴とする議院内閣制は，権力の「分立」と衝突を来す制度であるという理解は，現在でも政治学では一般的な見方であるし[31]，諸外国の憲法学においても散見される見方である。例えば，アメリカの定評のある比較憲法のケースブックは，大統領制を権力分立のシステムと呼ぶ一方で，議院内閣制は「立法と執行の間の権力分立が存在しない」[32]制度であると記している。また，議院内閣制を採用しているカナダの代表的な憲法学者ピーター・ホッグの教科書でも，権力分立は，議院内閣制のもとでの議会—政府間関係には及ばないとされ[33]，「もはや明らかであろうが，責任政府（responsible government）のシステムにおいては，執行部と立法部の

---

[30]　カール・レーヴェンシュタイン（阿部照哉＝山川雄巳共訳）『現代憲法論——政治権力と統治過程〔新訂〕』（有信堂高文社，1986 年）49 頁。この指摘のなかで登場している「議会主義」という語の意味内容は時代とともに変遷しているが（*see* Bradley & Pinelli, *supra* note 13, at 653-656），ここでは議院内閣制と同義と捉えておけば十分である。

[31]　竹中治堅「日本の議院内閣制の変容の方向性——権力分立論再考」駒村圭吾＝待鳥聡史編『統治のデザイン——日本の「憲法改正」を考えるために』（弘文堂，2020 年）196-203 頁。その他，ジョバンニ・サルトーリ（岡沢憲芙監訳，工藤裕子訳）『比較政治学——構造・動機・結果』（早稲田大学出版部，2000 年）114 頁，建林ほか・前掲注 1）107 頁なども参照。

[32]　Steven Gow Calabresi, Bradley G. Silverman & Joshua Braver, The U.S. Constitution and Comparative Constitutional Law: Texts, Cases, and Materials 441（2016）.

[33]　1 Peter Hogg, Constitutional Law of Canada 269（5th ed. 2007）.

『権力分立』なるものは存在しない」[34]と断言されている[35]。

Ⅳ　立憲主義と権力分立

　こうして，議院内閣制と「権力分立理論との関係に決着を付けようとするのであれば，"これらは，もはや権力分立制ではない"と割り切ることも必要だろう」[36]というのが一つの選択肢として浮上する[37]。しかしながら，日本の憲法学は，立憲主義を採用しているか否かの基準の一つに「権力分立」を掲げているため，憲法学が当たり前のように立憲主義国家とみなしているイギリス，ドイツ，カナダなどの国々は立憲主義を採用していないというラディカルな立場を採用するのでない限り，「議院内閣制は権力分立ではない」とする説明の途をあらかじめ自ら封じている[38]。そこには，議院内閣制を権力の融合と言い切ってしまうと，「国会の強固な多数派を足場に内閣の果敢な支配は止まることを知らず，ただ国会の無能無策だけが極まってしまう」[39]といった懸念があると指摘される。そこで憲法学で採用されたのは，「権力分立」の概念を「拡張」し，議院内閣制も権力分立を採用していると説明するという方途であった。

　日本の憲法概説書を見ると，「権力集中＝専制を否定するという，ゆるい意味で『権力分立』の中に入る諸制度を分類」[40]して，アメリカ型（＝大統領制）

---

34)　*Id.* at 286. 松井茂記『カナダの憲法──多文化主義の国のかたち』（岩波書店，2012年）29頁も，カナダはイギリスを受けついで「権力分立原則には立っていない。むしろカナダでは，イギリス同様，責任政府の原理に基づき政治権力は首相に集中して付与される」と述べている。しかし松井は，これに続けて司法権の独立について言及し，「それゆえカナダも，限定的な意味では，権力分立原則（ないしは権限の分立）をとっているということができるかもしれない」（同頁）と述べ，司法権の独立の有無をもって権力分立制の採用があるか否かが決まるかのようなミスリーディングな記述をしている。

35)　*see also* Ronald J. Krotoszynski Jr., *The Separation of Legislative and Executive Powers*, in Ginsburg & Dixon, ed., *supra* note 23, at 234, 248-250.

36)　阪本昌成『権力分立──立憲国の条件』（有信堂高文社，2016年）221頁。

37)　本文で取り上げたアッカマンも，権力融合の制度である議院内閣制を採用する「イギリスが，マディソンとモンテスキューが予期した不可避的な独裁への転化を避けることに成功していることからすれば，我々は権力分立を放棄するべきではないのか」と述べている。Ackerman, *supra* note 19, at 640.

38)　横大道聡「議院内閣制の改革と憲法論」駒村＝待鳥編・前掲注31)219-220頁。

39)　村西良太「両院制にとどまらない国会の憲法問題」駒村＝待鳥編・前掲注31)151頁。

40)　樋口陽一『憲法〔第4版〕』（勁草書房，2021年）317-318頁（傍点は引用者）。

の厳格な権力分立と，イギリス型（＝議院内閣制）の緩やかな権力分立というように説明するのが一般的である[41]。そしてこのような説明は日本以外にも見られるようである。フランスの憲法学者ジュリアン・ブドンは，「フランスやヨーロッパのほとんどの憲法学の概説書は，アメリカ合衆国の大統領制は厳格な，あるいは厳密な権力分立であり，ヨーロッパ（そして日本）の議院内閣制は緩やかな権力分立に依拠していると明記している」[42]と指摘するとともに，権力分立に付される「『厳格な』，『緩やかな』といった形容詞は，19世紀末のフランスという特定の背景のもとで，しかも，フランスで共和制を根付かせなければならないという特定のイデオロギー的目的を果たすために考え出されたつまらない表現である」と消極的に評している[43]。

　第 6 章では，権力分立が具体的な統治制度を意味するのではなく，様々な統治構造をも包含し得る懐の広い原理として捉えられていることを指摘したが，権力分立を，最大公約数的に合意を取り付けることができる「権限集中＝専制の排除」として捉えることで[44]，多くの民主制国家が立憲主義国のリストから漏れてしまうという事態を防ぐことはできる。しかし，この意味での権力分立は，およそ民主的なすべての国が備えているものであるから[45]，立憲主義か否かという識別のための指標としての役割は極小化するように思われる[46]。

---

41)　佐藤幸治『日本国憲法論〔第 2 版〕』（成文堂，2020 年）83 頁などを参照。古くは法学協会編『註解日本国憲法・下巻(1)』（有斐閣，1953 年）993 頁において，日本国憲法は，「三権はそれぞれ別個の担当者をもつているということ（三権分立主義）を定める」が，「内閣制度について議院内閣主義を採用している以上，純粋の三権分立型ということはできないであろう」と述べられている（旧字体は修正）。

42)　ジュリアン・ブドン（佐藤吾郎＝徳永貴志訳）「権力分立の理論」北大法学論集 65 巻 6 号（2015 年）1866 頁。

43)　ブドン・前掲注 42)1860 頁。議院内閣制と権力分立制をめぐるドイツの学説上の議論については，村西良太『執政機関としての議会――権力分立論の日独比較研究』（有斐閣，2011 年）3 章及び 4 章を参照。

44)　樋口・前掲注 40)313 頁は，「いちばんゆるい意味で，権力集中＝専制を排除するという限りでは，たしかに，権力分立は，近代立憲主義にとって本質的であり続けていた」とする。同 317 頁も参照。

45)　Saunders, *supra* note 3, at 70.

46)　立憲主義のもう一つの構成要素とされる「人権の保障」についても，第 4 章で見たように，必要的憲法事項であるかどうか争いの余地がある。憲法ではなく法律による人権保障については，第 11 章を参照。

吉田先生。今回は，立法権と行政権の関係である執政制度に関するご質問でした。吉田先生が前回取り上げた，三角形の各頂点に立法・行政・司法を位置づけ，お互いがにらみ合って抑制し合うという権力分立のイラストは，大統領制とは整合的かもしれませんが，議院内閣制や半大統領制など，他の執政制度とは整合しないようにも見受けられます。むしろ，この図によって喚起されるイメージが，権力分立ひいては議院内閣制の的確な理解を妨げているのではないか，という重要な問題提起をいただきました。

　この問題を考えるに先立ち，本章ではまず，代表的な執政制度について簡単に説明したうえで（→Ⅰ），どの執政制度が「望ましい」のかに関する研究の一端を覗いてみました（→Ⅱ）。それらの研究では，民主主義や統治の安定という観点から見たとき，議院内閣制は大統領制よりも「望ましい」執政制度であると評価する立場が優位にあるように見受けられましたが，「権力分立」という観点を評価軸にしたとき，議院内閣制の評価は一筋縄ではいかないのではないか，というのが率直な感想です。というのは，立法と行政の「融合」を特徴とする議院内閣制は，権力分立に立脚した執政制度ではないと位置づけるのが政治学での一般的な説明の仕方であり，他国の憲法学でも見られる有力な見解だからです（→Ⅲ）。

　憲法学は，立憲主義を採用しているか否かの指標として権力分立を掲げてきたため，〈議院内閣制は権力分立ではない〉という説明はできません。この問題をクリアするためには，前回述べたように，権力集中による自由の侵害を防ぐことが権力分立の本質であるという視点から議院内閣制を見る必要がありますが，それにより権力分立は，立憲主義を採用しているか否かの指標としての切れ味を失ってしまうことになります（→Ⅳ）。このようなことは，果たしてどのように初等中等教育に反映させればよいのでしょうか。むしろ吉田先生の法教育の専門家としてのご見解を伺ってみたいと思いました。　　　　　［横大道］

第8章　どこまで国民は統治に関わるのか

✉

　横大道先生，こんにちは。第8章は，民主制や代表制をテーマに考えてみたいと思います。日本国憲法が統治機構として代表民主制を採用していることはほぼ常識となっているわけですが，もう少し憲法の世界に踏み込んでいこうとすると，大きな壁が待ち受けているように思うからです。

代表民主制の本質を理解するのは難しい

　まず，日本国憲法の採用する代表民主制の意味を理解することの困難さがつきまといます。芦部『憲法』には，「代表民主制とは，議会を中心とする政治であり，議会制民主主義または議会主義とも呼ばれる。議会制民主主義において，国民の意思は議会に代表され，議会が公開の討論を通じて，国政の基本方針を決定する」（芦部信喜〔高橋和之補訂〕『憲法〔第7版〕』〔岩波書店，2019年〕302頁）との記述があります。この文章自体は平明であり，一見自明のことが書かれているように思われます。しかし，国民の意思が議会に代表されるというのはどのような意味を持つのか，関連して，そもそも「代表制」と「民主制」はストレートに繋がるような親和的な関係にあるのかなど，法的な意義を追究していくと，わからないことが次々と出てきます。これらを説明するために，憲法学の教科書には，「政治的代表」や「社会学的代表」，「純粋代表」や「半代表」などの概念が登場してくるのですが，ここにこそ高校までの憲法学習と大学からの憲法学修とのギャップがあるように思います。国民主権や代表制をめぐる学問的蓄積と多様な学説を前にして，憲法初心者には憲法の規範的な意味が見えにくくなっているということはないでしょうか。

　宍戸常寿さんは，芦部『憲法』の記述に言及しながら「身分制議会から国民代表議会へ，そして制限選挙制から普通選挙制への変化によって，一つの『代表』の観念の中に異なる意味の層が織り込まれている」（宍戸常寿『憲法 解釈論の応用と展開〔第2版〕』〔日本評論社，2014年〕221頁）と述べています。「代表」の観念の中に織り込まれた異なる意味の層を一つひとつ読み解き，現代の

代表民主制の意義をつかみ直していくのは比較憲法史的な理解も必要となるため大変困難な作業を伴うことでしょう。少しでもギャップを埋めるためにはどのような点に着目して学修を進めればよいか，ご教示ください。

選挙制度と憲法典の位置づけ

　民主的に代表を選出するためには，どのような選挙制度を採用すればよいのかも議論となります。日本では，1990年代に選挙制度改革を行い，小選挙区比例代表並立制を導入しましたが，このとき小選挙区制と比例代表制の是非をめぐり大きな論争が起こりました。いかなる選挙制度を採択するかという問題が現実にどのような政権を作り出すかという政治問題と密接に結びついているからです。また，議員定数の不均衡という問題が，たびたび訴訟が起こされているにもかかわらず，存続しているのも明確なルールがつくられていないせいかもしれません。そうであるなら，選挙制度についての基本ルールを憲法典に明記して対処するということも採り得る一つの選択肢といえるような気もします。ただし，党利党略的な解決策に陥りがちな選挙制度の改革問題を法律改正によらずに，憲法改正によって適切に改革しうるかといえばそれはそれで困難ではないかと思います。本当に悩ましい問題ですね。この点，少しでもよい解決策はあるのでしょうか，ぜひ伺いたいところです。

選挙以外の政治参加の評価をめぐって

　日本国憲法が代表民主制を基本原理としていることは明らかですが，若い人たちの様子を見ていると，必ずしも積極的にこの仕組みを支持しているようには見受けられません。世界各国では，レファレンダム（国民表決）などの直接民主制を求める動きのほか，デモや集会，SNSなどの言論活動を通して民意を反映しようとするカウンター・デモクラシーを積極的に受け止める動きもみられます。これらの動向を憲法学がどのように受け止め，評価しているのかも気になるところです。18歳選挙権が実現し，主権者教育が進められている中で，このような論点はとても重要なテーマになっているように思います。ぜひ先生のお考えをお聞かせください。今回もどうぞよろしくお願いします。

［吉田］

Ⅰ　民主制・代表・選挙

　政治体制としての民主制は，国民と立法機関（議会）との関係に着目して，直接民主制と間接（代表）民主制に大別される[1]。代表民主制とは，「主権者が代表者——通常は議会のように選挙された機関——に一定期間政治の運営を委ねる仕組み」[2]のことをいう。

　一般に憲法学では代表民主制に目が向けられるが，それは，純粋な意味での直接民主制による統治の実現困難性や，日本国憲法が代表民主制を採用しているといった事情による。そこでは，①「代表民主制の類型論」として，純粋代表制／半代表制／半直接民主制といった具合に細分して整理するとともに[3]，それとも関連させながら，②「（全国民の）代表の法的性質論」として，法的代表／政治的代表／社会学的代表といった具合に区別して議論し[4]，③「代表の選出方法論」として，「選挙」について扱う，というのが基本であろう。

　しかし，「あたかも調和のとれたしくみのように語られる『代表民主制』は，実は，対立する原理を微妙に混成したもの」[5]なのである。

1　民主制と代表

　まず，「民主制」と「代表」は，必然的に結びつく関係にあるわけではない[6]。

　「代表」という概念の語義とその様々な用法について詳細な検討を加えた政

1）　大石眞『立憲民主制——憲法のファンダメンタルズ』（信山社，1996 年）96 頁。
2）　杉原泰雄編集代表『体系憲法事典〔新版〕』（青林書院，2008 年）655 頁［只野雅人］。また，大須賀明ほか編『三省堂憲法辞典』（三省堂，2001 年）320 頁［辻村みよ子］も参照。
3）　代表民主制の類型化は，国民と議会との関係に着目しつつ，国民がどこまで立法に関与できるかによって行われる。大石・前掲注 1)97-98 頁。岡田信弘「代表民主制の構造」大石眞＝石川健治編『憲法の争点』（有斐閣，2008 年）24 頁以下も参照。
4）　「政治的代表」と「社会学的代表」との違いについては，小泉良幸「民主主義」南野森編『憲法学の世界』（日本評論社，2013 年）29-30 頁を参照。なお，人民代表／政党国家的代表／半代表という区別を採用するものとして，大石眞『憲法概論 I ——総説・統治機構』（有斐閣，2021 年）112-114 頁も参照。
5）　大石・前掲注 1)97 頁。
6）　岡田信弘「『代表・民主制』の基底にあるアポリア」法教 224 号（1999 年）72 頁以下を参照。政治学からの検討として，川人貞史「現代民主政における代表と参加」北大法学論集 42 巻 2 号（1991 年）39 頁以下なども参照。

治学者ハンナ・ピトキンの古典『代表の概念』[7]が指摘しているように,「代表の概念や実践が民主主義や自由と深くかかわっていた時期は長くない。代表といっても,それが代表制統治を意味するとはかぎらない。……何らかの形で代表を組み込んだ制度や実践は,規模が大きくてさまざまな機能が分化した社会ならばどこでも必要になるのであって,人民による自己統治と結びつかなければならないというわけではないのである」[8]。

　代表制と互換的に用いられることも少なくない「議会制」についても,やはり,民主主義との間に必然的な結びつきはない[9]。

2　代表と選挙

　次に,「代表」は必ずしも「選挙」で選ばなければならないわけではない。

　例えば,フランス 1791 年憲法では,「主権は国民に属する」(11 条),「あらゆる権力は国民のみに由来し,国民は代表者を通じてのみそれを行使することができる。フランス憲法は代表制を採用する」(12 条)としつつ,他方で「代表者は立法府および国王である」(同条)と定め,世襲の国王(54 条)もまた「代表」たる地位に置かれている。このように誰が代表であるかは,憲法の授権によって定まるものであり[10],選挙である必然性はないのである。

　また,身分制議会という存在からも明らかなように,「議会制」は「選挙」とも必然的に結びつかない[11]。

---

7)　ハンナ・ピトキン(早川誠訳)『代表の概念』(名古屋大学出版会,2017 年)〔原著は 1967 年〕。

8)　ピトキン・前掲注 7)3 頁。また,山崎望＝山本圭「ポスト代表制の政治学に向けて」同編『ポスト代表制の政治学——デモクラシーの危機に抗して』(ナカニシヤ出版,2015 年)8-13 頁も参照。「代表」についての様々な捉え方に関して,早川誠『代表制という思想』(風行社,2014 年)も参照。さらに,代表 representation の翻訳に関して,高見勝利「代表」樋口陽一編著『講座・憲法学(5)権力の分立(1)』(日本評論社,1994 年)54-57 頁も参照。

9)　代議制という形容が付された民主主義の歴史的展開については,待鳥聡史『代議制民主主義』(中央公論新社,2015 年)第 1 章を参照。

10)　樋口陽一『憲法〔第 4 版〕』(勁草書房,2021 年)326-327 頁,長谷部恭男『憲法〔第 8 版〕』(新世社,2022 年)325 頁。

11)　二院制議会を採用する国家において,第二院は「選挙」で選出されない場合も少なくなく,かつ,それが「代表」する利害もさまざまである。この点については,横大道聡「議会制度」新井誠ほか編『世界の憲法・日本の憲法——比較憲法入門』(有斐閣,2022 年予定)CHAPTER 6 を参照。

3　民主制と選挙

　そして，「民主制」と「選挙」にも必然的結びつきがあったわけではない。

　この点について，ベルギーの知識人ヴァン・レイブルックは，アリストテレスの『政治学』において，「たとえば公職は籤（くじ）で割当てられるのが民主制の方式であるが，選挙で任命されるのが寡頭制の方式」[12]であると述べられていたこと，モンテスキューの『法の精神』において，「抽籤（ちゅうせん）による選出は民主政の本性にふさわしく，選択による選出は貴族政の本性にふさわしい」[13]と論じられていたこと，さらに，ルソーの『社会契約論』において，このモンテスキューの説明への賛意が示されていることなどを論拠に挙げながら[14]，かつて民主制は，選挙ではなく抽選と親和的な制度として理解されており，選挙はむしろ貴族制と親和的な制度として理解されていたことを強調している[15]。

　そしてこのレイブルックの議論にも触発されて，近時の政治学では，「抽選制議会論はもはや荒唐無稽な奇説ではなくなっている」とされ[16]，法学においても検討対象になっている[17]。

4　融合の背景

　「民主制」，「代表」，「選挙」という，必然的には結びつかない諸概念が結合

---

12)　アリストテレス（牛田徳子訳）『政治学』（京都大学学術出版会，2001 年）205 頁。さらに，315-316 頁も参照。

13)　モンテスキュー（野田良之ほか訳）『法の精神(上)』（岩波書店，1989 年）56 頁。

14)　ルソー（桑原武夫＝前川貞次郎訳）『社会契約論』（岩波書店，1954 年）151-154 頁。ホッブズ（永井道雄＝上田邦義訳）『リヴァイアサンⅠ』（中央公論新社，2009 年）257 頁も参照。

15)　ダーヴィッド・ヴァン・レイブルック（岡﨑晴輝＝ディミトリ・ヴァンオーヴェルベーク訳）『選挙制を疑う』（法政大学出版局，2019 年）第 3 章。この点をより詳細に論じたものとして, see BERNARD MANIN, THE PRINCIPLES OF REPRESENTATIVE GOVERNMENT (1997)。なおレイブルックは，近時の「民主主義疲れ症候群」の「病因」は選挙型の代議制民主主義にあり，その「治療」のために抽選型の代議制民主主義を提唱し，さしあたりの方策として「抽選制と選挙制の組み合わせ」が妥当であるとしている。

16)　岡﨑晴輝「選挙制と抽選制」憲法研究 5 巻（2019 年）87 頁。吉田徹『くじ引き民主主義──政治にイノヴェーションを起こす』（光文社，2021 年）も参照。

17)　法学からの議論として，大西楠・テア「『くじ引き』の合理性」論ジュリ 31 号（2019 年）148 頁以下，馬場健一「『くじ引き』を統治制度の現実から考える」同号 155 頁以下，瀧川裕英「なぜくじで決めないのか？」論ジュリ 32 号（2020 年）168 頁以下，さらに井上達夫責任編集『法と哲学・第 7 号』（信山社，2021 年）の特集「くじの正義」所収の各論文などを参照。

していくプロセスは複雑である。この点に関してレイブルックは、「選挙制は、そもそも民主主義の道具であるとは決してみなされておらず、新興の非世襲貴族が権力を握るための手続きであるとみなされていた」が、「選挙権の拡大によってこの貴族主義的手続きは抜本的に民主化された」と述べている[18]。すなわち、選挙権の拡大とりわけ普通選挙制の確立によって、「選挙」が国民全体の意思を反映するという意味で「民主的」と擬制され、選挙により選ばれた「代表」が民主的な正統性を主張できるようになったとともに、そこで示された民意を反映す・べ・き・と主張されるようになっていった、というのである[19]。

II　普遍的制度としての代表民主制？

　そして今日では、そのような「代表民主制」は、あたかも普遍的な制度であるかのように捉えられている[20]。

　例えば、1948年の世界人権宣言21条1項は、「すべての人は、直接に又は自由に選出された代表者を通じて、自国の政治に参与する権利を有する」と定め、国民の統治（政治）への関わり方を直接／間接に区別しつつ、同3項において、「人民の意思は、統治の権力の基礎とならなければならない。この意思は、定期のかつ真正な選挙によって表明されなければならない」として、「統治の権力の基礎」にある「人民の意思」は、「選挙によって表明」されねばならないものとしている。

　1966年採択（1976年発効）の市民的及び政治的権利に関する国際規約（自由権規約）も、その25条において、「すべての市民は、第2条に規定するいかなる差別もなく、かつ、不合理な制限なしに、次のことを行う権利及び機会を有する」とし、同条(a)項において「直接に、又は自由に選んだ代表者を通じて、

政治に参与すること」を，同条(b)項において，「普通かつ平等の選挙権に基づき秘密投票により行われ，選挙人の意思の自由な表明を保障する真正な定期的選挙において，投票し及び選挙されること」と定め，同様の理解を示している。

　こうした理解は，日本国憲法にも反映されている。憲法前文は，「日本国民は，正当に選挙された国会における代表者を通じて行動」するとし（43条も参照），さらに「そもそも国政は，国民の厳粛な信託によるものであって，その権威は国民に由来し，その権力は国民の代表者がこれを行使し，その福利は国民がこれを享受する」と述べている。ここで代表民主制は，日本国憲法が採用した統治制度であること[21]を超えて，統治制度における「人類普遍の原理」とされているかのようである[22]。しかし，そこに至るまでの経緯（→Ⅰ）を踏まえると，「人類普遍の原理」といえるものなのか疑問をなしとしない。

Ⅲ　憲法典と選挙制度

1　代表民主制と選挙制度

　以上のことを踏まえたうえで，「民主的」に「代表」を選ぶためには，どのような「選挙」の方法によるべきなのかを考えてみよう。

　日本の最高裁が述べたように，「代表民主制の下における選挙制度は，選挙された代表者を通じて，国民の利害や意見が公正かつ効果的に国政の運営に反映されることを目標とし，他方，政治における安定の要請をも考慮しながら，それぞれの国において，その国の実情に即して具体的に決定されるべきものであり，そこに論理的に要請される一定不変の形態が存在するわけではない」[23]としたら，どのようにして選挙制度を構築すればよいのだろうか。また実際の憲法典には，選挙制度についてどのような規定が置かれているのだろうか。

---

21)　芦部信喜（高橋和之補訂）『憲法〔第7版〕』（岩波書店，2019年）302頁。
22)　芦部信喜『憲法学Ⅰ憲法総論』（有斐閣，1992年）205頁。しかも，この「原理」に「反する一切の憲法，法令及び詔勅を排除する」として，代表民主制が憲法改正の限界を構成するかのような表現となっている。芹沢斉ほか編『新基本法コンメンタール憲法』（日本評論社，2011年）11頁，13頁［赤坂正浩］も参照。
23)　最大判平成11・11・10民集53巻8号1704頁。

2　「実質的意味の憲法」としての選挙法と憲法典

　選挙の実体および手続に関する法規範——選挙人・被選挙人の資格，議員の任期・定数，代表法・選挙区・選挙運動・投票手続・当選人の決定方法・選挙訴訟・選挙犯罪に対する制裁などの「実質的意味の選挙法」[24]——は，実質的意味の憲法（⇒第1章）としての性格を持つ[25]。

　「実質的意味の選挙法」と憲法典との関係であるが，大石眞が指摘するように2つのあり方を想定できる[26]。すなわち，「選挙法の重要性を考えると，国政選挙の基本的事項については，できるだけ多く憲法典に列挙し，通常の立法者による——時には気紛れな——改変から基本原則を守ろうという発想が出てくるのも当然」である一方，「ある特定の時期の憲法制定者が考えたにすぎない一つの制度を——機を臨み変に応じて制度を改めるという国政運用の妙を犠牲にするかたちで——固定化するということをも意味するのであって，反って，これが国政のあり方として望ましくないということも，充分に考えられる」。

3　憲法典における選挙規定

　この点に関して，各国の憲法典と選挙制度についての統計調査を行った研究を見てみると，1789年以降に存在した憲法典のうち，議会（二院制の場合は下院）の選挙制度の詳細についての定めを置いている憲法典は19％に過ぎず，30％が選挙制度のデザインを，10％が選挙区の設定を明示的に議会制定法に委ねている（さらに，前者について言及していない憲法典は30％，後者について言及していない憲法典は60％）。そして，政党についてまったく言及をしていない憲法典が約半数（47％）もあるという[27]。

　この統計からすると，大石が述べた2つの態度のうち，後者の態度，すなわ

24)　大石眞「憲法問題としての『国会』制度」同『憲法秩序への展望』（有斐閣，2008年）132-133頁。関連して，*see* Richard H. Pildes, *Elections*, in THE OXFORD HANDBOOK OF COMPARATIVE CONSTITUTIONAL LAW 529 (Michel Rosenfeld & András Sajó, ed. 2012).

25)　大石・前掲注24)133頁。大石眞「選挙制度の原理的諸問題」同『統治機構の憲法構想』（法律文化社，2016年）127頁も参照。

26)　以下，大石・前掲注24)133頁。

27)　ZACHARY ELKINS, TOM GINSBURG, & JAMES MELTON, THE ENDURANCE OF NATIONAL CONSTITUTIONS 51-52 (2009). なお，選挙制度の詳細を定めた憲法典の例としては，アイルランド憲法16条および18条などがある。憲法典における選挙制度の規律密度に関して，新井誠「選挙制度」新井ほか編・前掲注11)第5章を参照。

ち，具体的な選挙制度を憲法典にエントレンチすることに消極的なトレンドがあるといえそうである。日本国憲法も，そうした「選挙事項法定主義」を採用した憲法典である[28]。

　選挙事項法定主義は，具体的な選挙制度の構築を，その制度によって自身の身分得喪が左右される当事者である議員（から構成される議会）に委ねるということを意味する。そうすると，政権政党や現職有利の党利党略に基づく選挙制度が構築されてしまいかねないという問題が生じる。

4　公正な選挙法の制定

　それでは，この問題についてどのように対処する方法があるだろうか。

　かつて内閣の憲法調査会（1957 年に活動開始し，1964 年に報告書を提出し解散）の会長を務めた高柳賢三は，この問題をシリアスに受け止め，その第三部会（第 15 回総会：1962 年 9 月 11 日）において，「選挙の公正を保障するための憲法上の機関」として「選挙委員会」を設置するという私案を発表したことがある[29]。

　高柳は，憲法上の機関として選挙委員会を設置し，選挙の管理のほか，選挙法案の策定権限（国民投票の過半数によって可決された場合に法律として成立）まで認めるという，憲法改正を要する具体案を示した。その発表理由について高柳は，「わたくしは運用の実際の検討にもとづき，天皇の章も戦争放棄の章もまた基本的人権に関する部分も改むべきではないとの結論に達してい」たが，選挙法については「これだけは何んとかしないと憲法の定める議会制度，やがては民主主義一般への国民の不信を来たし，右または左向きの政治革命をもたらす危険の伏在する重大な問題であると思うようになった」ため，「議論の対象として問題をなげかける主旨」で発表したと述懐している[30]。

　比較憲法的に見たとき，高柳の選挙委員会案は必ずしも奇異な提案ではない。

---

28)　選挙事項法定主義については，大石・前掲注 4)148-150 頁，吉川智志「選挙制度と統治のデザイン——憲法学の視点から」待鳥聡史＝駒村圭吾編『統治のデザイン』（弘文堂，2020 年）108-112 頁などを参照。

29)　そこに若干の補正を加えたものとして，高柳賢三『天皇・憲法第 9 條』（有紀書房，1963 年）220-228 頁。

30)　高柳・前掲注 29)219-220 頁。なお，渡辺治『日本国憲法「改正」史』（日本評論社，1987 年）405-407 頁は，高柳のこの提案には，憲法調査会のイメージアップと，会内における改憲消極者としての存在を強調するという政治的意図があったと推測している。

現在，権限に相違はあるものの，憲法典のなかに独立した委員会として選挙委員会についての定めを置く国は多い[31]。政治学者の河野勝も，「これまでの改憲論争の中で，中央銀行や選挙管理委員会のような，他国で憲法上その独立性が保障されている機関を日本でももっと積極的に創るべきだという提言はほとんど聞かれない」ことを批判し，そうした制度導入の必要性を指摘している[32]。

Ⅳ　選挙以外のルートでの統治への関与

Ⅲでは選挙について見てきたが，今日世界中で，選挙で選ばれた「代表」に対する信頼が低下しており，それが「民主主義」の衰退をもたらしているという認識が強まっており，ポピュリズムはその兆候の1つであるとされる[33]。そのこともあり，選挙以外のルートでの国民の統治への関与に目が向けられるようになっている[34]。以下では，この文脈で大きな注目を集めているカウンター・デモクラシーについて，これまでの議論と関連させながら，簡単に言及したい。

1　カウンター・デモクラシー

カウンター・デモクラシーとは，フランスの政治思想家ピエール・ロザンヴァロンによって展開された概念である[35]。

---

31) https://www.constituteproject.org/ によれば，193か国中の96か国がそのような規定を有している。選挙委員会については，*see* Mark Tushnet, The New Fourth Branch, Institutions for Protecting Constitutional Democracy, ch. 7（2021）.

32) 河野勝『政治を科学することは可能か』（中央公論新社，2018年）204頁。なお河野は，その理由を権力の「分立」原理が過度に強調されていることに求め，むしろ，「抑制と均衡」原理に基づいて，「中立であるべき行政機関に憲法上の独立性が付与されるべき」だと論じている。権力分立の理解については，第6章，第7章も参照。選挙法の制定のあり方については，吉川智志「〈選挙法改革〉をいかにして実現するか──憲法学的一考察」論ジュリ38号（2022年）47頁以下を参照。

33) ポピュリズムと民主主義，そしてポピュリズムと立憲主義に関しては，吉田俊弘＝横大道聡「憲法はどのような『危機』に直面しているのか」法教467号（2019年）74頁以下を参照。

34) 本秀紀「民主主義の現在的危機と憲法学の課題」同編『グローバル化時代における民主主義の変容と憲法学』（日本評論社，2016年）12頁以下，只野雅人「政治過程における民意の制度化──代表・統治・対抗」公法79号（2017年）1頁以下などを参照。日本の政治の文脈では，山本英弘「代議制民主主義と社会運動」法時90巻5号（2018年）4頁以下も参照。

　ロザンヴァロンによれば，民主制の歴史は，「正統性（legitimacy）」と「信頼（trust）」との緊張関係と相互対立の歴史である。両者を「選挙」によって結びつけようと試みるのが代表民主制であったが（→ I 4），その間にあるギャップを完全に埋めることはできない。だからこそ，民主制は様々な試みを模索してきた。

　従来支配的であったのは，選挙によって選ばれたという手続的な「正統性」に「信頼」を加えるという方向，すなわち，投票の頻度の増加，様々な直接民主制の仕組みの開発，代表者の被代表者に対する独立性を限定していくといった，選挙型の代表民主制の質の向上という方向であった[36]。しかし民主制は選挙に還元し尽くすことはできない[37]。代表民主制に「信頼」を取り戻すためには，「不信を組織化（organizing distrust）」すること，すなわち，選挙によっては代表されない人々の声を掬い上げたり，政府を牽制・監視したり批判したりするといった，「民主的な不信（democratic distrust）」の機能を担う仕組みや手段一般を有効に機能させることが求められる[38]。ロザンヴァロン曰く，

　　私のいうカウンター・デモクラシーとは，民主制に敵対するものではない。それは一般的な選挙型の民主制を強化する一種の控え壁（buttress）としての形態の民主制であり，社会全体に拡散した間接的な諸力の民主制である。換言すれば，選挙による代表という気まぐれな（episodic）民主制を補完する，永続的な（durable）不信の民主制である[39]。

　ロザンヴァロンの著作では，多様な「不信」の組織・表明方法のうち，主要な 3 つの形態は，①警戒・告発・評価といった態様から行う権力の監視，②権力の活動や制約，決定を様々な仕方で拒否する活動，③リコールや弾劾などと

---

35)　PIERRE ROSANVALLON, COUNTER-DEMOCRACY: POLITICS IN AN AGE OF DISTRUST（2008）. 邦訳としてピエール・ロザンヴァロン（嶋崎正樹訳）『カウンター・デモクラシー——不信の時代の政治』（岩波書店，2017 年）があるが，邦訳されていない部分もあるので，以下では英語翻訳版（原著はフランス語）を典拠とした。

36)　ROSANVALLON, *supra* note 35, at 3-4.

37)　長谷部恭男は，「選挙なくして民主主義はない。しかし，選挙は民主主義のすべてではない」と表現している。長谷部恭男「世代間の均衡と全国民の代表」同『憲法の円環』（岩波書店，2013 年）128 頁。

38)　ROSANVALLON, *supra* note 35, at 3-4.

39)　*Id.* at 8.

いった権力の審判であるとして[40]，各々について歴史的視点から詳細に論じられているが，ここで詳細に触れる余裕はない。

2　評　価

ここでは，カウンター・デモクラシーについて，次の4点の指摘をしておきたい。

第一に，直接民主制的な仕組みとの関係について。ロザンヴァロンは，現在，世界各国で導入されているレファレンダム（国民表決）などの直接民主制的な仕組みを，選挙型の代表民主制の質の向上のための方策として位置づけている[41]。しかし，選挙は人を選ぶために投票を行うものであるのに対して，レファレンダムは，政策や争点に対して投票を行うものである。一般に直接民主制的な仕組みは，リコールの場合は別として，選挙型代表民主制を補完するものというよりはむしろ，カウンター・デモクラシーとしての機能を果たす仕組みとして位置づけられるべきであろう[42]。

第二に，憲法とりわけ人権論との関係について。ロザンヴァロンの議論のもとでは，表現の自由や集会・結社の自由，請願権などの自由の行使は，カウンター・デモクラシーとしての機能を果たすものと位置づけられることになる。これは，憲法上の権利の有する社会的な価値を民主制との関係で積極的に位置づけ，統治論と人権論を架橋させる議論であると評価できる。

第三に，制度との関係について。カウンター・デモクラシーのために，必ずしも新たな制度創設が必要となるわけではないが，上述した選挙委員会（→Ⅲ4）や，その他の独立機関を，「民主的な不信」を制度化した憲法上の機関として設置することの正当化にも資する議論である[43]。

最後に，ロザンヴァロンが，先に述べたカウンター・デモクラシーの主要な

---

40)　*Id.* at 8, 12-18.

41)　レファレンダムの諸類型とその活用状況の詳細については，*see generally* Laurence Morel, *Types of Referendums, Provisions and Practice at the National Level Worldwide*, in THE ROUTLEDGE HANDBOOK TO REFERENDUMS AND DIRECT DEMOCRACY 27 (Laurence Morel & Matt Qvortrup, ed. 2017).

42)　レファレンダムにカウンター・デモクラシーの側面があるという点につき，大河内美紀「カウンターデモクラシー・制度・民意」公法79号（2017年）99-102頁を参照。レファレンダムの活用は，既存政党を中心とした政治が，国民の要望を反映していないという不満を背景にしていると指摘するものとして，*see* Matt Qvortrup, *The History of Referendums and Direct Democracy*, in Morel & Qvortrup, ed., *supra* note 41, at 21-23.

3 つの形態について触れた際に，「3 つの対抗権力によって輪郭が描かれるものが私のいうカウンター・デモクラシーであり，それは選挙型代表民主制のなかで機能する」[44)]と述べていることについて。デモや集会，SNS などの表現活動を通して示される民意も重要ではあるものの，それこそが民主主義だというわけではなく[45)]，あくまで補完的なものに過ぎない。そのことを踏まえて，両者の健全な相補的関係を構築していくことこそが求められるのである[46)]。

　吉田先生，憲法学では，「代表」「選挙」「民主制」「国民主権」「議会」「民意」などといった諸概念が複雑に絡み合った議論が展開されています。吉田先生からいただいた，「『代表』の観念の中に織り込まれた異なる意味の層を一つひとつ読み解き，そこから現代の代表民主制の意義をつかみ直していく」べきではないかとの指摘を受け，今回は，その錯綜を少しでも解きほぐすために，「代表民主制」の構成要素である「民主制」「代表」「選挙」という概念の相互関係を整理し，ともすれば等号（＝）で結ばれて理解されがちなこれらの概念は，必ずしも必然的に結びつく関係にあるわけではないことを強調しました（→Ⅰ・Ⅱ）。このことをどこまで初等中等教育で踏み込んで触れるべきかは難しい問題ですが，扱うに値するのではないかと思います。そのことに留意しつつ，本章は，今日「代表」を「民主的」に選ぶ普遍的仕組みとして理解されている「選挙」について，その制度構築を誰が・どのように行うべきかという問題と（→Ⅲ），「選挙」には還元しきれない「代表」ないし「民主制」の側面にフォーカスするカウンター・デモクラシー論に言及しました（→Ⅳ）。

---

43)　行政機関内部の権力分立として，憲法典に行政権から独立した機関について明記する例が増えている。この点については，*see* ANDRÁS SAJÓ & RENÁTA UITZ, THE CONSTITUTION OF FREEDOM: AN INTRODUCTION TO LEGAL CONSTITUTIONALISM 159-163 (2017); Tom Ginsburg, *Written Constitutions and the Administrative State: On the Constitutional Character of Administrative Law*, in COMPARATIVE ADMINISTRATIVE LAW 117, 124 (Susan Rose-Ackerman & Peter L. Lindseth, ed. 2010).

44)　ROSANVALLON, *supra* note 35, at 8 (emphasis added).

45)　ロザンヴァロンは，不信の民主制が突出した際に生じる「病理」現象として，ポピュリズムを描いている。ROSANVALLON, *supra* note 35, at 265-273.

46)　岩崎正洋「デモクラシーとカウンター・デモクラシーの間」岩井奉信＝岩崎正洋編著『日本政治とカウンター・デモクラシー』（勁草書房，2017 年）269-280 頁。

　このような「代表民主制」の見方からすると，代表者をどのように選び，選ばれた代表者はどのように行動するべきかだけでなく，被代表者——本章では十分に触れることのできなかった「国民主権」ないし「主権者」はこの点に関係します——はどうあるべきかにも注目する必要が生じてくるように思います。この点がまさに，吉田先生が最後に言及された18歳選挙権や主権者教育とも関わってくるポイントです。

　私の方がむしろ教えていただきたいのですが，近時，盛んに進められている主権者教育において，どのような主権者が想定され，教育によっていかなる能力を涵養しようとしているのでしょうか。そこから見えてくる「代表民主制」観は，今回の私の議論と整合的に理解されるものなのかどうかに興味が湧きました。吉田先生の評価も含めて，是非ご見解を披露していただければと思います（→インタールード②）。　　　　　　　　　　　　　　　　　　　　　　　　　　　　　　　　　　[横大道]

第9章　どのように憲法を守るのか

✉

　横大道先生，こんにちは。第8章では，代表民主制からカウンター・デモクラシーまで取り上げていただき，代表と民主制の関係やカウンター・デモクラシーの評価のポイントを教えていただきました。当たり前と思っていた「制度」の根拠を問い直し，その意味を探っていくことで理解は深まってきているようです。

　今回は，違憲審査制を取り上げ，そのねらいや機能について考えたいと思います。

憲法の侵害を防ぐ仕組みはあるか

　憲法規範は，国家による統治を根拠づけるとともに，国家権力を制限して国民の自由・権利を守るという特質を持っています。つまり憲法が統治の仕組みを定めているのは，「君主，議会，内閣や裁判所等で国を治めている人たちに対して，『◎◎をしてはならないが，□□はできる』ことを明示して，それらが権力を濫用しないようにするため」（阪本昌成編『これでわかる!? 憲法〔第2版〕』〔有信堂高文社，2001年〕17頁）です。憲法が，国の最高法規であり（98条），実定法秩序の頂点に立つ法規範として位置づけられているのは，憲法が「あらゆる国家権力の発動の根拠」であり，「その効力はあらゆる国家活動に優越する」（玉蟲由樹「憲法の意義──『あたりまえ』を守る」法セ735号〔2016年〕14頁）からです。したがって，議会のつくる法律も，内閣の活動も，いずれにしても国家活動の内容は憲法規範に適合的でなければなりません。

　しかし，現実には，最高法規である憲法規範の意味・内容が，法律などの下位の法規範や政府機関の活動によって変更・侵害されてしまうことが考えられます（⇒第5章）。では，憲法違反の現実が発生した時に，どのように対応し是正できるのでしょうか。そこで，期待されるのが，裁判所による違憲審査制の存在です。現代では，違憲審査制は多くの国に採用されているようですから，今回は，それが導入された理由や機能について伺ってみたいと思います。

違憲審査制の役割と類型

　近年の高校教科書を読むと，違憲審査制については相当に詳しい解説がなされるようになってきました。

　まず，違憲審査制の目的としては，憲法の最高法規性を担保し，人権保障という憲法の根本目的を実現するためにきわめて重要な意義を有することがあげられています。また，各国の違憲審査制度も取り上げられ，ドイツなどが特別の憲法裁判所を設けて違憲審査を行わせる制度をとっているのに対し，アメリカなどでは，通常の裁判所が，提起された訴訟のなかで法律などの合憲性が争われた場合に，違憲審査を行うことが示されています。

　さらに，違憲審査制と民主主義との関係について理論的にも鋭く問いかける，次のような記述を読むことができます。

　「違憲審査権については，直接国民を代表する地位にない裁判所が，国民の代表者で構成される国会の定めた法律を違憲・無効と判断するのは，よほど慎重でなければならず，裁判所は違憲審査権の行使に抑制的でなければならない，とする主張もある。しかし，政治の場で無視されがちな少数者の権利を救済できるのは裁判所以外にないのだから，違憲の法律によって現に国民の権利が侵害されている場合は，裁判所は積極的に違憲審査権を行使して違憲・無効と判断すべきだ，とする主張も有力である。この両者の主張は，どちらも間違いではない。」（『高校政治・経済〔新訂版〕』〔実教出版，2018年）64頁以下）

　このような教科書の記述をふまえてみると，違憲審査制は，裁判所によって憲法の最高法規性を保障するという意味で「憲法保障」の役割を果たすこと，なかでも基本的人権を保障するうえで違憲審査権の積極的な役割が期待されていることがわかります。他方，人権保障のためとはいえ，民主的な基盤を持たない裁判所が，民主的な正統性を有する議会の制定する法律に対し違憲審査権を積極的に行使することについて慎重論が説かれるのも理由があるようです。

　こうしてみると，憲法の「最高法規性」の保障，基本的人権の保障，民主主義の保障，という3つの保障は，それぞれに緊張関係がみられ，すべて予定調和的に運営するのはなかなか難しいということになってきます。このような難問について，憲法学は，どのように問題をとらえているのでしょうか。また，各国の憲法体制は，この難問に対し，どのような制度的な仕組みを整えて回答しているのでしょうか。今回も，どうぞよろしくお願い致します。　　［吉田］

Ⅰ　違憲審査制の展開

　一般的な憲法の教科書では，「憲法保障」という表題のもとで，違憲審査制や憲法改正，さらには国家緊急権や抵抗権などが論じられるが，そのなかでも，「西欧型の立憲主義憲法において憲法保障制度として最も重要な役割を果たしている」[1]とされるのが，裁判所（ないしそれに類する機関）による違憲審査制である[2]。

1　違憲審査制の起源

　違憲審査制は，憲法上の明文規定を欠いているにもかかわらず，アメリカの連邦最高裁が，1803 年のマーベリー対マディソン判決[3]によって創出した制度である（⇒第 2 章）[4]。

　当時，この違憲審査制は，1830 年頃のアメリカを調査したフランスの思想家アレクシス・ド・トクヴィルが，「アメリカ連邦で裁判官が憲法違反だと判定する法律が連邦裁判所に訴えられるとき，裁判官はこの法律の適用を拒絶することができる。この権力はアメリカ的司法官に特有な唯一の権力である」[5]と評したように，ヨーロッパから見た辺境の地アメリカで始まった特異な制度に過ぎなかった。

2　違憲審査制の普及

　違憲審査制は，その後アメリカからの影響を強く受けたラテン・アメリカ諸国には導入されたものの，直ちに世界中へと広がることはなかった[6]。ヨーロッパでは，1920 年に法学者のハンス・ケルゼンの発案[7]により，オーストリア

1）　芦部信喜（高橋和之補訂）『憲法〔第 7 版〕』（岩波書店，2019 年）389 頁。
2）　本章の記述は，横大道聡「統治構造において『違憲審査制』が果たすべき役割——比較憲法研究の観点から」判時 2479 号〔臨時増刊〕『統治構造において司法権が果たすべき役割・第 2 部』（2021 年）79 頁以下を下敷きにしている。併せて参照願いたい。
3）　Marbury v. Madison, 5 U.S.（1 Cranch）137（1803）.
4）　違憲審査制の起源については，大林啓吾「司法審査の源流——repugnant review から judicial review へ」阪本昌成先生古稀記念論文集『自由の法理』（成文堂，2015 年）319 頁以下を参照。
5）　A・トクヴィル（井伊玄太郎訳）『アメリカの民主政治㊤』（講談社，1987 年）202 頁〔傍点は引用者〕。

において憲法裁判所型（後述）の違憲審査制が導入され，チェコ・スロバキアやリヒテンシュタインなどの国がこれに続いたものの，やはり違憲審査制は例外的な制度であり続けていた[8]。「かつてヨーロッパ大陸諸国では，裁判所による違憲審査制は民主主義ないし権力分立原理に反すると考えられ，制度化されなかった」[9]のである。

　違憲審査制がヨーロッパに広く普及したのは，第二次世界大戦後である[10]。ドイツ，イタリアという敗戦国が違憲審査制を導入したのはこの時期であり，その他にも，キプロス，トルコ，ユーゴスラビア，ルーマニアなどの国々も導入している。また，旧植民地の独立により設立されたアジアやアフリカの国々——インド，ガーナ，ナイジェリア，ケニアなど——も，この時期に違憲審査制を導入している[11]。

　そして1970年以降，国際政治学者サミュエル・ハンチントンのいう民主化の「第三の波」[12]に乗って生まれた新興民主主義国家において，「『違憲審査制革命』と呼ばれるような傾向」[13]が生まれたとされ，1980年代末から90年代初めの旧ソ連・東欧で続出した体制転換と新憲法典の制定においては，ほぼすべての国が違憲審査制を採用した[14]。

　このような経緯を辿りながら違憲審査制は世界中へと広がっていった[15]。

---

6 ）　Miguel Schor, *Mapping Comparative Judicial Review*, 7 WASH. U. GLOBAL STUD. L. REV. 257, 263-264（2008）. ただし，世界で2番目に古い憲法典を有するノルウェーでは，アメリカと同様に明文規定を欠いたまま，19世紀初頭からアメリカと類似した違憲審査制が運用されていた。詳細については，アイヴィンド・スミス（西原博史＝安原陽平訳）「北欧諸国の違憲審査」比較法学41巻3号（2008年）77頁以下等を参照。

7 ）　この点については，*see, e.g.,* Sala Lagi, *Hans Kelsen and the Austrian Constitutional Court*（1918-1929）, 9 REVISTA CO-HERENCIA 273（2012）; 長尾龍一『ケルゼン研究Ⅲ』（慈学社，2013年）第2章Ⅸなどを参照。

8 ）　佐藤幸治『立憲主義について——成立過程と現代』（左右社，2015年）197-199頁などを参照。

9 ）　芦部・前掲注1)389頁。かつて違憲審査制が立憲主義の構成要素とされる権力分立の原理（⇒第6章）と衝突すると考えられていたことは興味深い。

10）　樋口陽一『憲法〔第4版〕』（勁草書房，2021年）441頁。同89頁，171頁も参照。

11）　RAN HIRSCHL, TOWARDS JURISTOCRACY: THE ORIGINS AND CONSEQUENCES OF THE NEW CONSTITUTIONALISM 7（2004）.

12）　サミュエル・ハンチントン（坪郷實ほか訳）『第三の波——20世紀後半の民主化』（三嶺書房，1995年）。

13）　樋口・前掲注10)441頁。

14）　小森田秋夫「旧ソ連・東欧諸国における違憲審査制の制度設計」レファレンス654号（2005年）79頁以下，さらに，法時69巻3号（1997年）6頁以下の「〔特集〕体制転換と憲法裁判」寄稿の各論文も参照。

統計を見ると，1946 年時点で当該制度を備えた国家は約 25％に過ぎなかった
が，1951 年で約 38％になり，2011 年時点では約 83％にまで上昇している[16]。
今や違憲審査制は，現代国家にとっての標準装備になったといっても過言では
ない[17]。こうして違憲審査制は，「世界的に最も重要な憲法保障制度となっ
た」[18]のである。

Ⅱ　違憲審査制のデザイン

1　付随的違憲審査と抽象的違憲審査

　違憲審査制には様々な「デザイン」があるが，教科書的には，アメリカ型の
付随的違憲審査と，ドイツ型の抽象的違憲審査に大別して説明される。
　アメリカ型は，通常の裁判所が，具体的に提起された事件の解決のために付
随して憲法判断を行うものであるのに対して，ドイツ型は，通常の裁判所とは
別に憲法裁判を担当する特別の裁判所（通常は憲法裁判所）が，具体的な事件
の発生を要件とせず，抽象的に法令の合憲性を判断する。そのため，前者を
「分散型」，後者を「集中型」と呼ぶこともある。この両者を対比的に描きつつ
も，現実の運用レベルでは接近ないし「合一化傾向」にあることを指摘する，
というのがほとんどの教科書で見られる説明の仕方であろう[19]。
　類型別の導入状況であるが，1946 年段階では，違憲審査制を採用している
80％以上の国がアメリカ型を採用していた。しかしその後，ドイツ型を採用す
る国の割合がほぼ一貫して上昇していき，1990 年代半ばに逆転して現在に至

15)　違憲審査制の普及については，*see, e.g.*, Tom Ginsburg, *The Global Spread of Consti-tutional Review*, in THE OXFORD HANDBOOK OF LAW AND POLITICS 81, 82-88 (Keith E. Whittington, R. Daniel Kelemen & Gregory A. Caldeira, ed. 2008); ANDRÁS SAJÓ & RENÁTA UITZ, THE CONSTITUTION OF FREEDOM: AN INTRODUCTION TO LEGAL CONSTITUTIONAL-ISM 334-336 (2017).
16)　Tom Ginsburg & Mila Versteeg, *Why Do Countries Adopt Constitutional Review?* 30 J. L. ECON. & ORG. 587, 587 (2014); David S. Law & Mila Versteeg, *The Declining Influ-ence of the United States Constitution*, 87 N.Y.U.L. REV. 762, 793-794 (2012).
17)　Steven Gow Calabresi, *The Origins and Growth of Judicial Enforcement*, in COMPARATIVE CONSTITUTIONAL REVIEW 83, 83 (Erin F. Delaney & Rosalind Dixon, ed. 2018). *See also* HIRSCHL, *supra* note 11, at 2.
18)　芦部・前掲注 1)387 頁。
19)　この説明方式のひな型を提供した研究として，マウロ・カペレッティ（谷口安平＝佐藤幸治訳）『現代憲法裁判論』（有斐閣，1974 年）126-127 頁を参照。憲法裁判所一般については，L・ファボール（山元一訳）『憲法裁判所』（敬文堂，1999 年）第 1 章も参照。

っている[20]。ドイツ型は，ヨーロッパ，アフリカ，中東のみならず，アジアやラテン・アメリカにも徐々に広がっている一方，アメリカ型が大半を占めるのは北米とカリブ諸国に限られているという[21]。

2　「弱い」違憲審査制と「強い」違憲審査制

　付随的／抽象的違憲審査制の区別は，違憲審査権の行使条件に基づくものである。そして，その典型国として挙げられるアメリカやドイツがそうであるように，いずれも，裁判所による法令の合憲性判断が「最終的」であり，その判断は政治部門を拘束するものであると考えられている。

　他方で，この「司法の優越」を受け入れずに，「議会の優越」ないし「議会主権」を強調する諸国——その多くが英連邦諸国（コモンウェルス）——では，20世紀後半頃から，裁判所による合憲性判断を「最終的」とせず，立法府がこれを覆し，自らが合理的と考える憲法解釈を優位させることができる新たな違憲審査制を導入する例が見られるようになっている。アメリカの憲法学者マーク・タシュネットは，従来型の違憲審査制を「強い（strong-form）」違憲審査制，新たな違憲審査制を「弱い（weak-form）」違憲審査制と名付けたうえで[22]，後者の「弱い」違憲審査制という新しい発明は，真剣に考慮すべき違憲審査の制度設計であると論じている[23]。これは比較憲法学では知られた類型であるが，日本の憲法教科書で触れられることはほとんどない[24]。

---

20)　Law & Versteeg, *supra* note 16, at 794-796.

21)　Alec Stone Sweet, *Constitutional Courts*, in THE OXFORD HANDBOOK OF COMPARATIVE CONSTITUTIONAL LAW 816, 820（Michael Rosenfeld & András Sajó, ed. 2012）.「ドイツ型」の普及の状況については，*see* Albert HY Chen & Miguel Poiares Maduro, *The Judiciary and Constitutional Review* in ROUTLEDGE HANDBOOK OF CONSTITUTIONAL LAW 97, 98-101（Mark Tushnet, Thomas Fleiner & Cheryl Saunders, ed. 2013）. 西修『現代世界の憲法動向』（成文堂，2011年）64頁によると，1990年2月から2008年8月の期間に制定された93か国の憲法典のうち，58か国（62.4%）の憲法典に憲法裁判所の設置が明記されている。

22)　弱い違憲審査制を「コモンウェルス型違憲審査」と名付けて論じた文献として，*see* STEPHEN GARDBAUM, THE NEW COMMONWEALTH MODEL OF CONSTITUTIONALISM: THEORY AND PRACTICE（2013）.

23)　*See generally* MARK V. TUSHNET, WEAK COURTS, STRONG RIGHTS: JUDICIAL REVIEW AND SOCIAL WELFARE RIGHTS IN COMPARATIVE CONSTITUTIONAL LAW, 18-76（2007）. タシュネットの考え方が簡潔にまとめられているものとして，*see* Mark V. Tushnet, *The Rise of Weak-form Judicial Review*, in COMPARATIVE CONSTITUTIONAL LAW 321（Tom Ginsburg & Rosalind Dixon, ed. 2011）.

3　「弱い」違憲審査制の意義

　「弱い」違憲審査制の特質は，憲法の意味内容を決定する「最終的」な判断が議会に留保されているという点にある。違憲審査制には，国民から選出されているわけではないわずか数名の裁判官が，国民の代表から成る議会の定めた法律等を違憲・無効とする点で反民主主義的であるという批判が常に向けられてきたが，最終的な決定権（final wards）を議会に留保することによってこの批判に答えるとともに，議会に対して裁判所が法解釈の専門家としての立場からの憲法解釈を示す機会を設けることで，立法府と裁判所との間で憲法をめぐる「対話」を促し，それが有権者にも良い影響を与えるといった点が，そのメリットとして挙げられている。もっとも，あくまで1つの「モデル」であり，普遍的モデルでもなければ，「強い違憲審査」モデルよりも絶対的に優れているわけでもないということに注意が必要である[25]。

　日本ではしばしば，憲法判断を活性化させるためという理由で憲法裁判所導入論が語られることがある。しかし，最高裁が憲法判断に消極的な理由が，民主的正統性を有する国会の判断を裁判所が覆すことへの懸念に基づくものであるとすれば，裁判所が最終決定権を持たないからこそ積極的な判断が可能となり得る「弱い」違憲審査制もまた，候補に入れて考えるべきかもしれない[26]。

Ⅲ　違憲審査制の担い手

1　外国籍の裁判官？

　日本では，違憲審査の担い手としての裁判官は，いわゆる公務員に関する「当然の法理」に基づき[27]，日本国籍を有することが必要とされる。しかし，

---

24)　近時の論文として，村山健太郎「違憲審査制の類型論と違憲審査の活性化」論ジュリ36号（2021年）117頁以下を参照。

25)　深田三徳『〈法の支配と立憲主義〉とは何か──法哲学・法思想から考える』（日本評論社，2021年）165-185頁も参照。

26)　日本国憲法の制定過程において，GHQ側から，人権規定以外の法令や処分が最高裁判所によって違憲と判断された場合でも，総議員の3分の2以上の賛成があれば当該違憲判断を覆すことができるという案が提示されていた。これは，対象に限定が付された「強い」タイプの「弱い違憲審査制」であるが，日本側の反対により，現行の憲法81条の規定となったという経緯がある。高柳賢三ほか編著『日本国憲法制定の過程Ⅱ解説』（有斐閣，1972年）242-245頁。

諸外国では，国内裁判所の裁判官として，外国籍で，かつ外国で法的トレーニングを受けた裁判官の就任を認める国もある。ある研究によれば，100 か国以上の国で明示的に外国人の裁判官就任禁止が定められているが，憲法または法律でこれを認める国も 30 か国以上存在しており，そのなかには最高裁判事や憲法裁判所の判事として活動することを定めている国も少なくないというのである[28]。

2　外国籍裁判官の導入理由

　外国人の裁判官に自国の裁判とりわけ憲法裁判を担わせる理由は様々である[29]。例えば香港の終審法院の裁判官は，首席裁判官を除き，中国国籍は要求されておらず，その大半に外国人が就任しているが，これは，香港返還に伴う混乱への危惧に対する国際的な信用と司法の独立を確保するためであったとされる[30]。ボスニア・ヘルツェゴビナ連邦憲法では，憲法裁判所の判事 9 人のうち 3 名を，大統領との協議のうえでヨーロッパ人権裁判所長官が選任し，その 3 名については同国および近隣国の国籍保有者であってはならない旨が定められているが（憲法第 6 節 1 条 a・b），これは，ポスト・コンフリクト国における平和構築と，国家分裂を防ぐカウンターバランスのためであったとされる[31]。太平洋諸島の小国（フィジー，ナウル，ソロモン諸島など）の多くは，自前での法曹養成に限界があることや，利害関係者を排して司法の独立を確保する必要性などから，他国の法曹資格——英植民地であった経緯や，オーストラリア，ニュージーランドと近い関係にあることなどから，コモン・ロー諸国に限定する場合もある——を有している外国人が裁判官に就任することが認めら

27）　昭和 28 年 3 月 25 日法制局 1 発第 29 号。

28）　*See* Anna Dziedzic, *Foreign Judges on Constitutional Courts*, IACL-AIDC Blog, June 13, 2018,〈https://blog-iacl-aidc.org/blog/2018/6/13/foreign-judges-on-constitutional-courts〉.

29）　*See generally* Rosalind Dixon & Vicki Jackson, *Hybrid Constitutional Courts: Foreign Judges on National Constitutional Courts*, 57 Colum. J. Transnat'l L. 283, 325-353（2019）.

30）　*Id.* at 328-329. 香港の外国籍裁判官制度の詳細は，廣江倫子『香港基本法解釈権の研究』（信山社，2018 年）第 1 章，同「香港終審法院の外国籍裁判官」倉田徹編『香港の過去・現在・未来——東アジアのフロンティア』（勉誠出版，2019 年）37 頁以下などを参照。

31）　*See generally* Alex Schwartz, *International Judges on Constitutional Courts: Cautionary Evidence from Post-Conflict Bosnia*, 44 L. & Social Inquiry 1（2018）.

れている[32]。ヨーロッパの小国リヒテンシュタイン公国憲法 105 条は，憲法裁判所の長官および過半数が市民権保持者でなければならないとし，アンドラ公国も憲法裁判所資格法 11 条により外国人の裁判官就任を認めているが，こうした理由に基づくものとされる。

3　評　価

比較憲法学者のロザリンド・ディクソンとヴィッキ・ジャクソンは，外国籍裁判官制度は，当該国の法的知識の不足，民主的正統性の欠如，国籍国の影響を受ける可能性などのデメリットがある一方，法的知識・人材の供給源や比較憲法的対話の窓口となること，実質・形式両面における公平性の担保などといったメリットもあることを指摘し，同制度が導入されるかどうかは，各国が置かれた具体的状況や社会意識など，文脈依存的にならざるを得ないなどと論じているが[33]，ここでは，かように違憲審査制の制度設計は多様であり得るということ，そして，日本における「当然の法理」は，普遍的意味での当然性を有しているわけではない，ということを指摘するにとどめる[34]。

Ⅳ　なぜ違憲審査制を導入するのか

以上，違憲審査制には教科書的なドイツ型とアメリカ型の対比だけでは捉えきれない様々な制度設計があることを見てきたが，根本的な疑問は，「なぜ制憲時に，当該国家における最も強力な政治アクターが，将来自分たちが行使するであろう立法権限を制約するような選択をするのか」[35]，である[36]。

---

32)　*See generally* ANNA DZIEDZIC, FOREIGN JUDGES IN THE PACIFIC（2021）.

33)　Dixon & Jackson, *supra* note 29, 303-325, 354.

34)　明治期の不平等条約の改正交渉に際して，是正の条件としての外国人判事の任用が取り沙汰されるも，世論の反対などにより実現しなかったこと――1889 年にはいわゆる大隈重信遭難事件の原因ともなった――は，日本における「当然性」の根強さと同時に，制度設計における柔軟な思考も示していると言えるかもしれない。

35)　Stone Sweet, *supra* note 21, at 820.

36)　日本において，こうした議論の立て方をする興味深い論稿として，河野勝＝広瀬健太郎「立憲主義のゲーム理論的分析」藪下史郎監修『立憲主義の政治経済学』（東洋経済新報社，2008 年）115 頁以下を参照。

1　人権の保障？

　日本の憲法教科書では，違憲審査制の世界的普及は，「第二次世界大戦中に経験した独裁制に対する深刻な反省から，人権は法律から保障されなければならないと考えられるようになり，戦後の新しい憲法によって広く違憲審査制が導入されるに至った」[37]と説明されるのが通例である。しかし，この「人権保障の実質化のための違憲審査制導入」という説明は，事実の説明としては不正確ないし不十分である。

　まず，違憲審査制の起源国であるアメリカが同制度を導入した理由は人権保障にあったわけではない。第二次世界大戦前に同制度を導入した国々も同様である。例えば，オーストリアの憲法裁判所の司法管轄は，連邦制に関わる問題に限定されていたし[38]，ドイツにおける憲法（基本法）制定以前における憲法裁判権の理解において，基本権保障は目的とされていなかった[39]。

　次に，確かに，第二次世界大戦敗戦国の憲法制定の場面では，この説明がある程度は妥当するかもしれない。しかし例えば，1958 年のフランス第五共和制憲法が定めた憲法院による事前の違憲審査制に期待された役割は，「国民の権利・自由の保護ではなく，議会が政府の権限を侵害していないかを監視すること，つまり制憲者が意図した『執行権優位』の憲法体制を守ること」[40]であり，人権保障ではなかった[41]。この例が示すように，人権保障のためであるという説明では，違憲審査制の世界的普及を十分に説明できない。

2　政治的行き詰まりの対応策？

　憲法学以外では，違憲審査制の導入は政治の行き詰まりへの対応であるとする機能的（functional）な説明も広く見られる[42]。この説明によれば，政治体制

---

37)　芦部・前掲注 1)389 頁。同 77-78 頁も参照。
38)　カペレッティ・前掲注 19)113-117 頁。
39)　宍戸常寿『憲法裁判権の動態〔増補版〕』（弘文堂，2021 年）第 1 部 1 章，2 章を参照。
40)　井上武史「フランス憲法院」曽我部真裕＝田近肇編『憲法裁判所の比較研究──フランス・イタリア・スペイン・ベルギーの憲法裁判』（信山社，2016 年）3 頁。
41)　憲法院が「人権保障機関にメタモルフォーゼを遂げた」のは，「フランス版マーベリー対マディソン事件」とも称される（辻村みよ子＝糠塚康江『フランス憲法入門』〔三省堂，2012 年〕160-161 頁），1971 年 7 月 1 日のいわゆる結社の自由判決（Décision n° 71-44 DC du 16 juillet 1971）からである。

の機能不全が広がれば広がるほど，それを中立的に解決するための機関が必要となり，それにより違憲審査制の導入可能性が高まる。そして，機能不全が生じやすいのは，国家権力が分割・多元化している場合であり，そうした国家における「効率的な統治（effective governance）」を実現するための装置として，違憲審査制が捉えられ，その導入が進められた，というのである[43]。

　確かに，この機能的な説明がよく当てはまるケースは存在する[44]。また，違憲審査制が果たしている／果たすべき機能・役割についての規範的説明としての説得力を有していることは確かである。しかしながら，現実の制憲アクターが，実際に違憲審査制を導入しようと考えた理由の説明として見たとき，この説明にどこまでの通用力が備わっているかといえば，疑問をなしとしない。

3　戦略的リアリストの説明

　こうした「従来型の説明」に対して，2000 年代以降の比較憲法学においては，「戦略的リアリスト」の観点からの説明，すなわち，制憲アクターの合理的行動の帰結として違憲審査制の導入を説明しようとする議論が有力化している。

　例えば，違憲審査制は，制憲アクターが将来の選挙で権力の座を奪われる可能性が見込まれる場合に，その政治的敗北によって失われる損失の最小化と，数の力では負けてしまう争点を争う場としての裁判所に「政治的保険」としての役割を期待して導入されると論じるトム・ギンズバーグの「政治的保険」理論[45]や，違憲審査制を導入することのできる立場にある政治エリートが，自らの覇権的地位が脅かされる可能性が生じる場合に，私有財産制度，移動の自由，職業の自由など一定の経済的自由を憲法上保障し，それを違憲審査制で担保することに関心を持つ経済エリートと，自らの政治的影響力と国際的評判を高めたいと欲する司法エリートとが協働して「政治的に構築」されると論じる，

---

42)　機能的説明については，*see, e.g.*, HIRSCHL, *supra* note 11, at 34-36; Ran Hirschl, *The Strategic Foundations of Constitutions*, in SOCIAL AND POLITICAL FOUNDATIONS OF CONSTITUTIONS 157, 162（Denis J. Galligan & Mila Versteeg, ed. 2013）.

43)　*See, e.g.*, Martin Shapiro, *The Success of Judicial Review*, in CONSTITUTIONAL DIALOGUES IN COMPARATIVE PERSPECTIVE 193（Sally J. Kenny, William Reisinger & Johan Reitz, ed. 1999）.

44)　Calabresi, *supra* note 17, at 89-95 は，アメリカ，ドイツ，インドの違憲審査制導入は，これにより説明できるとしている。

45)　TOM GINSBURG, JUDICIAL REVIEW IN NEW DEMOCRACIES: CONSTITUTIONAL COURTS IN ASIAN CASES（2003）.

ラン・ハーシェルの「ヘゲモニー維持」論[46]などがよく知られている[47]。

4　戦略的リアリストが共有する前提とその意義

　ハーシェルによれば，戦略的リアリストの立場は，次の5つの前提を共有している[48]。第一に，違憲審査制の導入理由は，法的，哲学的な根拠だけではうまく説明できず，ある政治体制における具体的な社会的，政治的，経済的状況下での闘争と対立を背景に理解しなければならないということ。第二に，なぜ導入という選択がなされたのかだけでなく，なぜある時点に至るまで導入されなかったのかにも目を向ける必要があるということ。第三に，財産権や選挙法などの法制度は，一定の団体，政策等に有利に働く効果を有しているのと同様，憲法もまたそのような効果を有していると捉えること。第四に，不確実性を前にした際に人がリスク回避行動をとりがちであることと同様，憲法もまた，リスク削減のための手段として捉えること。そして第五に，違憲審査制のステイクホルダーらが，一見すると自らの将来の権限行使の余地を減少させるような制度を導入するのは，それによるリターンのほうが大きいと考えるからだと捉えること，である[49]。

　こうした見地からの検討は，違憲審査制の導入をもっぱら人権保障という観点から説明しようとする従来型の議論に対して再考を迫るものである。それと同時に，日本の違憲審査制の運用の在り方を考える際にも，重要な視座を提供するものであろう[50]。

　吉田先生。高校の教科書でも，違憲審査制は相当詳しく取り上げられているのですね。違憲審査制と民主主義との関係についても，紙幅を割いた説明がな

---

46)　Hirschl, *supra* note 11.
47)　両者の議論の詳細については，横大道・前掲注2)87-94頁を参照。
48)　Hirschl, *supra* note 42, at 165-167. *See also* Hirschl, *supra* note 11, at 11, 38-39.
49)　上述した外国籍裁判官の導入理由についても，戦略的リアリストの視点が重要となろう。
50)　横大道・前掲注2)99-100頁も参照。

されており，そこでの説明は，憲法の教科書と大きな違いはないように思いましたので，今回は（も？），憲法の教科書ではほとんど触れられないテーマを扱うことにしました。

　まず，違憲審査制が世界中に広がっていった経緯を概観しました（→Ⅰ）。第 2 章では成文憲法典の世界中への普及の様子を見ましたが，それとは違ったかたちで違憲審査制は普及していったことが分かります。次に，違憲審査制の具体的なデザインは，アメリカ型の通常裁判所による付随的違憲審査制と，ドイツ型の憲法裁判所による抽象的違憲審査制という，典型的な説明に尽きない多様性があるということを示すために，近時注目を集めている「強い」違憲審査制と「弱い」違憲審査制という類型を紹介しました（→Ⅱ）。この類型は，違憲審査制と民主主義という問題に対する一つの実践的な解消方法ということができますが，諸外国のなかには，外国人の裁判官による違憲審査を求めるような国まであり（→Ⅲ），民主主義の問題をさほど重要視していない国もあります。国によって異なった問題関心のもとで違憲審査制がデザインされているということが見て取れます。最後に，「違憲審査制は人権保障のために普及した」という，よくあるストーリーが，近時の研究により再考に付されている状況を見ていきました（→Ⅳ）。違憲審査制によって人権保障が図られるということは言えても，違憲審査制が人権保障のために導入されたというわけでは必ずしもないのです。

　諸外国の違憲審査制について学べば学ぶほど，私たちは知らず知らずのうちに，違憲審査制を限られた固定的角度からしか見ていなかったのではないかと思われます。憲法の「最高法規性」の保障，基本的人権の保障，民主主義の保障，という 3 つの保障と違憲審査制との相互関係に対する各国の状況や理解の仕方も多様であり，その背景事情も踏まえた分析が求められます。

［横大道］

第10章　いかにして緊急事態に備えるのか

今回は，憲法と緊急事態について伺いたいと思います。政治の世界では，大規模災害だけでなく，2020年以降進行するコロナ禍の中で憲法上に「緊急事態条項」を創設することの必要性を強調するような意見がみられるようになっています。緊急事態については，憲法学は，どのように問題を立て，議論してきているのでしょうか。

国家緊急権と憲法による権力統制の問題

緊急事態における憲法問題は，従来，国家緊急権の問題として扱われてきました。芦部『憲法』は，「戦争・内乱・恐慌・大規模な自然災害など，平時の統治機構をもっては対処できない非常事態において，国家の存立を維持するために，国家権力が，立憲的な憲法秩序を一時停止して非常措置をとる権限を，国家緊急権と言う」（芦部信喜〔高橋和之補訂〕『憲法〔第7版〕』〔岩波書店，2019年〕388頁）と定義しています。この定義をふまえていえば，国家緊急権は，国家の存立と憲法秩序の回復を図るために，立憲的な憲法秩序を一時停止し，人権の制限や特定の国家機関（政府）への権力の集中・強化を図って危機を乗り切ろうとするものであることがわかります。それゆえ，立憲主義体制に対する例外状況を作り出す国家緊急権は，立憲主義を破壊する危険を伴う劇薬であるということもできるでしょう。非常事態から憲法秩序を守るため，政府に超法規的な緊急権を認めるならば，緊急権の行使は事実上政府の恣意に委ねられ，憲法による権力統制の実をあげることはできなくなるからです。そのため，多くの国では，非常事態において国家権力に白紙委任するような仕組みはとらず，国家権力の行使しうる「非常措置権を憲法で規定し緊急権を制度化」（本秀紀編『憲法講義〔第3版〕』〔日本評論社，2022年〕130頁［大河内美紀執筆］）することによって国家緊急権の濫用を防止しようとしているようです。

しかし，ここで論点を整理しておきたいのは，芦部『憲法』の述べる国家緊急権の定義が「平時の統治機構をもっては対処できない非常事態」を問題とし

ている点です。この「非常事態」という意味と自民党の改憲案にみられる「緊急事態」という言葉は，同じ意義をもつものなのでしょうか。このあたりが整理されないまま議論してしまうと，あとあと問題の収拾がつかなくなるような気がしてまいりました。ぜひ今後の理解のためにも横大道先生には，国家緊急権と非常事態，あるいは緊急事態の意義について整理をお願いしたいと思います。

緊急事態条項と憲法体制

　これはまた定義の問題とも重なりますが，ドイツ憲法の大家であるコンラート・ヘッセさんは，「憲法は平常時においてだけでなく，緊急事態および危機的状況においても真価を発揮すべきものである」（コンラート・ヘッセ〔初宿正典＝赤坂幸一訳〕『ドイツ憲法の基本的特質』〔成文堂，2006 年〕447 頁）と述べ，通常の憲法上の手段では克服することができないような例外状況に備え，法的に対処する手段を作っておく必要性を説いておられます。このような観点から，憲法制度を見ていくと，各国の憲法がいかなる事態を緊急事態として想定しているのか，あるいは，誰（国家機関）が緊急事態を認定するのかといった論点のほか，緊急事態における人権保障がいかなる形で行われるかといった問題も大変気になってまいりました。緊急事態における人権保障といえば，人権は大幅に制約されるのではないかという印象を抱くのですが，実際に各国憲法はどのようにそのことを規定しているのでしょうか。これらの点はあまり知られてはいないように思いますので，どうぞよろしくお願いします。

　ちなみに，日本経済新聞によると，新型コロナウイルスへの対応をめぐっては，イタリアやスペインが憲法の緊急事態条項に基づいて行動を規制したそうです。イタリアは，人の移動禁止に加え，交通機関や医療を除くすべての生産活動も一時停止したとのことでした。スペインも不要不急の移動や飲食店の営業停止にまで踏み込み，いずれも違反者への処罰も可能にしているということでした（「日本経済新聞」2020 年 5 月 3 日付）。これに対し，フランスやドイツは，憲法に備える緊急事態条項を使わず，法律レベルで対処しているとのことであり，これらの相違などが日本の緊急事態条項をめぐる議論に一定の影響を与えてくるのではないかと思いました。　　　　　　　　　　　　［吉田］

I　国家緊急権・非常事態・緊急事態

　国家緊急権とは何か。日本では，芦部信喜の定義，すなわち，「①戦争・内乱・恐慌ないし大規模な自然災害など，②平時の統治機構をもってしては対処できない非常事態において，③国家権力が，国家の存立を維持するために，④立憲的な憲法秩序（人権保障と権力分立）を一時停止して，非常措置をとる権限のこと」[1]が広く知られている。

　この芦部の定義②について，愛敬浩二は，「緊急事態に対処するための特別な立法や法運用が行われるとしても，『平時の統治機構』の下でそれが行われ，立憲的統制が十分に機能するのであれば，それは『緊急事態』であっても，『非常事態』ではない」と指摘し，「平時の法制度・法運用とは異なる対応を必要とする事態を広く含む」概念である「緊急事態」と，「平時の統治機構をもってしては対処できない」程度の緊急事態のみを指す「非常事態」とは区別すべきだとしている[2]。この用法によれば，国家緊急権を発動できる場面は「非常事態」に限定され，「緊急事態」において採られる「平時の法制度・法運用とは異なる対応」は必ずしも国家緊急権の問題ではない，ということになる。

　他方，比較憲法学における"state of emergency"や"emergency power"に関する議論を見てみると，定義②にいう「非常事態」だけでなく，それに至らないが特別な対応を要するような「緊急事態」への対処も広く取り上げられている。それに応じて，定義③の目的も，「国家の存立」に限定されず，「通常の憲法秩序への回帰」などを目的とするような場合も含めて議論されている[3]。

1）　ここでの引用は，吉田先生が引用された岩波書店の芦部『憲法』からではなく，芦部信喜『憲法学 I 憲法総論』（有斐閣，1992 年）65 頁からであるが，ほぼ同一内容の定義であることがわかる。なお，①～④の番号は引用者が付した。第 15 章で取り上げる「たたかう民主制」は，そうした事態が生じる前に予防的措置を講じるものであり，その点で，事後的な対応についての検討を行う本章の議論とは区別される。

2）　愛敬浩二「改憲問題としての緊急事態条項」論ジュリ 15 号（2015 年）142-143 頁。高田篤「非常事態とは何か――憲法学による捉え方」論ジュリ 21 号（2017 年）4-5 頁，安達光治「例外状態と緊急事態条項――2012 年自民党改憲草案の法理論的検討」竹下賢ほか編『法の理論 35』（成文堂，2017 年）98-103 頁などを参照。

3）　ANDRÁS SAJÓ & RENÁTA UITZ, THE CONSTITUTION OF FREEDOM: AN INTRODUCTION TO LEGAL CONSTITUTIONALISM 427 (2017). 例えば，チュニジア憲法 80 条，ポーランド憲法 230 条 2 項などがそのような規定を置いている。

また，定義④のように，「立憲的な憲法秩序」の「停止」の場面に議論の射程
が限定されているわけでもない。

　この点に留意しつつ，本章では，「非常事態」に限定せず，「緊急事態」につ
いての憲法レベルでの対応について，諸外国の動向を概観することにしたい[4]。

Ⅱ　緊急事態条項の普及

　緊急時に平時とは異なる法的対応を行うという発想それ自体は，共和制ロー
マの独裁官（dictator）制度にまでさかのぼることができるという意味で，「由
緒正しい」考え方であるが[5]，これを憲法典に規定する（以下，「緊急事態条項」
と記す）という実践は比較的新しいものであり，フランスの 1795 年憲法に始
まり，1808 年のスペイン憲法を経て，ラテン・アメリカ諸国へと伝播してい
ったとされる[6]。

　緊急事態条項は，その後，世界中に広がっていき，1950 年以降に旧植民地
から独立した国々や 1990 年代にソ連崩壊によって独立した構成国の憲法典に
も広く導入される。2013 年の段階では，全世界の憲法典のうちのおよそ 90%，
171 か国の憲法典に定めが置かれている（**図を参照**）[7]。憲法典に「緊急事態条

4）　したがって，本章の議論は「国家緊急権」を論じるものではないということになる。
　　もっとも，小林直樹『国家緊急権――非常事態における法と政治』（学陽書房，1979 年）
　　42 頁は，「広義」の国家緊急権には，「全体としては平時の体制を維持したまま，事態に
　　対応して制度の臨時的な機能化を図るもの」も含まれるとしており，この定義を採用す
　　る場合，本章も「国家緊急権」を議論するものだということになる。

5）　John Ferejohn & Pasquale Pasquino, *The Law of Exception: A Typology of Emergen-
　　cy Powers*, 2 Int'l J. Const. L. 210, 211-213（2004）. 独裁官制度の概要として，クリント
　　ン・ロシター（庄子圭吾訳）『立憲独裁――現代民主主義諸国における危機政府』（未知
　　谷，2006 年）43-62 頁などを参照。

6）　Christian Bjørnskov & Stefan Voigt, *The architecture of emergency constitutions*, 16
　　Int'l J. Const. L. 101, 104（2018）. 成文憲法典の先駆けであるアメリカ合衆国憲法（第 2
　　章）には，緊急事態を想定した規定はわずかに「反乱または侵略に際し公共の安全上必
　　要とされる場合」に人身保護令状の特権の停止を認める 1 条 9 節 2 項と「大統領は，非
　　常の場合には，両議院またはいずれかの一院を召集することができる」と定める 2 条 3
　　節のみである。その理由として，『ザ・フェデラリスト』の 23 篇は，「国家存亡の危機に
　　ついて，その範囲や種類をあらかじめ予測し定義することは不可能であり，かつまた危
　　機を克服するに必要と思われる手段について，そのしかるべき範囲や種類をあらかじめ
　　予測し定義しておくことは不可能」であるから，「共同防衛のために連邦政府に必要な権
　　限」は，「何らの制限留保なしに与えられるべきである」からだとしている。A・ハミル
　　トンほか（齋藤眞＝武則忠見訳）『ザ・フェデラリスト』（福村出版，1998 年）110 頁
　　［ハミルトン］。

図　緊急事態条項を備えた憲法典数の割合の推移（1900 年〜 2013 年）

項を定めることは，今や例外ではなく原則である」[8]というのが現状である。

　かつて政治学者のカール・レーヴェンシュタインは，緊急事態に対処するための「3 つの根本的に異なった解決方法」として，「(1)明示の憲法上の授権なしに，政府が超憲法的な緊急権を要求し，場合によっては事後的に，議会に対して免責を請う場合。(2)緊急事態を予想して制定された憲法ないし法律の規定が，政府に非常権限を与える場合。(3)議会が政府に随時委任する全権にもとづいて，危機政府が樹立される場合」[9]を挙げた。この 3 つに限られるかどうかは議論の余地はあるが，ともあれ現在は，(2)の方向性，しかも憲法典に（も）規定するという方向性[10]がトレンドであるといえよう。

7 ）　Bjørnskov & Voigt, *supra* note 6, at 106. 同論文は，いかなる状況下で，誰が緊急事態を宣言，承認し，その場合に通常時では認められないどのような権限が誰に付与されるのかについての規定を憲法典に設けているものを「緊急時憲法（emergency constitutions）」と名付け，比較検討の素材としている。*Id*. at 103. 本章にいう「緊急事態条項」は，この「緊急時憲法」と同義である。なお，Constitute Project のウェブサイトの最新データによれば，現在有効な憲法典 193 のうち，緊急事態条項を備えた憲法典は 180 である（93.2％）。

8 ）　Bjørnskov & Voigt, *supra* note 6, at 106. 西修『現代世界の憲法動向』（成文堂，2011年）70 頁は，「90 年以降に制定された成典化憲法をみると，すべての国の憲法に国家非常事態対処規定が設けられている」と指摘している。ここでいう「国家非常事態対処規定」は，厳密な意味での「非常事態」に限定された「国家緊急権」の規定ではなく，本章にいう意味でも「緊急事態条項」を指していると考えられる。

9 ）　カール・レーヴェンシュタイン（阿部照哉＝山川雄巳訳）『現代憲法論——政治権力と統治過程〔新訂〕』（有信堂高文社，1986 年）267 頁。

Ⅲ　緊急事態条項のデザイン

　各国憲法典には，どのような内容の緊急事態条項が定められているのだろうか。そのデザインは各国各様ではあるが[11]，①いかなる事態を緊急事態として想定するのか，②誰がどのように緊急事態の存否を判断するのか，③緊急事態には誰にいかなる権限が認められる／認められないのか，についての定めを設けているという点で共通した基本構造を有しているといってよい。

1　想定される緊急事態

　第 1 に，いかなる事態が緊急事態として想定されているのかである。
　「比較憲法プロジェクト（Comparative Constitutions Project, CCP）」の統計[12]で用いられている変数（variable）は，①戦争／侵略，②国内治安，③災害，④一般的な危険，⑤経済危機，⑥憲法体制・秩序の危機の 6 つである。そして，この 6 つの「緊急事態」のうちのどれを憲法典に規定しているかを分析した調査によれば，1950 年代はこのうちのどれか 1 つ程度であったのに対して，2011 年では 1.67 個に増加しており，概ね 2 つ程度の緊急事態が明記されているという[13]。そして 2011 年段階の規定割合は，①が 48.6％，②が 38.8％，③が 26.2％，④が 25.7％，⑤が 7.1％，⑥が 2.7％である[14]。①戦争／侵略や，②国内治安を想定する憲法典が多いが，その一方で，④一般的な危険や，⑥憲法体制・秩序の危機といった抽象的な場面を想定する規定も存することが分かる。

---

10)　憲法典に規定する場合でも，執行府に対応を一任するモデルと，立法府に対処のための法整備を授権するモデルがある。*See* David Dyzenhaus, *States of Emergency*, in The Oxford Handbook of Comparative Constitutional Law 442, 442-443（Michel Rosenfeld & András Sajó, ed. 2012）。なお，憲法レベルでの規定はないが法律レベルで詳細に緊急事態の対応について定める成文憲法国としては，例えばカナダがある。詳細については，富井幸雄『憲法と緊急事態法制——カナダの緊急権』（日本評論社，2006 年）を参照。不文憲法国であるイギリスでは，当然，法律によって詳細が定められている。

11)　西修「国家緊急事態条項の比較憲法的考察——とくに OECD 諸国を中心に」日本法學 82 巻 3 号（2016 年）1772 頁も参照。

12)　〈https://comparativeconstitutionsproject.org/〉CCP のデータを用いた分析を行っている貴重な邦語文献として，ケネス・盛・マッケルウェイン「データで見る憲法典の緊急事態条項」（2016 年 6 月 8 日）〈https://web.iss.u-tokyo.ac.jp/crisis/essay/post.html〉を参照。

13)　Bjørnskov & Voigt, *supra* note 6, at 106-107.

14)　*Id.* at 107-108.

2　緊急事態の存否の判断

　第2に，緊急事態の存否を判断する主体である。

　2011年段階で緊急事態条項を有する159か国の憲法典のうち，129の憲法典で独任の国家元首（head of the state）にこの権限が付与されている。緊急事態への対処には迅速性が求められるという事柄の性質上，独任機関が選ばれやすいといえよう。少数ながら，合議機関である内閣や議会にこの権限を認める憲法典もある[15]。

　このうちの56％の憲法典では，緊急事態の存在の「宣言」を行う主体についての定めだけでなく，当該宣言の「承認」についての定めも設けられている。これを議会（一院制の場合）または第一院（二院制の場合）としている憲法典が39％，両院（二院制の場合）としている憲法典が19％，政府または内閣としている憲法典が14％と続く[16]。承認のタイミングや効果は多様であり，「事前」に議会の承認が必要と定めるスペイン憲法116条3項やブラジル憲法137条，「事後」に議会の承認を求める韓国憲法76条3項やポーランド憲法231条のような憲法もあれば，単に議会への「通知」のみを定めるロシア連邦憲法88条などもある[17]。

　このように，緊急事態の認定に際して何らかのかたちで議会を関与させるという実践が広がっているが[18]，議会関与は，緊急事態の「終結」にも関係する。南アフリカ共和国憲法37条2項bのように，緊急事態宣言に有効期限を設け，一定期間内に議会の承認が得られなければ宣言の効力が失われるとするといった規定も広がっており[19]，2009年段階で，35.9％の憲法典においてその種の規定が設けられているという[20]。

　さらに，「緊急事態」のタイプを細かく分け，それに応じて異なった認定方

15)　*Id.* at 107-109. *See also*, Victor V. Ramraj & Menaka Guruswamy, *Emergency Powers*, in Routledge Handbook of Constitutional Law 85（Mark Tushnet, et al. ed. 2013）. 前者の例としてラトビア共和国憲法62条，後者の例として南アフリカ共和国憲法37条1項などがある。

16)　Bjørnskov & Voigt, *supra* note 6, at 109.

17)　Sajó & Uitz, *supra* note 3, at 426-427.

18)　ドイツ基本法115a条から115l条にて規定されている「防衛上の緊急事態」は，連邦参議院の同意を得て連邦議会が確定するとされていることを素材にしつつ，議会留保の重要性を指摘するものとして，村西良太「国家緊急事態と議会留保」論ジュリ9号（2014年）70頁以下を参照。

法を定める例も少なくない（例えば，日本でも頻繁に参照されるドイツ，フランスのほか，スペイン，インド，パキスタンなども参照）。それに伴い，次に見る「緊急事態における権限配分」が緊急事態のタイプごとに細かく規定されている[21]。

3　緊急事態における権限配分

　第 3 に，緊急事態にあると認められた場合に，いかなる権限が認められるのかであるが，これについては，権力分立と人権保障の相対化が認められることになるのが通例である[22]。

　まず権力分立に関しては，通常時には法律でなければ制定することのできない事項を命令（decrees）によって制定することを執行府に認めるのが一般的である。なかにはハンガリー憲法 49 条 1 項のように，大統領，議会議長，院内会派代表，首相，大臣，参謀長から成る国防評議会（National Defence Council）に諸権限を集約させるような例もある。

　また，消極的権限配分，すなわち，緊急事態であっても認められない権限や許されない行為についても定めている憲法典が少なくない[23]。例えば，フランス憲法 16 条 4 項，ポルトガル憲法 172 条 1 項，ルーマニア憲法 89 条 3 項のように，緊急事態下での議会の解散を禁止する規定を有する憲法典の割合は，2009 年段階で 15.5％である[24]。その他，緊急事態下での憲法改正を禁止するルーマニア憲法 152 条 3 項，エストニア憲法 161 条，ブラジル憲法 60 条パラグラフ 1，選挙法改正をも禁止するポーランド憲法 228 条 6 項などを挙げるこ

19）　アメリカの憲法学者ブルース・アッカマンが意を注いだのはこの点であった。アッカマンは，緊急事態が長引くほど，その継続に必要な議会承認の議決要件を厳格化していくという方法を提示している。*See* Bruce Ackerman, Before the Next Attack: Preserving Civil Liberties in an Age of Terrorism（2006）. アッカマンの議論については，大河内美紀「Emergency Constitution」法政理論 39 巻 4 号（2007 年）603 頁以下，同「Emergency constitution 論の検討」森英樹編『現代憲法における安全——比較憲法学的研究をふまえて』（日本評論社，2009 年）165 頁以下，木下智史「B・アッカマンの emergency constitution 論・再考」憲法理論研究会編著『展開する立憲主義〔憲法理論叢書㉕〕』（敬文堂，2017 年）17 頁以下などを参照。

20）　Bjørnskov & Voigt, *supra* note 6, at 109.

21）　Sajó & Uitz, *supra* note 3, at 425.

22）　*Id.* at 427.

23）　以下の記述について，*see Id.* at 427-431.

24）　Bjørnskov & Voigt, *supra* note 6, at 109. 関連して，モンゴル憲法 22 条は緊急事態における議員の任期延長を規定している。

とができる。

　さらに、緊急事態における裁判所の役割について言及する例もある。憲法裁判所の活動制限を禁止するハンガリー憲法54条2項のようなものから、裁判所に緊急事態の宣言、その延長、緊急事態下において採られた措置の妥当性について判断する権限を認める南アフリカ共和国憲法37条3項のように、裁判所に積極的な役割を期待するものも見られる。裁判所が緊急事態下で採られた措置等の司法審査を行う旨を明示して、いわゆる統治行為論の成立する余地を否定するとともに、義務的審査を求めているコロンビア憲法215条パラグラフ、スロバキア憲法129条6項、モンテネグロ憲法149条8項、メキシコ憲法29条のような規定も存する。

4　緊急事態における人権保障

　緊急事態における人権保障については、平時において保障される人権保障の相対化を認める規定を有する国が多く、2011年段階で118か国（69％）存在する[25]。ここでいう「人権保障の相対化」は、人権の「停止」――Ⅰで見たように、人権の「停止」がなければ「国家緊急権」の定義に該当しない――だけでなく、平時では違憲とされるような特別の制限を「容認」するものも含まれるということに注意が必要である。例えば、ドイツ基本法115a条から115l条において規定されている「防衛上の緊急事態」では、人権の停止は認められず、人権の停止を伴わない特別の例外的制限のみが認められている[26]。

　人権保障に関してとりわけ注目されるのは、緊急事態においても通常の権利保障レベルからの「逸脱（derogation）」を許さない権利について定めている憲法典の存在である。国際人権条約では、緊急事態において条約上の義務からの「逸脱」を容認する旨を定める条項（いわゆるデロゲーション条項）と、それとともに、「逸脱できない権利」について定める例が多い。その嚆矢である自由権規約4条1項本文は、「国民の生存を脅かす公の緊急事態の場合においてその緊急事態の存在が公式に宣言されているときは、この規約の締約国は、事態

25）　*Id.* at 110.
26）　詳細については、山中倫太郎「非常事態における基本権保障の憲法構造――ドイツ近現代憲法史における基本権の『停止』と停止なき『特例的制限』」防衛大学校紀要（社会科学分冊）113輯（2016年）1頁以下を参照。

151

の緊急性が真に必要とする限度において，この規約に基づく義務に逸脱する措置をとることができる」と定めつつ，但書で「その措置は，当該締約国が国際法に基づき負う他の義務に抵触してはならず，また，人種，皮膚の色，性，言語，宗教又は社会的出身のみを理由とする差別を含んではならない」とし，さらに同条 2 項で，生命権，拷問の禁止，奴隷的拘束の禁止，契約上の義務の不履行のみを理由とした拘禁の禁止，事後法による処罰の禁止，人として認められる権利，思想・良心および信教の自由の規定の違反は許さないとしている[27]。

　こうした国際条約における規定ぶりの影響もあって，憲法典レベルでこの種の規定を設ける例が見られる[28]。例えば，ロシア連邦憲法 56 条 3 項は，たとえ緊急事態にあっても，一定の権利——生命権，個人の尊厳，名誉権，プライバシー権，信教の自由，経済活動の自由，居住権，裁判を受ける権利，事後法による処罰を受けない権利——の制約は許されない旨を定めている。ポーランド憲法 233 条 1 項にも同様の定めが置かれている。

Ⅳ　日本国憲法下での緊急事態

1　国家緊急権と緊急事態条項との区別の必要性

　日本国憲法典に目を向けてみると，参議院の緊急集会について定める 54 条 2 項但書および 3 項を除き，緊急事態を想定した規定は存在しない。この不在が有する意味について，憲法の制定時[29]，さらには制定直後[30]から現在に至るまで議論されているが，「非常事態」における「国家緊急権」を念頭に置きながら，その濫用の危険性を強調し，憲法典に「緊急事態」に対応するための緊急事態条項を設けることを否定する論調が少なくないように見受けられ

---

27)　この規定の解釈について一般的意見が出されているが，その邦訳と解説として，佐藤潤一訳「自由権規約 4 条（緊急事態）についての一般的意見 29」大阪産業大学論集人文・社会科学編 9 号（2010 年）159 頁以下を参照。ヨーロッパ人権条約 15 条 2 項にも，同種の定めが置かれている。逸脱できない権利の詳細については，寺谷広司『国際人権の逸脱不可能性——緊急事態が照らす法・国家・個人』（有斐閣，2003 年）を参照。

28)　Bjørnskov & Voigt, *supra* note 6, at 110-111. 2010 年段階で 26％であるという。

29)　例えば，第 90 回帝国議会・衆議院帝国憲法改正案委員会議録（速記）第 13 回（昭和 21 年 7 月 15 日）［金森徳次郎国務大臣］。

30)　例えば，東京大学憲法研究会「憲法改正の諸問題」法協 67 巻 1 号（1949 年）8-9 頁［田中二郎執筆の「第一 総説」］。

る³¹⁾。

　しかし，Ⅰで述べたように，「緊急事態」を想定して憲法上の規定を用意しておくということと，「国家緊急権」を認めるということとは区別しなければならない。この点が必ずしも十分に区別されずに議論されている状況──例えば，「国家緊急権」の定義に照らすと，自民党の改憲草案における「緊急事態条項」は「国家緊急権」には該当しない³²⁾にもかかわらず，これを「国家緊急権」の導入であるとして非難するような議論も散見される³³⁾──を踏まえれば，この区別の重要性は強調されてよい。

2　法律があれば十分なのか

　第2に，「緊急事態」の対処についてであるが，Ⅰで見た国家緊急権の定義①「戦争・内乱・恐慌ないし大規模な自然災害など」のいずれの場面についても，「日本の実定法の体系の中に，すでに平時の，つまり国会や内閣の普通の機能で，戦争にしろ内乱にしろ，あるいは恐慌にしろ，大規模自然災害にしろ，何とか対処していけるように，規定はもう用意してある」³⁴⁾。そのため，それらへの対処についての定めを憲法典に設けることに否定的な見解も少なくない³⁵⁾。

　この点に関して棟居快行は，例えば災害対策基本法105条と109条が定める「とりあえず政令を作り，法律が後から追いかけるというような仕組み」は，「法治国家原理からすると禁じ手すれすれみたいなところがなきにしもあらず」であり，憲法典に「『国家緊急権』という言葉を使うかどうかはともかく，これこれのときには先に政令が来ていいという具合に，災害対策基本法と同じような文章が憲法に格上げされていたら，法体系の中での矛盾とかの心配をする

31)　文献は多いが，学説状況の概観として，井上典之「国家緊急権──非常時の憲法と憲法規範の一時停止」長谷部恭男編『岩波講座 憲法(6)憲法と時間』（岩波書店，2007年）191頁以下などを参照。
32)　この点を強調するものとして，安達・前掲注2)102-107頁などを参照。
33)　例えば，日本弁護士連合会「日本国憲法に緊急事態条項（国家緊急権）を創設することに反対する意見書」（2017年2月17日）は，そのタイトルにあるように，「緊急事態条項」と「国家緊急権」を同一視して議論を展開している。
34)　棟居快行「災害と国家緊急権」関西学院大学災害復興制度研究所編『緊急事態条項の何が問題か』（岩波書店，2016年）12頁。
35)　例えば，安達・前掲注2)101-103頁，永井幸寿「緊急事態条項の論点」関西学院大学災害復興制度研究所編・前掲注34)44-66頁などを参照。

必要もなくなります。形としてはきれいです」として，そのような内容の憲法改正について「これは一つの話の成り行きとしては，わからないことはないような気がします」と述べている[36]。

　また，欧州評議会の憲法問題についての諮問機関であるヴェニス委員会[37]が，様々な文書のなかで繰り返し緊急事態に関するルールは憲法に規定することが望ましい，そのほうが人権保障や民主主義，法の支配にとって有益であると明言している[38]。解釈によって緊急時対応を定める法律や法制度を合憲にできるということをもって，憲法典に規定を設ける意味や必要性がなくなるというわけではないのである[39]。少なくとも，Ⅱで見た各国の動向を踏まえるのであれば，緊急事態について，そもそも「憲法に詳細な規定を設けることは，憲法の最上位規範性やそれに伴う硬性憲法という性格からは，不適切である」[40]といったタイプの議論に説得力はない。

3　人権保障の過度の相対化防止

　第 3 に，「緊急事態」における人権保障の相対化についてである。山中倫太郎が論じているように，日本国憲法の解釈論としては，緊急事態においても「基本的人権の停止」は認められない一方，「基本的人権停止を伴わない特例的制限」は認められ得ると解されるが[41]，それを憲法典に明示するか否かで立場が分かれる。先に言及した棟居は，日本国憲法には「公共の福祉」という便利な言葉があるので，その解釈によって緊急事態における人権に対する「特例

---

36)　棟居・前掲注 34)19-21 頁。
37)　ヴェニス委員会の活動の紹介として，山田邦夫「欧州評議会ヴェニス委員会の憲法改革支援活動——立憲主義のヨーロッパ規準」レファレンス 683 号（2007 年）45 頁以下，寺谷広司「欧州を越える欧州——ヴェニス委員会による裁判官対話の普遍的展開」法時 93 巻 4 号（2021 年）63 頁以下などを参照。
38)　詳細については，横大道聡「人権制約・ロックダウン・緊急事態」判時 2505 号（2022 年）119 頁以下を参照。
39)　横大道聡「憲法典の改正と憲法秩序変動の諸相」憲法問題 28 号（2017 年）13-16 頁。これに反対する見解として，高見勝利「非常事態に備える憲法改正は必要か」論ジュリ 21 号（2017 年）102 頁以下。
40)　安達・前掲注 2)108 頁。
41)　山中倫太郎「非常事態における基本的人権と日本国憲法——基本的人権の停止の否定という基本的視点」防衛法研究 40 号（2016 年）171 頁以下を参照。国際条約上の規定も参考にしつつ，具体的な権利ごとの考察を加える，稲葉実季「緊急事態における人権保障の適用停止と停止し得ない権利」関西学院大学災害復興制度研究所編・前掲注 34)137 頁以下も参照。

的制限」を加えることが可能であるから，憲法典に盛り込む必要なしとしているが[42]，これに対しては，「公共の福祉」という一般的な人権制約事由のみを憲法典に挙げるという規定スタイルそれ自体が抱える問題点（⇒第14章）に加え，ヴェニス委員会がやはり人権保障や民主主義，法の支配の観点から，「緊急事態とその結果としての緊急権に関する基本的な規定は，憲法に規定されることが理想であり，そのなかでどの権利について逸脱があるか否かを明確に示すべきである。緊急事態に行使される権限は，基本的な権利，民主主義，法の支配などの基本的な憲法上の原則を制限しがちであるため，このことはより重要である」[43]と明言していることを反論として挙げることができる。

　人権制約を合憲としがちな日本の裁判所を前提としたとき，「緊急事態」における人権保障が過度に相対化されてしまわないように，憲法典のなかに緊急事態においても逸脱することが許されない権利を明記したり，司法的統制が及ぶことを明記したりするといった手法を選択肢とすることには，人権保障にとって相応の意義がある。

　吉田先生，今回は緊急事態に対する憲法的対応についての質問を頂戴しました。憲法学では，「国家緊急権」をめぐって，理論的に高い水準での議論の積み重ねがあります。しかし，「国家緊急権」という究極的・極限的な場面の憲法上の位置づけを論じるだけでなく，そのような「国家緊急権」の発動場面ではないけれども，平時の法制度・法運用とは異なる対応を必要とする「緊急事態」を憲法上どのように扱うべきかという論点については，必ずしも十分に議論されてこなかったのではないかと思います。「国家緊急権」の是非という論点の影に隠れてしまったというのがその原因の一つでしょう。まず，吉田先生

---

42)　棟居・前掲注34)24-25頁。その際に，自由権規約4条2項に即して判断すべきだとする見解として，稲葉実香「人権の階層化のこころみ――条約における『停止し得ない権利』を題材として」初宿正典先生還暦記念論文集『各国憲法の差異と接点』（成文堂，2010年）466-467頁。

43)　Venice Commission, *Interim Report on the measures taken in the EU member States as a result of the Covid-19 Crisis and their impact on democracy, the Rule of Law and Fundamental Rights*, CDL-AD（2020）18, at 8-9.

がご指摘されたように，錯綜した議論の交通整理を行うことが必要です（→
Ⅰ）。

　各国の憲法典に目を向けてみると，「非常事態」に限定されない「緊急事態」
を想定した「緊急事態条項」を設けるのが一般的であり，もはや標準装備とい
っても過言ではありません（→Ⅱ）。そこでは，「緊急事態」の名を借りた権限
濫用や過度の人権制限が生じないようにするために，様々な制度的工夫が講じ
られていることが分かります（→Ⅲ）。

　日本では，法律レベルで様々な緊急事態への対処が定められていることを理
由に緊急事態条項は必要ないと評したり，人権の制限も「公共の福祉」の解釈
で対応できることを理由に憲法に特段の定めを追加する必要はないとする，い
わゆるエリート・プラグマティズム（⇒第5章）の立場が多く見られます。し
かし，憲法上の疑義もあるそれらの法律を，緊急事態に対処するための法律だ
からという理由で合憲だと説明したり，緊急事態における人権の制限をすべて
公共の福祉で説明したりすることは，果たして妥当なのか，疑問をなしとしま
せん（→Ⅳ）。

　災害や新型コロナに便乗した改憲論は論外ですが，他方で，「緊急事態条項
は立憲主義に反する」「緊急事態条項＝ナチスドイツ」といった雑な議論もま
た妥当ではありません。Ⅱ・Ⅲで概観した各国の憲法や，吉田先生が指摘され
た各国の新型コロナ対応などを踏まえた冷静な議論が求められます。

［横大道］

はじめに

　日本における主権者教育をめぐる議論は，政治学，法学，教育学の学問的見地からの提言，あるいは学校教育や社会教育における実践など，多様な視点から行われているが，論点が多岐にわたり複雑に絡み合いながら展開しているというのが現状である。ここでは，たくさんの論点の中から，主権者教育と憲法教育との理論的な関係を中心に，近年の主権者教育の特徴と今後の課題を取り上げ，論じてみたい。

Ⅰ　主権者教育に対する視座

1　主権者教育と政治

　選挙権年齢を 20 歳以上から 18 歳以上に引き下げる改正公職選挙法が 2015 年に成立した。選挙権の拡大に代表される選挙制度改革は，代表民主制の担い手となる有権者の範囲を変更するものであり，改革のプロセスにおいては，政治参加に求められる知識や態度等について再考を促す契機となることが多い[1]。日本においては，1923 年の陪審法や 1925 年の普通選挙法の制定を機に政治教育や公民教育の必要性とそのあり方が検討された。また，1945 年に 20 歳以上の男女の普通選挙が実現し，国民主権を宣言する日本国憲法と（旧）教育基本法が制定されると，教育基本法 8 条の定める「良識ある公民たるに必要な政治的教養」とは何かをめぐって活発な議論が展開された。近年，主権者教育を推進する動きが，18 歳選挙権の実施という改革のプロセスの中で起こってきたのも同様の理由から説明することができるであろう。

　このような視点から主権者教育を捉えると，その多くが選挙権の行使とセットで語られるという点で，代表民主制の枠の中で行われる有権者教育とほぼ同様の意味を持つものとなろう。しかし，主権者による政治参加は，選挙による

代表の選出に収斂されるわけではなく，実際には，SNS などによる意見表明，集会・デモへの参加，市民運動，請願など，選挙と選挙の間にも様々な方法や形態で行われている。近年注目されるカウンター・デモクラシーの実践（⇒第8章）もそのような方向に位置づけることができる取組みであろう。さらに言えば，日本国憲法の改正手続に関する法律（国民投票法）が成立し，投票年齢が18歳以上と規定されたことも，今日の主権者教育をめぐる議論と深く関わっているのである[2]。選挙，表現活動，請願，国民投票などによる主権者の営みをどのように捉え，評価するかをめぐっては，憲法学の国民主権概念の理解（例えば，後に述べるような宍戸常寿の「複合的・立体的」な主権の理解，権力的契機と正統性の契機という2つの要素をどのように捉えるかという問題）と通底するものがあろう。

その意味において，主権者教育は，選挙や代表民主制の担い手をいかに育てるかという側面だけでなく，より広く民主主義＝デモクラシーを担う市民に対し，いかなる資質・能力が要求されるのか，そして，そのような能力の習得のためにはどのような教育内容や方法が求められるのかという観点からもその意義を問い直していくことが求められているといえよう[3]。

2　主権者教育と憲法

さらに，今日の主権者教育をめぐる議論において大切なのは，主権と法との関係をどのように捉えるか，なかでも，憲法教育との関係をどのように構成するかという課題である。これまで主権者教育において取り上げられてきたのは，おもに政治制度のシステムや選挙などの政治参加が中心であった。しかし，法との関係でいえば，主権者といえども個人の尊重という基本価値を侵すことはできないこと，一旦憲法を制定した以上は，主権も憲法の定めるルールに従って現れなければならないことも併せて学習されなければならないであろう。後

1）　松田憲忠「カウンター・デモクラシーと主権者教育」岩井奉信＝岩崎正洋編著『日本政治とカウンター・デモクラシー』（勁草書房，2017年）236-237頁。

2）　小玉重夫は，戦後70年の歴史の中で憲法制定権力の立論が空洞化してきたという問題と，教育基本法14条1項が空洞化したこととが実は連動していたのではないかと指摘し，「憲法体制を担っていく市民をどうつくっていくのかという問題とリンクした形で，18歳選挙権の問題が出てきていることを見逃がしてはならない」と述べている。小玉重夫『教育政治学を拓く』（勁草書房，2016年）193頁参照。

3）　松田・前掲注1）257頁。

者は，憲法教育のテーマとして捉えることができるため，主権者教育と憲法教育との関係があらためて構造的に整理されなければならないことになる。「主権と法それぞれが社会で果たすべき役割と，両者の有機的な連関に配慮した教育が求められる」と指摘される所以である[4]。

Ⅱ　日本における主権者教育の展開

1　主権者教育権説の意義と課題

　日本国憲法や（旧）教育基本法が制定されて以降，文部省は，社会教育・学校教育のいずれにおいても新憲法普及と啓発のための積極的な取組を奨励した。ところが憲法改正が政治問題化し，政府による教育内容の統制が進み始めると，教育現場は政府の教育政策に対抗する形で憲法教育への取組を高揚させていった。この憲法教育運動の理論化に一定の役割を果たしたのが，永井憲一の主権者教育権説であった。日本の教育法学をリードしてきた永井憲一は，憲法26条の保障する「教育を受ける権利」は「教育を受ける機会均等の保障（そういう意味での国民教育）に尽きるものではない」としたうえで，教育基本法の教育目的規定を援用しつつ，次のように述べている。

　　国政も教育もすべて，憲法がわが国の進展の方向を指示する“平和主義”と“民主主義”を実現する方向にすすめられなければならない。とすれば，国民主権の憲法が国民に保障する「教育を受ける権利」は，当然に，そのようなわが国の（平和で民主的な国の）将来の主権者たる国民を育成するという方向の，そうした内容の教育，つまり主権者教育を受けうる権利であるはずである。社会権としての教育基本権とは，まさに，そういう内容の教育を要求しうる権利だと考えられなければならないのである[5]。

　永井の主権者教育権説は，国家に対して教育内容を要求しうる「教育内容要求権」であると同時に，その教育は，将来の主権者たる国民を育成するという，

　4）　宍戸常寿「主権者教育のあり方を探って」公民最新資料特集1号（第一学習社，2016年）6頁。関連して，宍戸常寿「憲法から見た主権者教育」Voters 40号（2017年）8頁。
　5）　永井憲一『憲法と教育基本権——教育法学のために』（勁草書房，1970年）251頁。

民主的な内容の教育を要求する「主権者教育権」であるという，２つの法的意味を持っていた。このような法解釈は，国民主権に立脚する立憲政治の実現と憲法秩序の保障のために，主権者育成という目的に合目的的な教育内容が保障されなければならないという要請に対する法理論的な回答であった。同時に1950年代以降進行してきた政治権力による教育内容の統制ないし支配を抑制するために，主権者教育の意義を再確認し，国家に対する教育内容を確定していこうとする実践的な役割を併せ持つものであった[6][7]。

　永井の主権者教育権説は，「日本国憲法を一定の絶対的価値アイデンティティーとして認め，それを出発点として教育内容にも当然に憲法からの規範的要請がある」[8]としている点に特徴がある。問題は，この「憲法からの規範的要請」の意味をどのように確定し，主権者教育の内容や方法を明らかにするかである。永井は，旧教育基本法８条に示された「良識ある公民たるに必要な政治的教養」の内容について，教育法令研究会（辻田力＝田中二郎監修）『教育基本法の解説』（国立書院，1947年）115頁に依拠しながら，「(1)現代民主政治に関する各種の制度についての知識，(2)現実の政治の理解力と公正な批判力，(3)主権者としての実践的な政治道徳および政治的信念」[9]の３点に整理してみせた。しかし，主権者教育によって身につけられる政治的教養がこのような抽象的な記述にとどまるのであれば，結果として「プログラム的性格を払拭できない」[10]といわざるを得ないであろう。政治制度に関する知識として何を取り上げるのか，これ１つを取り上げても，そこにどのような読み込みをするかによって答えは変わってくるのである。永井の主権者教育権説は，良識ある主権者

6）　この点については，船木正文「憲法と主権者教育」永井憲一教授還暦記念『憲法と教育法』（エイデル研究所，1991年）37頁以下参照。

7）　もともと「主権者を育てる」とか「主権者教育」といった文言は，1950年代末の日本教職員組合やその研究機関である国民教育研究所などで使われ始めたのが発端といわれる。子安潤＝久保田貢「初期『主権者教育権論』の研究」愛知教育大学教育実践総合センター紀要３号（2000年）10頁。また，当時の主権者教育論は，永井の主権者教育権説を含め，日本国籍を有さない人々の存在は意識されていなかったとの指摘もある。この点について，同14頁，久保田貢「『主権者教育論』再考──その歴史と現在」教育学研究84巻２号（2017年）136-137頁参照のこと。

8）　斎藤一久「憲法教育の再検討」戸波江二＝西原博史編著『子ども中心の教育法理論に向けて』（エイデル研究所，2006年）110頁。

9）　永井憲一『憲法と教育基本権〔新版〕』（勁草書房，1985年）148-149頁。なお，注16）もあわせて参照のこと。

10）　斎藤・前掲注8)114頁。

としての国民に必要な"政治的教養"の内容を大枠として提示したものの，主権者教育にふさわしい教育内容や教育方法を法的なレベルで具体的に確定するまでには至っていない。おそらく，その具体化は，憲法学を含む多様な学術領域の研究者や教員などの協働による教育課程の専門的編成，実践の積み重ねとその検証によって達成されていくことになるのだが，そこにどのようなレベルで憲法上の規範的要請を認めるかをめぐっては，その是非を含めなお議論が必要であるように思われる。

2 「社会に参加し，自ら考え，自ら判断する主権者像」の提起

永井が主権者教育権説を提唱してから半世紀が経過した今日，主権者教育については，その問い直しや再定義に向けたチャレンジが積極的に進められている。その中から，総務省に設置された「常時啓発事業のあり方等研究会」が提出した最終報告書（「社会に参加し，自ら考え，自ら判断する主権者を目指して——新たなステージ『主権者教育』へ」〔2011年12月〕）を取り上げ，検討してみよう。

報告書は，「国や社会の問題を自分の問題として捉え，自ら考え，自ら判断し，行動していく新しい主権者像」（5頁）を提起した。その際，従来から常時啓発に求められていた「政治・選挙に関する知識や投票義務感などの社会的・道義的責任」に加えて，新しい主権者像のキーワードとして「社会参加」と「政治的リテラシー（政治的判断力や批判力）」を掲げたところにこの報告書の特徴を見ることができる。報告書が「社会参加」を掲げるのは，近年の若い世代が「人や社会との関わりが少なく，社会の一員であるという意識が薄く，いわゆる社会化（名実ともに社会の一員となること）が遅れている」（3頁）という事情を反映しており，その対策として「実際に社会の諸活動に参加し，体験することで，社会の一員としての自覚は増大する」（5-6頁）と考えるからである。「社会的参加意欲が低い中では政治意識の高揚は望めない」（6頁）というのである。また，報告書が「政治的リテラシー」を掲げるのは，「政治的・社会的に対立している問題について判断をし，意思決定をしていく資質」を育むためであり，「情報を収集し，的確に読み解き，考察し，判断する訓練が必要である」（6頁）からである。報告書は，従来の政治教育論に比べ，具体的に学習方法を示しており，学習者の身につけるべき資質・能力をより構造化して提

起した点に特徴がみられる。その提言は，2010年代の政府の提起する主権者教育の行方を方向づけたということができるであろう。

3 「国民主権を担う公民」の行方

　報告書は，若い世代が社会の一員としての意識が薄いことを根拠に「社会参加」を通して自覚を促していくことを説いている。同様の視点は，新しい高等学校学習指導要領（2018年告示）にも見ることができ，そこには，公民科改訂の基本的な考え方の1つとして，「主権者として，持続可能な社会づくりに向かう社会参画意識の涵養やよりよい社会の実現を視野に課題を主体的に解決しようとする態度の育成，現代社会に生きる人間としての在り方生き方の自覚の涵養」（「高等学校学習指導要領〔平成30年告示〕解説 公民編」〔2018年〕9頁）が掲げられていた。また，目標の1つには，「国民主権を担う公民として，自国を愛し，その平和と繁栄を図ることや，各国が相互に主権を尊重し，各国民が協力し合うことの大切さについての自覚などを深める」（25頁）という一節が掲げられており，ここにも報告書の視点は継受されているといってよいであろう。

　ただ1点付言すれば，「国民主権を担う公民」という言葉が中学校社会科の学習指導要領の中に初めて登場したのは1969年版学習指導要領においてであるが，この時は「国民主権をになう公民として必要な基礎的教養をつちかう」という形で整理されていたのである。「国民主権を担う公民」というベクトルが，1969年版社会科のように「基礎的教養をつちかう」に向かうのか，それとも2018年版公民科のように「自国を愛し」に向かうのかは，今後の公民科や新科目「公共」のあり方を大きく左右することになるであろう。この点については，主権者教育は「社会参加」だけでは成り立たず，「批判力」あるいは「政治的リテラシー」を十全に教育するようにしなければ，「目指されるべき能動的な市民の育成は，果たされないばかりか，かえって妨げられるおそれすらあろう」[11]という指摘がなされており，今後の「公民」教育における「政治的リテラシー」の内実をより具体的に明らかにしていく必要があるように思われる。

---

11)　栗田佳泰「『公共』における主権者教育，愛国心教育，憲法教育——憲法パトリオティズムとリベラル・ナショナリズム，それぞれの視座から」法政理論51巻3＝4号（2019年）27-28頁。

4　学習指導要領における国民主権

　憲法学における国民主権の理解と中等教育における主権者教育とがどのような関係になっているかを検討するとき，歴史的には，先にもあげた1969年版中学校学習指導要領（社会科公民的分野）とその指導書（1970年刊行）を取り上げ，検討することが適切であろう。なぜなら，同学習指導要領と指導書は，学習指導要領の歴史において初めて日本国憲法の基本的原則を，基本的人権の尊重，国民主権，平和主義の三原則（三大原理）に整理していることに加え，今日の学習指導要領にも用いられている「国民主権をになう公民」という文言を最初に掲げた歴史的文書であるからである。その指導書に示された日本国憲法の国民主権の意味は，次のようなものであった。

　「国民主権は，国政の権威が国民に由来し，国政の権力が国民の代表者によって行使されることであることを理解させる。なお，個々の公民は主権者を構成する一員であることはいうまでもないけれども，主権は国民全体に存している点は明確にしなければならない」（指導書335頁）。「議会制については，議会制民主主義のもとにおいて，国民の意思が国政の上にじゅうぶん反映されて，すべての国民に自由と豊かな生活を保障することができることを理解させることが基本である」（同341頁）。

　ここでの国民主権は，主権の正当性の契機を重視するものであり，議会制民主主義を尊重し擁護することにポイントが置かれていた。1969年版学習指導要領と指導書に記述された国民主権は，国民自らが直接に政治的意思を表明することに対しては消極的であり，選挙と議会制による民主政治を実現することが目指されていたのである。

　これに対し，同じく「国民主権を担う公民」の育成を掲げる1989年版の中学校学習指導要領とその指導書は，国民主権や政治制度の学習において1969年版とは異なる記述がなされていた。1989年版学習指導要領は，「公正な世論の形成と国民の政治参加」を正面から取り上げ，指導書には，国民の意思を政治に反映させるための方法として，選挙のほかに，政党やマスコミュニケーションのはたらき，言論，出版その他表現の自由の保障が「政治参加」にとって重要な意味を持つに至ったことが述べられていたからである（指導書115頁）。また，1969年版学習指導要領とその指導書が強調していた議会制民主主義に

ついては，「国民の意思が国政のうえに十分反映されてこそ，すべての国民が自由と豊かな生活を保障されるようになる」（同114頁）と述べ，民意と代表の不一致にも配慮した記述を行っている点にも注目することができる。

　その意味では，2018年版「高等学校学習指導要領解説公民編」が，新科目「公共」について「選挙をはじめとする様々な政治参加の方法を通して国民主権が実現される仕組みになっていること，憲法の下，表現の自由や知る権利が保障され，政治に関わる事柄について議論したり意見を発信したりする中で，調整を行い，合意を形成していくことが民主政治の基盤となっていることを理解できるようにする」（解説61頁）と記しているのも，近年の学習指導要領のトレンドを引き継いでいるということができる。

　このように見てくると，学習指導要領に示された国民主権の学習は，1969年版学習指導要領にみられる〈国民主権→選挙→議会→法律の制定（多数決）→国民の法の遵守〉という単線的・形式的な民主主義観から解放され，民意の反映や表現の自由の行使を含む政治参加の視点からも展開されるようになってきていることが理解されるであろう。

　さらにいえば，インタールード①「憲法をどう教えるのか」においても述べたように，2008年版「中学校学習指導要領解説社会編」の中に「多数決でも決めてはならないことがあることについても理解させることが大切である」（解説137頁）との記述が登場したことにも着目してみたい。この記述は，議会による多数決の決定を尊重し，そこから国民の法の遵守を導き出そうとする1969年版学習指導要領と指導書の論理を見直すとともに，主権者国民といえども個人の尊重という基本価値を侵害してはならないことを学習内容とする憲法教育へと展開する可能性を示唆するものである。それでは，選挙や代表民主制の担い手としてだけでなく，広く政治参加を担う主権者をどのように育成するかを考える主権者教育が憲法教育と出会うとき，どのような論点があり，いかなる議論が展開されているのであろうか。ここではおもに憲法学から出された研究成果をもとにポイントを整理してみよう。

Ⅲ　主権者教育と憲法教育

1　「主権主体としての国民」と「人権主体としての個人」

　まず，主権者教育においては，ともすれば国家・社会の形成者として国民自身による自己決定が強調されることになるが，立憲主義的な権力抑制の仕組みや個人の人権の確保をどのように取り入れるかもあわせて検討される必要があろう。この点，憲法上の「国民」には，「主権者の地位にある全体としての国民」と「人権主体である国民諸個人」と，それぞれ別の2つの意味が託されていることを整合的に説明している樋口陽一の見解が参考になるので，少し紹介してみよう。

　「国民」主権というときは，全体としての国民を指しています。それは，日本国という公共社会のあり方を最終的にきめる立場にあるものとしての国民であり，権力の実体そのものではないにしても，権力に正統性を与える存在です。そのようなものとしての「国民」は，憲法によって縛られる立場にあるのです。それに対して，憲法13条がいうのは，「個人として尊重」される立場にある国民です。それは，権力に対抗する——国民の名による権力に対しても対抗する——立場にある，人権主体としての個人であり，憲法そのものに対してすら異論を唱える，思想と良心の自由を主張できる存在です[12]。

　このような説明は，主権と人権，主権と法との関係を理解するうえで重要な意味を持つように思うが，社会科・公民科教育の世界においてはこれまで必ずしも十分に意識されてこなかったところである。そこで，憲法学と社会科・公民科教育との結節点の役割を果たし，憲法上の「国民」の意味を教育内容構成論の視点から解明しようとする北川善英の論稿[13]をもとに，さらに論点を整理してみよう。

---

12)　樋口陽一『「日本国憲法」まっとうに議論するために〔改訂新版〕』（みすず書房，2015年）12頁。

13)　北川善英「『法教育』の現状と法律学」立命館法学 321＝322号（2008年）1423-1424頁，1437頁。

北川は，樋口と同様の視点のもとに，憲法上の国民は，「主権主体としての国民」と「人権主体としての個人」という，緊張関係にある2つの側面をもつ存在である，と説く。前者は，国政のあり方を最終的に決定する主権者の地位にある存在であるが（前文・1条），権力の実体を自らに帰属させることなく，権力に正統性を与える存在である（民主主義の論理）。後者は，人権を享受する諸個人であり，「主権主体としての国民」によって正統性を与えられた権力に対してでも，「個人として尊重される」（13条）存在である（個人の尊重の論理）。では，両者の関係を教育論としてどのようにとらえればよいのであろうか。北川の回答は，法教育の実践を念頭においたうえで，「人権主体としての個人」にとって必要な内容を基底に据えて，そのうえに「主権主体としての国民」にとって必要な内容を位置づけるという基本的観点を提示することだった。なぜなら，そうした「国民」の2つの側面は，①最高法規である憲法の基本的価値が「個人の尊重」であること，②「主権主体としての国民」によって正統化された立法・行政であっても，憲法に照らして「人権主体としての個人」の人権侵害であると判断された場合には無効となるため，「人権主体としての個人」を基底に据えて構成ないし把握されることになるからである。

　戦後の社会科教育研究・実践は，憲法の最も重要な原理を民主主義原理であると捉え，「民主主義の実現による基本的人権の保障」として民主主義と人権保障を予定調和的に捉えてきたという問題点をもっていた[14]。この点は，戦前の「公民教育」や「政治教育」論に頻出していた「立憲」「立憲自治」という言葉[15]が，戦後の「政治教育」論においてほとんど用いられなくなり，代わって「民主」や「民主政治」という言葉が広がっていった[16]こととも関係しているように思われる。戦後の日本の「政治教育」論においては，「立憲」という要素は背景に退き，その代わりに民主主義を軸にした政治教育（主権者

---

14)　北川・前掲注13)1437頁。
15)　1920年代から30年代に刊行された公民教育関連の著作の中には，「立憲政治」や「立憲自治」という言葉が数多く用いられていた。例えば，「立憲政治の時代となつて，國民は一個の政治團體の一員として，其の團體の行動に参加し得ることを認められた。……國民は，被治者たると同時に治者たるの地位を獲得したのである」（木村正義『公民教育』〔冨山房，1925年〕198頁）。「公民教育とは立憲自治の國民の社會的生活に關する陶冶をいふ」（廣濱嘉雄「公民教育」城戸幡太郎編集代表『教育學辭典(2)』〔岩波書店，1937年〕751頁）。なお，1931年に設置された「公民科」は，「國民ノ政治生活，経済生活並ニ社会生活ヲ完ウスルニ足ルベキ知德」「遵法ノ精神」「公共ノ為奉仕シ協同シテ事ニ当ルノ気風」などを涵養して「立憲自治ノ民タルノ素地」を育成する学科目とされた。

教育）が展開されてきたのである。しかし，これまで検討してきたように，学習指導要領に規定された「国民主権を担う公民」をもっぱら「主権主体としての国民」の側面から把握するのは一面的な捉え方ということができよう。

　もとより天皇主権の下で唱えられた戦前の「立憲」がどのような意義を持つものであったかについては本書で論じる余裕はないが，今日，主権者教育が推進されようとするのであれば，主権者によって正統性を与えられた国家権力であっても，「人権主体としての個人」を抑圧してはならないということが含意されなければならないはずである。憲法上の「国民」には２つの側面があり相互に緊張関係にあることをふまえるとともに，これらを統一的に把握し，その意味を実践的に明らかにすることが主権者教育を提起する側の重要な課題になるであろう。現代の主権者教育における主権者像も，このような視点から問題を捉え直し，理解しておくことが望まれる。なお，「主権主体としての国民」という側面が強調されると，年齢や国籍により選挙権を手にできない人々の存在が教育論の中に正当に位置づけられないという，いわば「排除」の問題が生まれてしまう。近年学校で行われている模擬選挙に対しても，「外国籍生徒及び教員など，教室の中の多文化化を包摂しない模擬選挙の学習は，ある意味，排除を明確化する恐れがある」[17]との指摘もある。このような点に配慮するのであれば，これからの主権者教育が「人権主体としての個人」を基底に据えて構成されなければならないという指摘の重要性は明らかであり，主権者教育と

16）　戦前，蠟山政道は「政治教育」の意義を次の３点に集約し整理していた。すなわち「(1)立憲政治・地方自治制・陪審制度等，現代立憲政治上の各種の制度についての知識を授く，(2)実際の政治を理解し，これに對する公正なる批判力を養成する，(3)立憲國の公民としての必要なる政治道徳及び政治的信念を涵養する，等である」（蠟山政道「政治教育」城戸幡太郎編集代表『教育學辞典』〔岩波書店，1938 年〕383 頁）。戦後直ちに刊行された『教育基本法の解説』は，教育基本法８条の「良識ある公民たるに必要な政治的教養」として，「第一に，民主政治，政黨，憲法，地方自治等，現代民主政治上の各種の制度についての知識，第二に現實の政治の理解力，及びこれに對する公正な批判力，第三に，民主國家の公民として必要な政治道徳及び政治的信念などがある」（辻田力＝田中二郎監修／教育法令研究会『教育基本法の解説』〔国立書院，1947 年〕115 頁）と整理しているが，その内容は蠟山の整理に依拠して書かれていることがわかるであろう。ただし，蠟山において示されていた「立憲政治」「立憲國の公民」が，戦後の『教育基本法の解説』においては「民主政治」「民主国家の公民」という言葉に置き換えられており，それがそのまま永井の主権者教育権説に継承されていることにも注意を払っておくべきである。なお，蠟山政道と政治的教養については，河野有理「『公民政治』の残影──蠟山政道と政治的教養のゆくえ」年報政治学 2016-Ⅰ 53 頁以下参照。
17）　藤原孝章「多様な市民像を繰り込んだ主権者教育を！」社会科教育 686 号（2016 年）20 頁。

憲法教育との関係を再構成する試みが求められているのである。

2 「単数形と複数形の主権者」，「時間の中の主権者」が示唆すること

　政治が集合的な意思決定という要素を含み，それによる問題解決をはかる権力的な活動であるならば，社会的な課題を前にして，意見や利害の異なる人々がどのように解決に取り組み，共存できるかを考えることが主権者教育の学習内容となるであろう。国民主権といえば，一般に国民が一体として決定を下すというイメージが強く現れるが，現実の主権者のうちには，多様な信条・性別・世代・所得・地域・価値・利益等の違いが存在する。多様な意見や利害関係がある中で集合的な意思決定をしなければならないときは，憲法の定めた手続に従い議論による意見集約を行い，最後は多数決によって解決されることになるであろう。そのようなとき，宍戸常寿の提起する「単数形と複数形の主権者」[18]という視点が有用になる。この視点は，私（単数形）の意見や価値観が他者（複数形）のそれとは異なることに気づくことであり，「そのような多様な価値・利益等の併存が，実は一人ひとりの内にも存在していることに，目を向け」たり，「議論によって自分と他人の多様性を知り，他人を説得し説得されるという営みの積み重ね」[19]を経験したりすることが，主権者教育の実践においても大切であることを示唆している。

　さらに，宍戸は「われらとわれらの子孫」という憲法前文にも注目し，現在の有権者に限定されない主権者のあり方（「時間の中の主権者」）を発見する。ここでは，現時点で投票権を有する有権者だけでなく，18歳未満の国民，将来世代の国民，去っていった世代の国民もまた主権者の一部なのである[20]。現時点の主権者は，討論と多数決によって目前の課題に対し統一的な決定を下すことになるが，その際，過去と将来の「われら」から課せられた信託にも耳

---

18)　宍戸・前掲注4)「主権者教育のあり方を探って」4頁。同・前掲注4)「憲法から見た主権者教育」8頁も参照。

19)　宍戸・前掲注4)「主権者教育のあり方を探って」4頁。同・前掲注4)「憲法から見た主権者教育」8頁も参照。

20)　関連して，佐藤幸治『現代国家と人権』（有斐閣，2008年）220頁は，「正当性の原理としての国民主権」に引きつけながら，この場合の「国民」は，「憲法を制定した世代の国民，現在の国民，さらに将来の国民をも包摂した観念的統一体としての国民である。もとより未成年者も含めて日本国民であれば誰でもが主権の帰属する『国民』に包摂される」と述べている。

を傾け，熟考することによって選挙権を行使したり政治的意思を表明したりすることが求められることになろう[21]。この意味において，現在の代表者のみならず，代表者を選挙で選んだ有権者も，主権をどのように行使してもよいわけではないことが理解される。主権者教育の実践においては，多面的・多角的な考察や公正な判断が求められているが，「単数形と複数形の主権者」や「時間の中の主権者」という視点を獲得することもまたこのような学習を支える「見方・考え方」を構成するものとなるのである。

3 「政治的リテラシー」と合意の形成をめぐって

さて，このような憲法学からの問題提起に対し，政治学や教育学，あるいは教育現場の側からはどのような応答をすることができるであろうか。シティズンシップ教育の研究で知られる小玉重夫は，主権者教育のキーワードとなる「政治的リテラシー」を「多様な利害や価値観の対立のなかにあって何が争点であるかを知ることである」と意味づけ，「この争点を知るという営みにおいて重要なのは，複数の価値や理念が対立しているときに，そのことの意味を深く問い，考えるということである」[22]と述べている。では，「考えるということ」はどういうことか。小玉は，ハンナ・アレントに依拠しながら，それは「自分のなかのもう一人の自分と対話することであり，『一者のなかの二者（the two-in-one）』を自分自身のうちに構築することである」と説明している。この言葉は，「多様な価値・利益等の併存が，実は一人ひとりの内にも存在していること」に着目する宍戸の「単数形と複数形の主権者」・「時間の中の主権

---

21) 宍戸・前掲注4)「主権者教育のあり方を探って」5頁。同・前掲注4)「憲法から見た主権者教育」8頁も参照。同様の視点は，最近の新聞の特集記事にも見ることができる。「憲法を考える　視点・論点・注目点」(朝日新聞)には，「主権者とは何かを考えるうえで，最も重要なポイントは，『時間』です」との指摘や「主権者とは，いま・ここに実在する国民のことです。一方，『主権が存する』国民には，過去に日本国民だった人や未来に日本国民となる人，いま・ここには不在で目には見えない人も含まれます」との解説が付されており，「時間の中にある国民」に注意を払うことを促している。また，憲法43条が規定する「全国民の代表」については，「支持母体からの指示に従うのではなく，自分を支持しなかった人やまだ生まれていない世代の利益を含めて，まさに全国民の代表として中長期的視点に立ち，自由に振る舞いなさいという意味です」とも述べている。ちなみに，同記事の監修者は憲法研究者の江藤祥平である。朝日新聞2021年10月26日付（朝刊）参照のこと。これらの視点は，これまであまり着目されていなかったところであるが。宍戸常寿が指摘するように，主権者教育や憲法教育を実践するうえで重要な視点になるであろう。
22) 小玉・前掲注2)183頁，185頁。

者」とも見事にシンクロし，今後の主権者教育の方向を指し示すものとなっている。21 世紀の社会科教育や公民科教育においては，もう一人の自分との対話によってこれまで自明と思ってきたことを問い直し，さらには他者からの意見や批判を受けて，迷い，葛藤し逡巡することを通して社会のあり方に対する問いを共有し，自身の認識や意見を再構成したり深めたりしていくような実践が少しずつ報告されていることも付記しておきたい[23]。

　なお，この点に関して，対話のための空間が個々人の意見の形成にのみ寄与するものであれば，対話の意義としては不十分であるとの見解が松田憲忠から示されている。松田は，カウンター・デモクラシーの動向を見つめながら，「異なる個人が異なる意見を形成する可能性が高い状況において，それらの多様な意見をいかに集約し，共存に向けた合意形成をいかに実現するかについて，対話を通して意識的に取り組むことが，今日のデモクラシーを担う市民には求められよう」[24]と述べている。現在の中学校学習指導要領では，「対立と合意」がキーワードとなっており，対立の中から合意を形成することは「見方・考え方」の修得と相俟って社会科や公民科教育のスタンダードとなりつつある。しかし，価値や利害の多様化が進んだ現代社会においては，合意の形成は決して易しいものではない。教育実践においても，熟議のないまま合意の形成を安易に進めようとしたり，合意を強制したりすることには慎重であるべきであろう。

---

23)　政治的リテラシーの育成に関わって，政治的争点や論争的テーマを授業の中でどのように扱うかという問題は教育学においても重要な論点となっている。これまで公教育の現場では，「政治的中立性」の確保などを意識するあまり，対立をはらんだ政治的問題を授業で取り上げることには慎重な傾向がみられた。他方，実際に授業の中で時事問題などを学んできた高校生からは，次のような声が寄せられている。「私たちは学校で時事問題や差別，メディアリテラシーの授業を受けてきたから，先生が意見を述べても，いろいろな意見の一つと受け止められる。むしろそういう授業を受けたことのない生徒の方が，先生の話をうのみにし，影響を受けちゃうんじゃないかな」。関連して，小玉重夫は「政治的リテラシーがないままではかえって特定の考え方がすり込まれやすい。だからこそ論争的なテーマを授業で教え，政治的リテラシーを身につけさせることが，本当の意味で中立性を守っていくことにつながるのです」と指摘している。高校生の声や小玉の指摘は，毎日新聞 2015 年 7 月 31 日付（夕刊）参照。
24)　松田・前掲注 1) 249 頁。関連して，中平一義「熟議による法教育——熟議民主主義を活用した主権者教育」法セ 802 号（2021 年）31 頁以下は，同性婚を事例にあげながら，熟議を通して現実の社会問題を扱う実践例を紹介している。中平は，熟議の教材とその展開例を示したうえで，「熟議は『知ることと生きること』を架橋し，さまざまな当事者の声を大切にして新しい社会の創造ができる子どもの育成を目指すものである」と述べている。このような実践例は，宍戸や小玉の提起する主権者教育や政治的リテラシーの教育の理論とも符合するものであろう。

政治が集合的な意思決定を伴う権力的な活動を含んでいるからこそ，合意形成の困難を認識するとともに，「多様な立場が共存しうる決定」[25]のあり方について時間をかけて模索し続けることが教育においても大切なのである。主権と法と教育のクロスオーバーする領域である主権者教育の大きな課題といえよう。

[吉田]

---

25)　松田・前掲注 1)252 頁。

第三部

人　権

第11章　なぜ人権を憲法で保障するのか

─────────✉─────────

　横大道先生，今回から主に人権に関する質問をさせていただきたいと思います。最初に伺いたいのが「なぜ人権を憲法で保障するのか」という問題です。

　「人権を憲法で保障する」ことは当たり前であり，そのこと自体の当否を考える機会は現在ではほとんどないかもしれません。しかし，この問題に正面から取り組むことは，人権の意義や人権保障の方法を理解するうえで避けて通れないのではないかと考え，思い切って伺ってみることにしました。どうぞよろしくお願い致します。

憲法に権利章典を規定すべきか

　第3章にも取り上げた，ジーン・フリッツ（冨永星訳）『合衆国憲法のできるまで』（あすなろ書房，2002年）は，アメリカ合衆国憲法ができるまでのプロセスを，登場人物一人一人の言葉によって具体的に描きだしてくれる1冊です。その中に，次のようなやり取りが出てきます。

　　アメリカの至る所で，権利章典についての議論が続いた。コネチカットでは，教育者であり辞書の編纂者としても有名なノア・ウェブスターが，基本的な人権を明記するなどばかげている，と論じた。いったい，人間が持っている権利をすべて書きつらねることなんてできるものかね，とウェブスターは問いかけた。天気のよい日に釣りに行く権利は含まれるのかな？　夜，ベッドで寝返りを打つ権利は？

　　しかし，ほとんどの人が，憲法に権利章典が含まれていないのを不満に思い，非常に問題だと感じていた。……（49頁以下）

　ここには，アメリカ合衆国憲法に権利章典を規定するかどうかをめぐる象徴的なシーンが描かれています。「憲法に人権規定があるのは当たり前」と考えている私にとって，アメリカ英語辞典の編纂で知られるウェブスターが権利章

典を憲法に書き込むことに反対していたというエピソードは大変興味深く，その理由を調べてみることにしました。すると，ウェブスターは，国王による権利侵害に対して権利章典を規定することには一定の理解を示しつつも，人民の選挙によって構成された立法府から権利を守るということにはほとんど意義を見出していなかったことがわかったのです。同様の意見は，ハミルトンらフェデラリストにも見ることができ，彼らは，憲法に列挙された権限のみを有する連邦政府に対して「権利を侵害してはならない」などと書くことは，かえって列挙されざる権利の侵害の口実を与え，危険であるとさえ述べていたのです。

憲法典に権利章典を規定する理由は何か

　周知のとおり，ウェブスターやハミルトンらの意見にもかかわらず，アメリカ合衆国は，憲法採択直後に権利章典を付加することになり，統治の仕組みと権利章典をセットにするスタイルがその後の憲法体制のトレンドになっていきました。ここで，横大道先生に2つの質問をさせてください。

　1つは，アメリカ合衆国憲法をはじめ，世界の多くの国の憲法典が権利章典を規定するようになった理由は何か，という問題です。ウェブスターがいうように，人民の選挙によって議会が誕生し，そこに信頼が寄せられていくならば権利の侵害自体は問題とならないと考えても不思議ではないように思います。また，憲法典に「人間が生まれながらに持つ権利」をあえて記載するならば，憲法に明記されたものだけが人権であるとの誤解（？）を生むかもしれません。にもかかわらず，アメリカをはじめ世界各国で憲法に人権を規定し，さらに違憲審査制を装備することがトレンドになっていく理由を伺いたいのです。

　もう1つは，その裏返しになるような質問ですが，憲法典に権利章典と違憲審査制を規定することによって人権を保障する仕組みを整えていこうとする国際的な潮流に対し，あえて憲法典に権利章典を設けていない国はあるのでしょうか。そのような国があるならば，人権保障の程度はかなり弱いものにならざるを得ないのではないかと心配になってしまいます。これらの国の人権保障の実効性はどの程度確保されているのでしょうか。憲法に権利章典を規定しない理由とともに，ぜひ教えてください。どうぞよろしくお願いします。

[吉田]

Ⅰ　近代「権利章典」の黎明期

1　任意的憲法事項としての人権

　　今日，人権を憲法で保障することは当然のことと考えられている。そのため，「なぜ人権を憲法で保障するのか」という本章の問いは奇異に映るに違いない。確かに，人権の保障は「ほとんどの憲法典に見られる」ものではある。しかし，必ずしもそれは「憲法典不可欠の内容」[1]ではないという指摘もある（⇒第 4章）。

　　そうだとすると，本章の問いは，「憲法典不可欠の内容」ではないにもかかわらず，なぜ，憲法のなかに人権保障を定める部分——この部分は一般に，権利章典（Bill of Rights）と称される——を用意するのか，という問いへと変換される[2]。そしてこの問いについて考えるためには，まず，この問題意識が強く表れていた時代の議論を振り返り，人権を憲法で保障することの意味がどのように理解されていたのかを確認することから始めるのが有益である。

2　アメリカ合衆国憲法の権利章典

　　吉田先生が指摘されたように，成文憲法典という実践の先駆である 1787 年制定のアメリカ合衆国憲法には，当初，権利章典が用意されていなかった。その理由について，『ザ・フェデラリスト』は次のように記している。

　　　権利の章典とは，その起源においては，国王と臣下との間の約定であった。つまり，臣民の権利のために君主の大権を制約し，君主に移譲されていない権利を，臣民に確保するものであった。……したがって，〔君主と臣民との約定という〕本来の意味合いからいえば，権利の章典は，はっきりと人民の権力にもとづいてつくられ，人民の直接の代表や奉仕者によって執行される憲

1）　小嶋和司『憲法学講話』（有斐閣，1982 年）35 頁。
2）　本章と問題意識を共有する興味深い論稿として，佐藤潤一「オーストラリアにおける人権保障——成文憲法典で人権保障を規定することの意義・研究序説」大阪産業大学論集人文・社会科学編 12 号（2011 年）19 頁以下，スリ・ラトナパーラ（佐藤潤一訳）「議会制民主主義を機能させる権利章典——カント学徒，帰結主義者，並びに制度主義者の懐疑主義」大阪産業大学論集人文・社会科学編 19 号（2013 年）225 頁以下などを参照。

法には，あてはまらないものであることは明白である[3]。

　さらに，権利章典を憲法に取り込むことは，不必要なだけでなく，危険であるという。

　　もし権利の章典を入れるとなると，それは元来連邦政府に付与されていない権限に対する各種の例外を含むことになり，その結果，連邦政府に付与されている権限以上のものを，連邦政府が主張する格好の口実を提供することになるからである。元来それをなす権限のない事項について，あらためて，それをしてはならないという必要がなぜあろうか[4]。

　このような見解を制憲者たちが有していたにもかかわらず，その直後にアメリカ合衆国憲法は権利章典を装備することになったが，それはあくまでも妥協の産物としてであった。すなわち，権利章典を欠くオリジナルの憲法草案の成立のためには，13邦のうち9邦の承認が必要であったところ，ニューヨークなどの有力な邦は，新憲法批准の条件として権利章典の制定を求めた。そこで憲法賛成派は権利章典を制定することを約束。1789年の第1回議会にて10の修正条項を諸州に発議し，必要な数の州の賛成を得て，1791年12月15日，修正1条から修正10条までの権利章典が成立したのであった[5]。

3　フランス人権宣言

　ところで，アメリカの権利章典には，権利章典導入の理由として，誤解や権

3）　A・ハミルトンほか（齋藤眞＝武則忠見訳）『ザ・フェデラリスト』（福村出版，1998年）417頁（第84篇）［ハミルトン］。なお，まったく人権に関する規定がなかったというわけではなく，人身保護令状の特権，私見剥奪法および事後法の禁止，陪審裁判の保障などの規定を有していたことには注意が必要である。

4）　ハミルトンほか・前掲注3）418頁［ハミルトン］。権利章典不要論については，田中英夫『アメリカ法の歴史（上）』（東京大学出版会，1968年）133-136頁，清水潤「コモン・ロー，憲法，自由(1)――19世紀後期アメリカ法理論とLochner判決」中央ロー・ジャーナル14巻1号（2017年）105-111頁なども参照。

5）　連邦憲法に先立って制定されていた各邦の憲法には権利章典が置かれていたが，邦は与えられた権限のみを行使するわけではないから権利章典が必要であるのに対して，連邦は憲法に列挙された権限のみを行使するため権利章典を必要としない，と理解されていた。有賀貞『アメリカ革命』（東京大学出版会，1988年）238-239頁などを参照。

限の濫用を防ぐため，宣言的で制限的な規定を付け加えるべきであるとの要望が各州から寄せられたこと，政府に対する国民の信頼の基盤を確立することが重要であるなどと述べる「前文」が付されていた[6]。これらの理由は，ほぼ同時期の1789年，フランスの国民議会が議決した「人間及び市民の権利の宣言」，いわゆるフランス人権宣言[7]の前文において示された，同宣言を出すことの意義と重なり合う面があり注目される。そこでは次のように述べられている。

　　国民議会として組織されたフランス人民の代表者達は，人権の不知・忘却または蔑視が公共の不幸と政府の腐敗の諸原因にほかならないことにかんがみて，一の厳粛な宣言の中で，人の譲渡不能かつ神聖な自然権を展示することを決意したが，その意図するところは，社会統一体のすべての構成員がたえずこれを目前に置いて，不断にその権利と義務を想起するようにするため，立法権および執行権の諸行為が随時すべての政治制度の目的との比較を可能にされて，より一そう尊重されるため，市民の要求が以後単純かつ確実な諸原理を基礎に置くものとなって，常に憲法の維持およびすべての者の幸福に向うものとなるためである[8]。

　井上武史が指摘しているように，「この箇所は，規範が単に慣習や了解で成立していることではなく，文書にテクストとして書かれていることに意味がある，と受け取ることができる」[9]部分である。文書のかたちで権利章典を設けることの重要な意義ないし機能の1つは，この点に存している[10]。

6）　前文の原文は，国立公文書館のサイトで見ることができる〈https://www.archives.gov/founding-docs/bill-of-rights-transcript〉。
7）　フランス人権宣言は，現在でも，憲法の一部として裁判規範性が認められている。概観として，辻村みよ子＝糠塚康江『フランス憲法入門』（三省堂，2012年）157-158頁などを参照。
8）　高木八尺ほか編『人権宣言集』（岩波文庫，1957年）130頁の邦訳。
9）　井上武史「立憲主義とテクスト──日本国憲法の場合」論ジュリ20号（2017年）114頁を参照（傍点は引用者）。
10）　さらに権利章典の「伝播」に関しても，憲法典と同様，文書化されたということが重要な意味を有したと解される（⇒第2章）。

Ⅱ　人権を憲法では保障しない国家

1　憲法的権利章典導入反対論

　Ⅰで見たように，かつては権利章典を憲法典に書き込むことそれ自体の是非が争点化されていたものの[11]，現在では，憲法典に権利章典を設けることは，ときに必要的憲法事項とされるほどにまで一般化している（⇒**第4章**）。

　そうしたトレンドのなか，今もなお憲法典レベルでの権利章典を設けようとしない国家もある。イギリス，そしてその影響を色濃く受けている，英連邦を構成するニュージーランドとオーストラリアがその代表的な国である。これらの国では，通常の法律に優位する法的効力を持つ権利章典（以下，憲法的権利章典と記す）の制定を求めて間欠的に沸き起こる政治的・社会的運動に抗するため，「なぜ憲法典に権利章典を規定するべきではないのか」が自覚的に議論されており，本章の問題意識から見て注目に値する。

2　公理としての議会主権

　人権の母国とされるイギリスの人権保障のシステムは，［憲法典にエントレンチメントされた人権＋裁判所の違憲審査］という，我々にとってなじみのある仕組みとは大きく異なる。「議会が，イギリス憲法のもとで，いかなる法をも作り，または廃止する権限をもつこと，さらに，いかなる人も機関も，イギリスの法によって，議会の立法をくつがえしたり，排除する権利をもつとは認められないこと」を内容とする「議会主権の原則」[12]を，「イギリス憲法全体を支配する2つの原理」[13]のうちの1つとするイギリス，そしてその思想を受け継いだ国々では，［憲法典にエントレンチメントされた人権＋裁判所の違憲

---

11)　日本でも明治憲法制定時に森有礼と伊藤博文の間で同種の議論が展開された（いわゆる「分際」論争）。大久保利謙編『森有禮全集(1)』（宣文堂書店，1972年）63-67頁等を参照。

12)　A. V. ダイシー（伊藤正己＝田島裕訳）『憲法序説』（学陽書房，1983年）39-40頁（1915年の第8版の邦訳。訳文は一部変更している）。

13)　ダイシー・前掲注12)388頁。ダイシーが挙げるもう1つの原則は，①明確な法による禁止がない法律，処罰を受けたり自由を奪われないこと，②全ての者が法律に服すること，③他国では憲法典の一部を構成する憲法の一般原則は，裁判所に提起された特定の事件において私人の諸権利を決定した司法判決の結果であること，という3つを内容とする「法の支配」である。同179-191頁を参照。

審査〕という考え方を容れる余地が基本的にないからである[14]。

　日本の一般的な憲法教科書では，ファシズムと第二次世界大戦の苦い経験により，法律による人権保障から，法律からの人権保障が必要であるとの認識が世界中に広がり，そのための制度としての違憲審査制が急速に普及したと説明されるのが通例である[15]。しかし，そもそも違憲審査制の世界的普及の理由が人権保障のためである，という説明自体が疑わしい（⇒第 9 章）。また，仮にこの説明が妥当であるとしても，議会主権を「公理」とする国々では，必ずしも法律からの人権保障が必要であるとの認識は共有されなかった[16]。むしろ次に見るとおり，法律制定の主導権が議会から執行府に移行し，政党制の発達によって議会による執行権の統制が弱まっていったことこそが，それらの国々における人権保障上の課題と認識されたのである[17]。

3　なぜ憲法で保障しないのか

　ニュージーランドは，1990 年権利章典法という議会制定法によって人権保障を図っているが，この法律を制定した主たる動機は，とりわけロバート・マルドゥーン首相（在任期間 1975 年〜 1984 年）による強権的な執行権行使に対する議会によるコントロールが不十分であったとの認識，すなわち，議会主権の回復というものであった[18]。その際に憲法ではなく法律形式の権利章典が採用されたのは，議会主権の要請に加えて，憲法に規定することで裁判所が強大な権力を保持してしまうことへの懸念が存していたからであるとされる[19]。

　イギリスでもマーガレット・サッチャー首相（在任期間 1979 年〜 1990 年）による強権的な執行権行使を背景に，権利章典制定の動きが進んだとされる

---

14)　石井幸三「ダイシーの法思想——『憲法序説』を素材にして(2・完)」龍谷法学 38 巻 4 号（2006 年）967 頁以下も参照。

15)　芦部信喜（高橋和之補訂）『憲法〔第 7 版〕』（岩波書店，2019 年）77-78 頁，389 頁。

16)　樋口陽一『比較憲法〔全訂第 3 版〕』（青林書院，1992 年）61 頁は，「実定法の技術的構成としては，議会こそが人権保障のにない手とされ，人権は法律によって——法律に対してではなく——保障されるというのが，まさに近代立憲主義のありかたなのである」と述べている。

17)　*See* Janet L. Hiebert, *Constitutional Experimentation: Rethinking How a Bill of Rights Functions*, in Comparative Constitutional Law, 298, 299-230 (Tom Ginsburg & Rosalind Dixon, ed. 2011).

18)　*See generally* Janet L. Hiebert & James B. Kelly, Parliamentary Bills of Rights : The Experiences of New Zealand and the United Kingdom, 33-50 (2015).

19)　*Id.* at 34-35.

が[20]，ニュージーランドとほぼ同様の理由で，憲法的権利章典ではなく，すでに締結していたヨーロッパ人権条約を国内法化するという内容の1998年人権法という議会制定法によって人権を保障するという方策が選択された[21]。

　イギリスとニュージーランドは，成文憲法典を持たない稀有な国家であり，その意味でも，憲法的権利章典に対する強い抵抗感は理解できる。他方，オーストラリアの場合はやや特殊である。オーストラリアは成文憲法典を有しているが，統治機構についてのみを定め，権利章典部分を欠いている一方——ただし，わずかながらも明示的に連邦権限の限界というかたちで人権規定とも解される規定を置いている[22]——，連邦の最高裁判所に相当する高等法院には違憲審査権が認められているからである。そのオーストラリアでも，これまで幾度か憲法的権利章典の制定に向けた政治的な動きはあったものの，現在に至るまで，法律レベルですら実現していない[23]。その理由として挙げられるのは[24]，①現状で十分に人権保障が果たされているため，人権保障の主たる役割を議会から裁判所に交代することにつながるような権利章典を導入する必要性はないこと[25]，②人権に関する問題は，道徳的・政治的に困難な問題を惹起するものであり，それを解決するのに適しているのは国民代表機関の議会であること，③裁判所が人権問題を利用して政治的に活動することへの警戒，④連邦を構成する各州が，権利章典は中央集権的介入を招来する危険があるとし

---

20)　*Id.* at 244.

21)　*Id.* at 244-250.

22)　具体的には，正当な条件による財産の収用（51条31号），陪審による裁判（80条），信教の自由の制限の禁止（116条）を挙げるのが一般的である。*See* Cheryl Saunders, The Constitution of Australia : A Contextual Analysis, 274-282 (2011). これに州民差別の禁止（117条）を加えるものとして，Rosalind Dixon, *An Australian(partial)bill of rights*, 14 Int'l J. Cons. L. 80 (2016) を，さらに自由な州際通商（92条）も挙げる，Scott Stephenson, *Rights Protection in Australia*, in The Oxford Handbook of the Australian Constitution, 905, 913-914 (Cheryl Saunders & Adrienne Stone ed., 2018) も参照。このほかにも，高等法院が憲法の統治機構に関する条文から黙示の権利を導きだしたこともある。例えば，Lange v. Australian Broad-casting Corporation（1997）189 CLR 520 では，代表民主制はその前提として政治的表現の自由が必要であると述べている。

23)　*See* Saunders, *supra* note 22, at 283-290 : Stephenson, *supra* note 22, at 907-909. ただし，首都特別地域（Australian Capital Territory）では，2004年人権法（Human Rights Act 2004）が，ヴィクトリア州では，2006年人権及び責任憲章（Charter of Human Rights and Responsibilities Act 2006）が制定されている。

24)　賛成論と反対論を箇条書きにまとめた小著，George Williams, A Bill of Rights for Australia, 35 (2000) が便利である。その部分の邦訳として，佐藤・前掲注2) 47頁を参照。

て反対する傾向があること，さらには，⑤表立って主張されることはないものの，権利章典の制定によって人種差別的な法律を維持することが困難になり，それが「憲法全体に対する一般的な支持を損なわせる可能性」があると考える立場からの反対もある，などと指摘されている[26]。

Ⅲ　人権の多様な実現方法

1　法律上の権利章典

　では，議会制定法による権利章典を採用したニュージーランドとイギリスでは，どのようにして人権保障がなされる仕組みとなっているのだろうか。あらかじめ結論を述べると，それらの国では，立法プロセスに人権の視点を組み入れ，その質を向上させることこそが権利章典の果たすべき役割と捉えられている[27]。憲法的権利章典は裁判所による違憲審査の契機となるため，その採用には警戒的・消極的であるが，議会主権を維持したうえでの法律レベルの権利章典には，立法プロセスの段階で人権の視点を取り込み，その観点からの評価を内面化させるという，別の機能が期待されているのである[28]。具体的に見てみよう。

2　ニュージーランドの場合

　ニュージーランドの場合，法務長官（Attorney-General）に対して，1990 年権利章典法と矛盾すると見られる法案について，その旨を議会に――政府提出法案の場合は提出時に，その他の場合は可能な限り速やかに――通知させる義

---

25)　*See, e.g.,* Brian Galligan & F.L.（Ted）Morton, *Australian Exceptionalism: Rights Protection Without a Bill of Rights,* in Protecting Rights Without a Bill of Rights: Institutional Performance and Reform in Australia, 17（Tom Campbell, Jeffrey Goldsworthy & Adrienne Stone ed. 2006）: Stephenson, *supra* note 22, at 909-910. 政治部門による人権保障の詳細については，同書の第 1 部を参照。

26)　Stephenson, *supra* note 22, at 909-910. 佐藤・前掲注 2）23 頁も参照。

27)　Hiebert, *supra* note 17, at 303-305. *See also* Mark Tushnet, Taking the Constitution Away from the Courts（2000）.

28)　実際にどの程度まで立法過程で人権が斟酌されているのかは，実証的研究によって明らかにされるべき課題である。これを試みる研究として，*See, e.g.,* Janet L. Hiebert, *Parliamentary Bills of Rights: Have They Altered the Norms for Legislative Decision-Making?* in Comparative Constitutional Theory, 123（Gary Jacobsohn & Miguel Schor ed. 2018）.

務を課すという，政治部門による審査（7 条）が主たる方法である。これにより，その役割から内閣法制局と訳出されることもある Crown Law Office と司法省（Ministry of Justice）が，人権適合性を検討する[29]。ただし，この通知がなされたとしても，それを無視して法律を制定することが可能である。ここに議会主権の伝統の強固さを見て取ることができる。

　他方，裁判所による人権保障はほとんど期待されていない。裁判所は，1990年権利章典法に牴牾するという理由で法律を無効にすることはできず，また，そのような法律の適用を拒否することもできないことが法律上明示されている（4 条）。裁判所に認められているのは，「制定法に対して，本権利章典に規定された権利及び自由と一致する意味を与えることが可能である場合には，常にその意味が他のいかなる意味よりも優先されなければならない」（6 条）という役割，すなわち，法律を 1990 年権利章典法に適合的に解釈することに限定されており，それが不可能な場合であっても当該法律の適用を阻止できないし，法務長官のように不適合がある旨の宣言も行われないのである[30]。ここに裁判所に対する警戒の強固さを見て取ることができる。

3　イギリスの場合

　イギリスの場合[31]，まず 1998 年人権法により，裁判所は法律をヨーロッパ人権条約と適合的に解釈するように求められている（3 条 1 項）。これに加えて，法令を 1998 年人権法（つまりヨーロッパ人権条約）に適合的に解釈することができず，「第一次立法〔法律などのこと〕が人権規定に違反すると考える場合」（4 条 1 項）には，裁判所は「不適合宣言」を出すことができる（同条 2 項）。しかしこの不適合宣言は，法的効果を持たず（同条 6 項），単なる宣言に過ぎな

---

29)　Hiebert & Kelly, *supra* note 18, at 54-61.

30)　条文の解釈上，裁判所が法務長官のように「不適合宣言」を行うことは不可能ではないと解する余地があるが，その明示的授権がなされていないため，議会主権の原則に照らし，これまで出されたことはないようである。*Id.* at 61-69.

31)　1998 年人権法の仕組みについては，江島晶子『人権保障の新局面』（日本評論社，2002 年）第Ⅲ章，上田健介「人権法による『法』と『政治』の関係の変容──不適合宣言・適合解釈・対話理論」川﨑政司＝大沢秀介編『現代統治構造の動態と展望──法形成をめぐる政治と法』（尚学社，2016 年）151 頁以下，木下和朗「イギリスにおける人権保障」岡山大学法学会雑誌 67 巻 1 号（2017 年）142 頁以下などを参照。さらに，岩切大地「イギリス人権法における司法的救済の憲法的基礎付け」公法 79 号（2017 年）248 頁以下も参照。

い。ここでもやはり「公理」である議会主権が尊重され，議会は法改正を義務付けられない。国務大臣は，不適合とされた部分を除去するために必要な議会制定法の改正を救済命令（remedial order）として発案することができるが，当該命令に同意するかの判断権は，議会に留保されている（10 条 2 項）。

　立法プロセスに人権規範を導入するという視点からみたとき，重要な仕組みとして，政府提出法案につき，所管大臣は当該法案が人権条約上の権利に適合している旨の宣言（statement of compatibility）を出すか，適合しないが法案審議を求める旨の声明を出さなければならないとする仕組みを挙げることができる（19 条）。

4　オーストラリアの場合

　それでは，法律レベルでの権利章典すら有していないオーストラリアにおける人権保障はどうなっているのだろうか。

　オーストラリアの場合，伝統的イギリス型とアメリカ型の混合のような仕組みであり，その人権保障の仕組みは，鳥類と哺乳類の特徴を備えた「カモノハシ」になぞらえられることもあるほど複雑で[32]，「専門家にとってさえ極めて複雑かつ不透明」[33]であるともいわれる。ごく単純化すれば，オーストラリア憲法が備える統治構造——代表民主制，二院制，連邦制，権力分立，法の支配——のもとで制定された個別の法律と，判例法による人権保障が原則であり[34]，それによって十分に人権保障が果たされていると解されている。そして，上述したように，連邦の最高裁判所に相当する高等法院が違憲審査権を有し，かつ，成文憲法典のなかに権利規定とも解される部分が存しているものの，それらが人権保障に果たしている役割は最小限にとどまり，「事実上の〔憲法的〕権利章典」と評することはできないとされる[35]。

---

32)　Saunders, *supra* note 22, at 259.

33)　*Id*. at 274.

34)　Stephenson, *supra* note 22, at 914-927.

35)　*Id*. at 911.

Ⅳ　人権を憲法で保障することの意味

　以上の議論を手掛かりに，「なぜ人権を憲法で保障するのか」を考えてみたい。

　第一に，アメリカの権利章典の前文やフランス人権宣言の前文で述べられていたように，「人権の不知・忘却または蔑視」が生じないように人権を文書で「展示」し，「これを目前に置いて，不断にその権利と義務を想起」するという意義がある。**第5章**で触れたエリート・プラグマティズムの問題点の1つは，この意義・機能を見逃していることにある。

　第二に，違憲審査制が「発明」され，それが世界中に普及していくのに伴い（⇒**第9章**），憲法的権利章典を設けるということは，裁判所が人権保障の主たる担い手となるということを意味するようになっていく。国家権力の中心が国民の代表機関である議会から裁判所へと移行している世界的な状況を「司法支配制（Juristocracy）」と形容したカナダの比較憲法学者ラン・ハーシェルは，この「司法支配制」への移行は，権利章典を備えた成文憲法典の導入と，何らかのかたちでの違憲審査制の確立によって生じている現象だと指摘しているが[36]，そうであるがゆえに，イギリス，ニュージーランド，オーストラリアのような国々は，憲法的権利章典の制定に消極的なのである（**第2章**も参照）。なお，以上にみた人権保障の仕組みを有するイギリスとニュージーランドは，「弱い違憲審査制」——裁判所による法令の合憲性判断を最終的とせず，立法府がこれを覆して自らが合理的と考える憲法解釈を優位させる余地を認める制度設計——の国家に分類されていること（⇒**第8章**）に注意したい。

　第三に，憲法的権利章典を欠くことは，必ずしも，人権の保障の水準が低いということを意味しない。「自由と民主主義を世界中に広げるための独立した監視団体」であるフリーダム・ハウスが毎年発表する「世界各国の自由度ランキング」の2021年のデータによると，政治的自由40点と市民的自由60点の

---

[36]　Ran Hirschl, Towards Juristocracy : The Origins and Consequences of the New Constitutionalism, 1 (2004). アメリカの連邦最高裁判事を務めたウィリアム・ブレナンも，憲法典にエントレンチされた権利章典を有することは，裁判所が権利を実現するために必要不可欠であることを強調している。William J. Brennan, Jr., *Why Have a Bill of Rights?* Val. U. L. Rev. 1 (1989).

合計 100 点満点で評価される「自由度」の点数は，イギリスが 93 点，ニュージーランドが 99 点，オーストラリアが 97 点で，いずれも世界トップレベルの高得点を記録している[37]。1 つの指標にすぎないかもしれないが，それでも，憲法的権利章典による人権保障は法律による権利章典による人権保障に比べて絶対的に優れている，とはいえないということが分かる。

　　今回の吉田先生の「なぜ人権を憲法で保障するのか」という質問と，「憲法に明記されたものだけが人権であるとの誤解（？）を生むかもしれない」という懸念を見て，初めて問題の所在に気づいた人も少なくないと思います。

　　吉田先生もご指摘のとおり，アメリカで世界に先駆けて成文憲法典を制定しようとした際にも，このことが大きな争点になりましたが，その時期のアメリカそしてフランスの議論からは，最高法規である憲法で人権を保障することにより，その重要性を周知徹底させるという意義があるとされていたことがわかります（→Ⅰ）。

　　次に，人権を憲法で保障しない国が，なぜそのような立場を採っているのかを検討することを通じて，人権を憲法で保障することの意義を考えてみました（→Ⅱ）。そこでは，人権を憲法で保障することは，裁判所の権限拡大につながるとの懸念が示されていました（⇒第 2 章）。逆に言えば，人権を憲法で保障するのは，裁判所による人権保障を期待するからだということになります（ただし，第 9 章を参照）。この意義には，「憲法に明記されたものだけが人権であるとの誤解」を生じさせる危険を上回るだけのメリットがある，と考えられているのでしょう。

　　あるいは，「誤解」はあくまでも「誤解」なので，それを解消すればよいと考えられているのかもしれません。そこで教育の役割が重要となりますが，「誤解」を避けるためにどのような教育が必要なのか，ぜひ教えていただければと思います。

37）〈https://freedomhouse.org/countries/freedom-world/scores〉　日本は 96 点，ドイツは 94 点，アメリカは 83 点であった。総合点 100 点の国は，ノルウェー，スウェーデン，フィンランドの北欧 3 か国であった。

　また，今回の検討を通じて，人権の保障方法の多様性も明らかになったと思います。法律レベルの権利章典を設けている国々では，主に，人権を立法プロセス全体に行き渡らせ，人権を立法段階でその良し悪しを評価するための指標として内面化させることが目指されていました（→Ⅲ）。そしてその方法が，必ずしも，［憲法典にエントレンチメントされた人権＋裁判所の違憲審査］という方法に劣るわけではないという事実には驚く人も少なくないかもしれませんね。　　　　　　　　　　　　　　　　　　　　　　　　　　　　　　　［横大道］

第12章 何を人権として保障するのか

横大道先生，こんにちは。第11章は，人権を憲法典に取り込む意義について比較憲法的な視点から解説していただきました。「人権を憲法で保障することは当たり前」というのは多くの人が共有している感覚ではないかと思いますが，自覚的に憲法典レベルで権利章典を設けようとしない国があることを知り，その理由を比較検討することで理解はより深められたと思います。今回も人権保障がテーマとなりますが，どうぞよろしくお願いします。

人権のカタログを2つの軸で捉える

高校における人権学習では，自由権，社会権，憲法典には定めのない「新しい人権」のほか，国際的な人権保障についても学ぶことになっています。これらの人権のカタログを一覧表にして一気に暗記しようとしても，なかなか覚えられず，苦労した人も多いのではないでしょうか。

そこで，これらの人権を学ぶときには，一つひとつの人権の名称を丸暗記するのではなく，人権のカタログを2つの軸で捉え，構造的に理解することを提案したいと思います。その1つは，「人権の歴史的展開という縦軸」であり，もう1つは，「人権規定の国際比較という横軸」です。人権をこれら2つの軸で捉えた時に，世界各国の憲法体制が歴史的にどのような課題と向き合い，いかなる価値を大切にしてきているかを認識できると思います。

このような観点で大きく人権を捉えようとすると，各国が歴史的にどのような社会的な課題に直面し，人権保障に取り組んできたかが見えてきます。また，各国の憲法典にどのような権利章典のプログラムが規定されているかを分析することを通して，国際社会ではどのような人権を重視しているかを認識することができます。国家ごとに歴史的な人権生成のプロセスと国際的な動向をクロスして理解していくことができれば，その時々の政治的・経済的・社会的な課題と人権規定の意味付けを明確に把握することができるようになり，人権を学ぶことの意義を実感できるようになるでしょう。

2つの軸から見える人権の世界

　そこで横大道先生に質問です。高校レベルでは，人権の歴史的展開という縦軸は，「自由権から社会権へ」というように定式化されていますが，この時間軸は 20 世紀の中頃までで止まってしまいます。さらに 21 世紀の今日まで時間軸を伸ばしてみると，どのような人権の世界が広がってくるのでしょうか。日本の場合，日本国憲法典には明文化されていない環境権のほか，近年ではインターネットや AI をめぐる人権問題も「新しい人権」問題として取り上げられることが増えてきています。日本だけでなく，各国の憲法には，これらの人権問題はどのように憲法上位置づけられているのでしょうか。

　次に伺いたいのは，各国の憲法典にはどのような人権が規定されているのかという点です。人権規定の国際比較という横軸の視点で各国の人権保障の実際を見ていくと，各国憲法の固有の問題や各憲法に共通する普遍的な人権保障の課題が浮き彫りになり，日本の問題を分析する際にも有効な視点を提供してくれるのではないでしょうか。例えば，日本国憲法は，自由権の中でも「人身の自由」を詳細に規定していることで知られています。さらに，他の人権規定を含め総合的に捉えると，日本国憲法の人権保障の国際的な水準は，どのように評価できるのでしょうか。この点，憲法学のテキストではあまり言及していないところであり，ぜひ教えていただきたいと思います。

　さらにいえば，現在の人権保障の取り組みは，各国の憲法典にとどまらず，国際社会では世界人権宣言や国際人権規約のほか，様々な個別の人権条約が採択・批准される形で実践されています。このような国際人権条約が各国の憲法体制に影響を及ぼすことはあるのでしょうか。

　このように，歴史と比較という 2 つの軸から人権問題を捉えていくことができるなら，高校教科書に掲載されている「人権一覧」（表）をそのまま暗記して「事足りる」とするような平板な学習から解放され，もっと立体的に生き生きと人権学習に取り組むことができるようになるのではないかと期待してしまいます。今回もどうぞよろしくお願いします。　　　　　　　　　[吉田]

Ⅰ　人権の歴史的展開という縦軸

1　憲法学における論じられ方

　日本国憲法 97 条は，「この憲法が日本国民に保障する基本的人権は，人類の多年にわたる自由獲得の努力の成果」であると謳っている。そのためもあって，一般的な憲法の教科書では，歴史のなかで人権理念がどのように展開してきたのかに言及するのが通例であり，20 世紀以降に限っていえば，①自由権から社会権，②「法律による保障」から「法律からの保障」（憲法による保障）（⇒第 11 章），③人権の国際化，という大きな流れが説明される[1]。

　しかし，自由権→社会権（上記①）という流れの後，人権はどのように展開しているのかについて，教科書では十分に論じられていないように見受けられる（③については第 13 章参照）。

2　人権の世代論

　そこでまず，吉田先生に設定していただいた「人権の歴史的展開という縦軸」という視点から，「自由権から社会権へ」という流れに続く人権の展開を見ていくことにしよう。

　第二次世界大戦を経て，国内の問題と考えられてきた人権問題が，国際問題として取り上げられるようになっていくが[2]，国際人権の領域では，人権を歴史的・発展的に捉えたうえで，それを世代によって区分して語られることが多い[3]。その区分論として良く知られているのが，ユネスコの「人権と平和」部会長などを歴任したチェコ出身の法律家カレル・ヴァサクが 1970 年代に提唱した「第三世代の人権論」であろう。ヴァサクは，フランス革命のスローガンである「自由，平等，友愛」に関連させながら，大要，次のように論じた[4]。

1）　芦部信喜『憲法学Ⅱ人権総論』（有斐閣，1994 年）19-40 頁。さらに，芦部信喜（高橋和之補訂）『憲法〔第 7 版〕』（岩波書店，2019 年）77-79 頁も参照。

2）　L・ヘンキン（小川水尾訳・江橋崇監修）『人権の時代』（有信堂，1996 年）17-20 頁。

3）　Fausto Pocar, *Some Thoughts on the Universal Declaration of Human Rights and the "Generations" of Human Rights,* 10 Intercultural Hum. Rts. L. Rev. 43, 43 (2015). 人権の展開を世代論として歴史の発展法則的に捉えることには批判もあるが，本章では説明上の便宜のため，世代論を用いることにする。

　まず,「第一世代の人権」は「自由」の理念に基づくものであり,国家の不作為を要求する市民的・政治的権利である。これは,アメリカ独立宣言やフランス人権宣言など,18〜19世紀の人権宣言に特徴的な人権である。次に,「第二世代の人権」は「平等」の理念に基づくものであり,国家に対して積極的な義務を課す経済的・社会的権利である。これは,19世紀末から20世紀初頭にかけて展開した人権である。この第一世代から第二世代という人権の展開は,「自由権から社会権へ」というスローガンで示されているが,ヴァサクは続いて「第三世代の人権」が展開しつつあるという。「第三世代の人権」は「友愛」または「連帯」の理念に基づくものであり,具体的には,発展への権利,平和への権利,環境への権利,人類の共同財産に関する所有権,人道的援助への権利といった様々な内容を含むものであり,集団的な権利であるという点に特徴がある。

　第一世代と第二世代の人権は,1948年の世界人権宣言,1966年のいわゆる自由権規約と社会権規約といったかたちで国際社会においても承認されている人権である。第三世代の人権については,包括的にこれを保障する条約は存在しないものの,個別の国際文書や国連総会での宣言というかたちで,徐々に認められつつある[5]。

　さらに近時では,この世代論を継承して「第四世代の人権」も語られるようにもなっている。論者によりいかなる人権を想定するのかは異なるが,例えば国連社会開発研究所（UNRISD）の解説記事では,IoT,ビッグデータ,AIなどをコアとした「第四次産業革命」を背景に,それらの技術によって生じる諸問題に対処するための方策として「第四世代の人権」論を考える必要があるとされている[6]。

---

4)　*See, e.g.*, Karel Vasak, *Human Rights: A Thirty-Year Struggle. The Sustained Efforts to Give Force of Law to the Universal Declaration of Human Rights*, 30 UNESCO COURIER 11（1977）. ヴァサクの見解については,岡田信弘「第三世代の人権論——その提起するもの」高見勝利編『人権論の新展開』（北海道大学図書刊行会, 1999年）158頁以下,田畑茂二郎ほか「〔鼎談〕第三世代の人権と発展の権利」東洋学術研究30巻1号（1991年）4頁以下, Bülent Algan, *Rethinking "Third Generation" Human Rights*, 1 ANKARA L. REV. 121（2004）などの説明も参照。

5)　Pocar, *supra* note 3, at 44.

3　憲法学における人権の世代論

　諸外国では第三世代の人権を規定する憲法典も少なからず見られるようになっているが（→Ⅱ2），日本国憲法は第二世代の人権までしか規定していない。そのこともあってか，日本の憲法学では第三世代に属する集団の権利に対する否定的見解が強い[7]。代表的論者の岡田信弘は，第三世代の人権論を憲法学として受け止める必要性を指摘しつつも，同議論が，「『人権』の動態的ないし発展史的把握を前提として，『西欧世界』で認められている『古典的人権』から『社会権』へという『人権変動論』に，『第三世界』の主張する新たな次元の『連帯の権利』を『接ぎ木』したところにその特徴がある」[8]もので，それは「国内における人権保障のための諸制度の存在を前提とした概念ではな」く，「国際社会における人権のありようとの関わりで登場した概念であることに注意が必要であ」[9]り，「国内における人権論にそのまま持ち込むことには当然慎重な考慮が必要とされる」として，注意喚起を行っている[10]。

　「第四世代の人権」については，いまだ日本の憲法学で明示的に論じられていない。しかし，「産業革命と憲法との不可避的関係を踏まえれば，AIがもたらすこの度の『第4次産業革命』もまた，憲法の観点から詳細に分析されなければならない」[11]という問題意識のもとで編まれた『AIと憲法』など，「第四世代の人権」論と問題意識を共有していると思われる研究が始まっているところである[12]。

　第三世代・第四世代の人権は，個人の権利として構成することが困難なもの

---

6 ）　Changrok Soh, Daniel Connolly & Seunghyun Nam, *Time for a Fourth Generation of Human Rights?*, in FROM DISRUPTION TO TRANSFORMATION? LINKING TECHNOLOGY AND HUMAN RIGHTS FOR SUSTAINABLE DEVELOPMENT, 2018, *available at* 〈http://www.unrisd.org/TechAndHumanRights-Soh-et-al〉.

7 ）　この点に関する検討として，愛敬浩二「近代人権論と現代人権論──『人権の主体』という観点から」同編『講座　人権論の再定位(2)人権の主体』（法律文化社，2010 年）3 頁以下に加え，同書所収の各論文も参照。

8 ）　岡田信弘「古典的人権から第三世代の人権へ」ジュリ 937 号（1989 年）28 頁。

9 ）　岡田・前掲注 4)159 頁。

10）　また「世代論」は，1 つの人権の持つ複合的性格──例えば，表現の自由は，自由権としての側面と請求権としての側面を持つ──を捨象し，第一世代＝自由権，第二世代＝社会権，第三世代＝集団の権利といった具合に，人権の持つ 1 つの性格に着目して分類・議論する傾向があることにも注意が必要である。

11）　山本龍彦編著『AIと憲法』（日本経済新聞出版社，2018 年）4 頁［山本］。

が少なくない。そのため，今後の「人権の展開」を語ろうとする場合，「個人の権利保障」から「国家の義務ないし特定価値の追求（国家目標）へ」というかたちで展開していく可能性がある[13]。

Ⅱ　人権規定の国際比較という横軸

　次に，「人権規定の国際比較という横軸」に視点を変えて，現在の各国の憲法典ではどのような権利が保障されているのかを見てみたい。

1　標準的な権利章典

　この点に関する興味深い研究が，比較憲法学者デイビッド・ローとミラ・ヴェルスティーグの研究である[14]。

　ローとヴェルスティーグは，1946年から2006年までの60年間に存在した全188か国の権利章典を備えた729の成文憲法典を対象に，そこに規定されている権利条項と権利保障メカニズムに関する237種類の規定を抽出する。そして，細部の微妙なニュアンスの違いは捨象して——例えば，「表現の自由」と「プレスの自由」を同じものとして扱うなどの処理をして——，60種類の権利に整理統合・分類したうえで，憲法典に規定されている割合の高い権利から順位づけした「権利インデックス」を作成する[15]。この「権利インデックス」に列挙された60種類の権利のうち，上位25位の権利は，2006年段階で有効な全188か国の憲法典のうち，実に70％以上の憲法典で規定されていることに着目して，その25の権利を規定した権利章典を「ジェネリック権利章典（Generic Bill of Right）」と位置づける[16]。それを示したのが**表1**[17]である。

---

12)　もっともそこでの議論は，新たな問題状況に対応するために新規の人権カテゴリを用意するのではなく，既存の権利規定による対処が展望されているということには注意が必要である。弥永真生＝宍戸常寿編『ロボット・AIと法』（有斐閣，2018年）所収の宍戸常寿，大屋雄裕，山本龍彦論文などを参照。

13)　憲法典に国政の目標や理想を書き込む例は多い（⇒**第4章**）。国家目標規定については，石塚壮太郎「国家目標と国家目標規定」山本龍彦＝横大道聡編著『憲法学の現在地——判例・学説から探究する現代的論点』（日本評論社，2020年）17頁以下などを参照。

14)　David S. Law & Mila Versteeg, *The Declining Influence of the United States Constitution*, 87 N.Y.U.L. REV. 762, 768（2012）.

15)　Law & Versteeg, *supra* note 14, at 770-772. 邦語でのリストは，横大道聡「アメリカ憲法の他国憲法への『影響』について」法学論集48巻2号（2014年）8-9頁を参照。

表 1　「ジェネリック権利章典」の内容

順位	規定の内容	割合(%)
1	宗教の自由	97
1	表現／プレスの自由	97
1	平等の保障	97
1	私有財産権	97
5	プライバシー権	95
6	恣意的な逮捕・拘禁の禁止	94
6	集会の自由	94
8	結社の自由	93
9	女性に関する諸権利	91
10	移動の自由	88
11	裁判を受ける権利	86
12	拷問の禁止	84
12	選挙権	84
14	労働権	82
14	(積極的な意味での) 教育権	82
14	司法審査	82
17	事後法による処罰の禁止	80
18	身体的ニーズに対する諸権利	79
19	生命に対する権利	78
20	無罪の推定	74
21	追放されない権利	73
21	財産権に対する制限	73
23	訴訟手続における抗弁権	72
23	労働組合結成／ストライキ権	72
25	弁護人の援助を受ける権利	70

表 2　2020 年段階で有効な憲法典における規定割合が 70％を超える権利のリスト

順位	規定の内容	割合(%)〔数〕
1	平等の保障 (一般)	97 〔187〕
2	信教の自由	96 〔185〕
3	表現の自由	95 〔184〕
4	集会の自由	94 〔182〕
5	結社の自由	94 〔181〕
6	正当な補償	92 〔178〕
7	プライバシー権	91 〔175〕
8	移動の自由	90 〔173〕
8	不当な拘束からの保護	90 〔173〕
10	性差別の禁止	87 〔168〕
11	思想・信条・意見表明の自由	86 〔166〕
12	財産権	85 〔164〕
13	残虐または品位を傷つける取扱いの禁止	82 〔159〕
14	事後法による処罰の禁止	82 〔158〕
14	弁護人依頼権	82 〔158〕
14	拷問の禁止	82 〔158〕
14	環境の保護 (環境への権利を含む)	82 〔158〕
18	無罪の推定	80 〔155〕
19	プレスの自由 (検閲の禁止を含む)	79 〔153〕
19	文化への権利 (文化保護を含む)	79 〔153〕
21	罪刑法定主義	79 〔152〕
22	人間の尊厳	78 〔150〕
22	生命に対する権利	78 〔150〕
22	労働組合に加入する権利	78 〔150〕
25	証拠収集のルール	77 〔148〕
26	教育の無償	73 〔141〕
27	公開裁判を受ける権利	73 〔140〕
28	普通選挙権	71 〔136〕
28	子どもの権利 (保護を含む)	71 〔136〕
28	人種差別の禁止	71 〔136〕
28	健康への権利 (配慮義務を含む)	71 〔136〕

比較のために別のデータも示しておこう。「比較憲法プロジェクト（Comparative Constitutions Project, CCP）」のウェブサイトでは，2020 年段階で有効な世界各国の憲法典に定められている人権（117 種類）[18] の規定割合などをデータ化しているが（以下，CCP データ），それによると，憲法典への規定割合が 70％を超える権利は 31 あり，その内訳と順位は**表 2**[19] のとおりである。

2　分析と補足

表 1と**表 2**は，集計時期や権利の分類・まとめ方の違いにも起因して，細部に異なる点が見られるものの，重なり合う部分も多く，そこから現段階での一般的な権利章典の内容が見えてくる。

まず，「ジェネリック権利章典」や「CCP データ」の中心は，明らかに第一世代の人権である。もっとも，第二世代の人権に属する労働に関する権利（労働権，労働組合結成／ストライキ権）や（積極的な意味での）教育権，身体的ニーズに対する諸権利などが「ジェネリック権利章典」に含まれており，また「CCP データ」でも，教育の無償，健康への権利，労働組合に加入する権利を定める憲法典が 70％を超えていることも見逃せない。

第三世代の人権は，「ジェネリック権利章典」にはエントリーされていないが，健康的な環境に対する権利（63％），ジェノサイド／人道に対する犯罪の禁止（10％）といった規定を設ける憲法典も見られる。「CCP データ」でも，環境の保護（環境への権利を含む），文化への権利（文化保護を含む）などが 70％を超える憲法典に登場しており，第三世代の人権の一部も徐々に広まっていることがわかる[20]。

第四世代の人権に関しては，コンピュータを使用する権利やデータ訂正を求める権利を保障するポルトガル憲法 35 条や，情報化社会に参加する権利を規

---

16)　*Id.* at 773, 776. なお，過去 60 年間の憲法は，平均して「権利インデックス」の 60 種類のうち，25 種類を規定しており，これは，「ジェネリック権利章典」の数と偶然にも一致するという。*Id.* at 776.

17)　*Id.* at 773-775. これを簡略化して作成した。

18)　〈http://www.comparativeconstitutionsproject.org/files/RightsIndex.pdf?6c8912〉

19)　〈https://constituteproject.org/constitutions?lang=en〉をもとに作成。

20)　西修『現代世界の憲法動向』（成文堂，2011 年）43-50 頁，80-81 頁は，1990 年から 2008 年の間に制定された諸国憲法（93 か国）の人権に関する注目すべき動向として，環境の権利・保護・義務を定める環境条項の増加（81 か国），プライバシーの保護規定の導入（75 か国）を挙げている。

定するギリシャ憲法 5A 条 2 項，インターネットに自由にアクセスする権利を
保障するジョージア憲法 20 条などが見られるようになってきているが，その
数はまだ多くはない。

Ⅲ　縦軸と横軸の交錯

　人権について，歴史的展開という通時的視点からの縦軸（→Ⅰ）と，各国の
憲法典における保障状況という共時的視点からの横軸（→Ⅱ）を見てきたが，
前者の人権の歴史的展開は，後者の各国の憲法典の規定内容にどのような影響
を与えたのだろうか。

1　権利数の増加

　この点についての実証的な検証を試みたのが，ザッカリー・エルキンズ，ト
ム・ギンズバーグ，ベス・シモンズによる共同研究である[21]。

　エルキンズらの研究方法は，1789 年から 2006 年までの間に公布された世界
中の憲法典 839 のうち，マイナーな改正しかなされていない憲法典を除いた
680 の憲法典を対象に，代表的と考えられる 74 の権利・人権[22]のうち，公布
の段階でどれだけ規定されているか——したがって，改正により追加された権
利規定は検討の対象外である——を統計的に分析するというものである。エル
キンズらが示した調査結果は多岐にわたるが，本章の問題意識に関係する部分
のみを取り上げて紹介すれば，次のとおりである[23]。

　まず，各国憲法典の権利規定の動向である。①全体を通じて，憲法典におけ
る平均権利規定数は 22 であったが，時の経過とともに保障される権利数が増
加しており，また，ほぼすべての権利の規定割合が増加している[24]。②第一
世代の人権に属する権利のいくつか——表現の自由，信教の自由，集会・結社
の自由など——のみ，90％を超える憲法典で規定されているという意味で「普

---

21)　Zachary Elkins, Tom Ginsburg & Beth A. Simmons, *Getting to Rights: Treaty Ratification, Constitutional Convergence, and Human Rights Practice*, 54 HARV. INT'L L. J. 61（2013）. *See also* David S. Law & Mila Versteeg, *The Evolution and Ideology of Global Constitutionalism*, 99 CALIF. L. REV. 1163（2011）.

22)　そのリストについては，*see* Elkins, et al, *supra* note 21, at 93-95.

23)　以下，引用の表示が煩雑になることを避けるために最小限にとどめる。

遍化」を語ることができるが，規定割合が50％以下にとどまる権利も少なくない。③第二世代の人権の保障については，第二次世界大戦後から緩やかに規定割合が増加しているものの，過半数は超えていない。

以上のデータをもとに，エルキンズらは，新たに憲法典を制定する際，他国の憲法典に規定されている権利を導入しつつ，それに新しい権利を追加するという一般的動向があり，そのために権利数が増加していること，しかし，すべての権利の規定割合が同様に増加しているわけではないということから，各国が政治的，社会的，その他何らかの理由により，異なった権利の「テンプレート」を選択していることが予想されるという仮説を提示している[25]。

2　世界人権宣言の影響

次に，各国憲法典における権利章典と国際文書との関係である。

まず，1948年の世界人権宣言に関して，①同宣言は，上述した代表的な74の権利のうち35の権利を規定しているが，この時期の各国権利章典の平均規定数は18である。②各国の権利章典に定められた権利数は時の流れとともに増加しているが，1948年を境にその増加率は急激に上昇している。③1948年以降に制定された権利章典の内容は，それ以前に比べて，世界人権宣言との類似性が高い[26]，④個々の権利規定に着目してみても，世界人権宣言に規定された権利と規定されなかった権利とを比べると，前者のほうがその後に制定された権利章典において規定される割合の増加率が高い。

以上からエルキンズらは，世界人権宣言がその後の各国の制憲者に権利の「メニュー」を提供した可能性の高いこと，その理由として，世界人権宣言は大国が有していた権利章典のカーボンコピーではなく，小国の意向も踏まえて

---

24)　保障される権利数について，「比較憲法プロジェクト」サイト内の記事，Zachary Elkins & Tom Ginsburg, *How many rights is enough?* (16 February 2021) によると，世界各国の憲法典に見られる116の権利のうち，現在有効な憲法における平均権利数は48，最大がボリビアで88，最小がブルネイとタイの2である。なお，日本の権利数は48とカウントされている〈http://comparativeconstitutionsproject.org/ccp-rankings/〉。

25)　**第4章**では，時の経過とともに憲法典で規定される「範囲」と「詳細さ」の双方が広く，深くなっているという傾向に触れたが，これはエルキンズらの前者の指摘と平仄があう。後者の指摘に関連して，ヘンキン・前掲注2)第8章も参照。

26)　1947年に制定された9つの憲法典の権利規定数の平均は17.6であったのに対して，1949年に制定された6つの憲法典の権利規定数の平均は31であった。Elkins, et al, *supra* note 21, at 76-77.

起草されたという経緯があること，法的拘束力のない宣言文書であったが故に権利の包括性を確保できたこと，そのために正統性が付与されたからではないかと推測している。なお，エルキンズらも指摘しているように，世界人権宣言で定められた諸権利は，その多くがすでに一部の国の権利章典で保障されていた権利である[27]。そのため，世界人権宣言自体が，各国の権利章典からの影響を受けているという相互関係が存する——実際，同宣言は直近に制定された権利章典との類似性が高い——ということに注意が必要である[28]。

3　自由権規約の影響

　1966 年の自由権規約に関しては，①自由権規約は 52 の権利を保障しているが，それと各国憲法典（サンプル数 626）における権利章典との類似性は，1948 年から急激に上昇している。これは，自由権規約の内容を世界人権宣言が先取りするものであったからであると説明できる。②上昇がより急激となるのは，1966 年以降であるが，その時点では自由権規約に未だ批准していない国が多い。これは，批准に先立ち，自由権規約の内容を踏まえて憲法典を整備したからだと考えられる。③ 1966 年以前から憲法典を有し，かつ，1966 年以降に新たに憲法典を制定した国に限定して着目すると，後者のほうが自由権規約との類似性が高く，また批准国のほうが自由権規約との類似性が高い。

　以上からエルキンズらは，自由権規約もまた，各国の権利章典の内容に少なからず影響を与えているとしている。

4　分　析

　以上の検討によりエルキンズらは，国際的な人権保障が国内に与える影響の

---

27)　世界人権宣言 27 条 1 項の「科学の進歩とその恩恵とにあずかる権利」のように，そこで初めて規定されたものもある。CCP データによると，この権利の現段階での各国憲法の規定割合は約 14% であった。

28)　この点に関して，Ⅱで触れたローとヴェルスティーグも，国際的な人権宣言や人権条約が各国憲法の権利章典に影響を与えた可能性について分析しており，国際文書が各国の権利章典の内容に影響を与えたというよりはむしろ，一定程度の各国の権利章典にて保障されるようになった権利規定が，その後国際レベルで保障されるようになっていると理解するほうが正確であると指摘している。Law & Versteeg, *supra* note 14, at 833-850. この論点に関しては，小畑郁「グローバル化のなかの『国際人権』と『国内人権』——その異なる淵源と近年の収斂現象・緊張関係」山元一ほか編著『グローバル化と法の変容』（日本評論社，2018 年）98 頁以下も参照。

1つは，各国権利章典への編入である，と結論付けた[29]。すなわち，国際文書で正式に認められた人権は，その後に制定される権利章典に導入される可能性が高くなり，条約を批准している場合はさらに高くなるのである[30]。この結論は，人権の展開という歴史の縦軸（→Ⅰ）と，各国の人権保障の状況という横軸（→Ⅱ）がどのように交わるのかを示しており興味深い。

さらにこの傾向は，個別の人権にフォーカスした条約にも見られるという。エルキンズらがその例に挙げるのは，1984年に採択された拷問禁止条約である。同条約の制定後に制定された憲法典166のうち，拷問の禁止が明文化されたのが137であるのに対して，1984年より前に制定された憲法典552のうち，拷問の禁止が明文化されていたのは187であったという[31]。この傾向が他の人権についても妥当するかは個別に検証が必要であるが，環境に対する権利の増加（→Ⅱ2）などは，この観点から説明できるかもしれない。

Ⅳ　日本への示唆

最後に，以上に見た議論と日本国憲法との関連を整理してみよう。

まず，国際的な人権保障の展開と日本国憲法の関係である。日本国憲法が制定後一度も改正を経験していないことからも明らかなように，制憲期以降の国際人権保障の展開や，各種の国際人権条約の締結は，日本国憲法の条文それ自体に影響を与えていない。

第二に，現段階における一般的な憲法典における人権保障の内容と，1946年に制定された日本国憲法の人権規定を比べると，そのほとんどが日本国憲法にて保障されているものであることがわかる。この点は，ケネス・盛・マッケルウェインらが，日本国憲法の人権規定の内容は，現代の水準に勝るとも劣らないものであると指摘しているとおりである[32]。

第三に，国際的な人権の展開を踏まえて，憲法改正により新しい人権を追加

29）　Elkins, et al, *supra* note 21, at 69. 国際人権は，国内の裁判所や活動家が国内の人権実践を変えようとする際に援用されるツールとなるという，もう1つの役割については，シモンズの単著，BETH A. SIMMONS, MOBILIZING FOR HUMAN RIGHTS: INTERNATIONAL LAW IN DOMESTIC POLITICS（2009）を参照。

30）　Elkins, et al, *supra* note 21, at 91-92.

31）　*Id.* at 73.

するということについてである。この点，エルキンズらの研究は，憲法改正により権利規定を追加した権利章典を分析の対象外に置いたため，人権に関する国際条約およびその締結が，各国の憲法典改正による権利規定の追加に対していかなる影響を与えたのかは不明である。実証的な研究が必要となるが，この点については，エルキンズらが，国際的な人権条約に批准すれば，その国は権利章典においても同じ人権を規定する必要は必ずしもないにもかかわらず，各国がそれを権利章典に取り込もうとしているのは，国内外に対して人権保障のスタンスを示す「シグナル」としての意義と，人権の実現のための多様なチャンネルを確保するという「相補（supplement）」としての意義があるためではないかと論じていること[33]がヒントになる（後者の意義については第13章も参照）。そしてこれらの価値は，エリート・プラグマティズム（⇒第5章）においては十分に斟酌されていない価値である[34]。

　最後に念のため，本章で見てきたのは，各国は憲法典において何を人権として保障しているかであって，各国でどの程度まで現実にそれらの人権が保障されているかどうかは検討の範囲外である，ということを付け加えておきたい[35]。

---

32)　Kenneth Mori McElwain & Christian G. Winkler, *What's Unique About the Japanese Constitution?: A Comparative and Historical Analysis*, J. 41 JAPANESE STUD. 249, 263-266 (2015). 前掲注 24) で見た CCP のデータによると，日本の憲法典が保障する権利数 48 は，現在の憲法典の権利保障数の平均（約 50）とほぼ同じである。

33)　Elkins, et al, *supra* note 21, at 81-84.

34)　エリート・プラグマティズムの立場を突き詰めると，小山剛が指摘しているように，「数個の包括的規定さえあれば個別的人権条項には単にシンボリックな意味しかない，ということもできる」，ということになる。小山剛「新しい人権」ジュリ 1289 号（2005 年）102 頁。そうなると，第一の指摘（日本国憲法が定める人権規定の充実さ）は「無駄なこと」と評されることになるかもしれない。

35)　第2章で見たように，各国の憲法典が現実にどの程度まで規範的効力を有しているかは異なる。権威主義国家と民主主義国家における憲法典の内容にほぼ違いがないことについては，*See* Zachary Elkins, Tom Ginsburg & James Melton, *The Content of Authoritarian Constitutions*, in CONSTITUTIONS IN AUTHORITARIAN REGIMES 141 (Tom Ginsburg & Alberto Simpser, ed. 2013).

吉田先生。今回は，人権を学ぶ上での視座として，「人権を歴史的展開という縦軸で捉える」という視点と，「人権規定の国際比較という横軸の視点」で考えるという，魅力的な議論枠組みをご提示いただきましたので，この視点から改めて憲法の教科書を読み直してみました。すると，縦軸の歴史の説明が「自由権から社会権へ」という程度にとどまるものが多いこと，横軸の各国比較についての言及がほとんど見られないこと，そして，縦軸と横軸の関係が不明瞭であることに気づかされました。

　そこで今回，その間隙を埋めるべく，比較憲法学における意欲的な研究の紹介を行いました。まず，主に国際人権法の領域で用いられる人権の世代論にも触れながら，「自由権から社会権へ」の次の展開を追いました（→Ⅰ）。第三世代の人権，さらには第四世代の人権が議論されていますが，いずれも，その時代における社会問題に応接するという問題意識を見て取ることができます。次に，各国の憲法典が現在，どのような人権を保障しているのかを確認しました（→Ⅱ）。「ジェネリック権利章典」も「CCPデータ」も大変興味深く，世界的なトレンドを知る上で有益ですね。そして，時代の進展や課題によって新しい人権が構想され，憲法に明文化されていくというプロセスは，一国内で内発的に生じているというよりはむしろ，国際的な関係のなかで動態的に進展しているということが，縦軸と横軸の関係を探る研究を通じて示されつつあることを見ました（→Ⅲ）。

　日本国憲法に目を転じると，現在の「ジェネリック憲法典」と引けを取らない権利章典を有していることには，その制定時期を考えると驚かされます。今後は，各国および国際的に展開する動態的な人権保障の動向を，どのようにして受け止めていくかが課題になってくるでしょう（→Ⅳ）。これについては，また機会があれば検討してみたいと思っております。　　　　　　［横大道］

第13章　憲法は国際人権とどのように向き合うのか

―――――――――――✉―――――――――――

　横大道先生，第13章は，「憲法の国際化」や「国際的な人権保障」を取り上げたいと思います。第二次世界大戦後の国際的人権保障の取組が21世紀には相当程度に浸透し，各国の憲法体制にも少なくない影響を与えているからです。各国の憲法体制と国際的な人権条約は，どのような関係に立っているのか，あるいは，人権保障のシステムはどのように形成されているのかなどを中心に，今回もよろしくお願いします。

各国の憲法体制と人権条約の関係について

　高校までの人権学習は，日本国憲法における人権に比重が置かれており，国際社会における人権を学ぶ機会は多いとはいえません。高校公民科の教科書には，世界人権宣言と国際人権規約のほか，人権関係諸条約の名称とその特徴が簡略に紹介されるくらいです。条約を批准すると，どのような法的な効果が国内に及ぶのか，どうすれば国際的な水準で人権の保障が達成できるかなど，憲法と国際法がクロスするような問題を検討するレベルまで学習が進んでいけばよいのですが，道はまだ険しいというところです。この点，大学法学部の憲法講義ではどのように扱われているのでしょうか。あの芦部信喜（高橋和之補訂）『憲法〔第7版〕』（岩波書店，2019年）も，「人権の国際化」に関する記述（79頁）は簡略であるため，少し気になってしまいました。

　そこで，横大道先生に質問です。もともと人権保障は，主権国家の枠組みの中で各国家の国内事項として認識されてきたように思います。他国の人権問題に介入することは内政干渉になりかねないと考えられてきたわけです。他方，第二次世界大戦後になると，人権は国際的関心事項と見なされ，世界人権宣言から国際人権規約の採択へと大きな進展が見られるようになりました。国際人権関連の文献には，各国が国際人権法（条約）を国内法体系に組み入れるような取組が紹介されています。そのような点を考慮すると，各国の憲法体制と国際的な人権保障がどのような関係に立ち，現在の人権保障体制が構成されてい

るのか，教えていただきたいと思います。

国際的な人権保障の水準は各国でどのように実現されるのか

　各国が条約に加盟するときは，国内法との矛盾や国内法の不備を是正するため，国内法の改正や新たな法律の制定に取り組むことになります。日本の場合，1985年の女子差別撤廃条約の批准の際に，国籍法の改正や男女雇用機会均等法の制定など，人権保障のための法整備が進められました。批准した条約は，日本の法体系の一部となり，憲法よりは下位だが，法律よりは上位の法として位置付けられます。したがって，日本が締約国となっている人権諸条約の規定内容と矛盾する法令については裁判所が認定すれば違法・無効なものとして扱うことが可能になるでしょう。また，国内の人権状況の改善を行政に求めたり，国内の法制度を国際水準（スタンダード）に適合するように改善したりするときの根拠としても国際人権条約を活用できることでしょう。このように，国際的な人権保障の水準が条約によって示され，各国が批准することになれば，国内の人権状況の改善や人権侵害の被害者の救済に一定の役割を果たすことができるようになるわけです。

　このように見てくると，国際的な人権保障の水準が高まることになれば，各国の憲法が規定する人権保障の水準は量的にも質的にも向上していきますし，結果としてそれが回りまわって，国際的な人権条約の改善へとつながっていくようにも思います。そうすれば，国際人権条約と各国憲法は個別ばらばらに存立しているというよりも，一体化しているというように捉えることができそうです。かなり楽観的な見立てかもしれませんが…。

　グローバル化した現代において，各国の憲法体制は，国際人権条約との間に存在するギャップをどのように埋めようとしているのでしょうか。各国の議会や行政機関，さらには裁判所の実践例のほか，その課題についても教えていただければ幸いです。高校生や大学生の中には，国際的な人権問題やデモクラシーの動向に真摯に向き合い，解決に向けて取り組みたいという人も少なくありません。考える糸口をご紹介ください。　　　　　　　　　　　　［吉田］

Ⅰ　憲法と国際法

まず，憲法学において国際法ないし国際化はどのように扱われているのか，そして国際法学において憲法ないし立憲主義はどのように扱われているのか，ということから見ていこう。

1　憲法の教科書のなかの国際法

一般的な憲法教科書でも国際法は登場するが，その出番は限られている。

総論あるいは違憲審査権との関係では，憲法（を頂点とする国内法）と国際法との一般的・理論的な関係，すなわち，①両者は同一平面上に「一元的」に存在するという理解に基づいて上下関係を設定する一元説（憲法優位説と国際法優位説に分かれる），②両者は別個の法秩序として存在すると捉える二元説，③二元説的な理解を前提にしつつ，両法秩序の「調整」を説く調整理論（等位理論），そしてそれらを前提に，④国際法と法律の上下関係についての議論が紹介される，といった程度にとどまる[1]。

人権の箇所では，「人権の国際化」という表題のもと，従来は各国の国内事項と考えられてきた人権保障が，第二次世界大戦を経て，国際平和への動きとともに，国際的保障に向けて活発化したことに言及される（⇒第 12 章）。しかしその内容は，主要な人権条約の名称が列挙される程度にとどまり[2]，「それらの条約が個別の人権の説明のなかで言及されることは少なく，ましてや，制度の関係では，憲法の予定する統治機構と条約機関との関係が扱われることはない」[3]。「人権の国際化」には，国家に着目しつつ，各国が人権についての水準の確立と維持を共通の課題として捉えているという意味と，国家以外に着目しつつ，国際的に活動する機関による人権擁護活動や保障メカニズムが整備・

1）　国際法学では，現実の適用という実際面に関心が集中しており，上記の「論争の歴史的使命は終わったのかも知れない」と指摘されている。田中忠「国際法と国内法の関係をめぐる諸学説とその理論的基盤」山本草二先生還暦記念『国際法と国内法——国際公益の展開』（勁草書房，1991 年）49 頁などを参照。
2）　芦部信喜（高橋和之補訂）『憲法〔第 7 版〕』（岩波書店，2019 年）79 頁。
3）　江島晶子「国際的な人権保障システム——人権法に向けて」横大道聡ほか編著『グローバル化のなかで考える憲法』（弘文堂，2021 年）145 頁。

推進されているという意味があるとされるが⁴⁾，大半の憲法の教科書では，そのいずれについても簡単な記述だけというのが現状であろう。

2　比較憲法学における「憲法の国際化」

　比較憲法の領域では「憲法の国際化」が語られているが，「憲法の国際化」と聞いて日本の憲法学者がまず思い浮かべるのは，比較憲法学者ミルキヌ゠ゲツェヴィチの 1933 年の著作『憲法の国際化』⁵⁾であろう。ゲツェヴィチは同書のなかで，「その内容にもとづき，国際的な意味，国際的な効力をもつ諸国の憲法的規律の全体」を指して，「国際憲法（Droit constitutionnel international）」と命名した⁶⁾。

　ゲツェヴィチが「国際憲法」という概念を用いて試みようとしたのは，歴史的・経験的に国際的現実を「観察」したとき，国際法と憲法をはじめとする国内法とが別個独立した法秩序として「二元」的に併存しているというよりはむしろ，国内制度の民主化と軌を一にした「公法統一への一般的傾向」が存しており，「一元論的傾向」にあるということの論証であった⁷⁾。石川健治による比喩を借りていえば，ゲツェヴィチが提示したのは，「国際社会を覆う『国際法』という単一の天蓋と，それを支える『国際憲法』という複数の柱とを別々に観念し，後者の柱は，憲法を中心とする各国の国内法が，それぞれ自前で準備するものとする」ものであるとしつつ，「各国が『人類の進歩』に歩調を合わせることによって，概ね同じ高さに柱が揃うことに，期待しようという考え方」⁸⁾である。

　もっとも，近時の世界の比較憲法学において「憲法の国際化（internationalization of constitutional law）」が語られる際には，（リベラルな意味での）立憲主

4）　江橋崇「国内的人権から国際的人権へ」ジュリ 937 号（1989 年）20-21 頁。

5）　ミルキヌ゠ゲツェヴィチ（小田滋゠樋口陽一訳）『憲法の国際化——国際憲法の比較的考察』（有信堂，1964 年）。なお，宮沢俊義と小田滋による翻訳のバージョン（『国際憲法——憲法の国際化』（岩波書店，1952 年）もある。

6）　ゲツェヴィチ・前掲注 5) 289 頁。具体的には，各国の憲法典中にある宣戦布告や戦争準備行為への規律，戦争放棄，さらには少数民族保護などの人権の保障に関する規定等から成る「全体」である。

7）　ゲツェヴィチ・前掲注 5) 289 頁（この部分は，付録として同書に収録された 1948 年執筆論文）。

8）　石川健治「『国際憲法』再論——憲法の国際化と国際法の憲法化の間」ジュリ 1387 号（2009 年）29 頁。

義（⇒第 1 章）を採用する国家が増加しているという「立憲主義のグローバル化」[9]によって，各国の憲法が類似した内容の規定を有するようになっているという現象や，国際人権を国内憲法に（明文あるいは解釈により）取り込む憲法が増加しているという現象（⇒第 12 章）などを指して用いられるのが一般的であり[10]，ゲツェヴィチのそれとはニュアンスを異にしている[11]。

3　国際法学における「国際法の立憲化」

　国際法学の領域では，「国際法の立憲化」が語られている。国際法の立憲化とは，国内法秩序が，国際機関の決定や国際法秩序から直接的な影響を受けるようになっているということを背景に，その統制を国際法秩序のなかで法的に行おうとする試みのことである[12]。国内憲法の文脈で用いられる各種の概念——規範の階層構造，法の支配や民主主義，抑制と均衡や基本的人権の擁護など——が，国際組織のガバナンスや国際法秩序を統制するためのツールとして利用されるようになっている状況を指して，「立憲化」と表現されるのである。

　国際法では，このような「現代の国際法が経験しつつある大きな構造変化を捉えるための視点として，立憲主義の概念を基軸に据える見方」[13]を「グローバル立憲主義」と呼び，それを規範的にも推し進めるべく議論が展開されている。グローバル立憲主義は，必ずしも憲法学一般の興味関心を引いているわけではないが，かねてからグローバル化と憲法について関心を有していた一部の論者からは注目されているところである[14]。

---

9)　篠田英朗「国境を超える立憲主義の可能性」阪口正二郎編『岩波講座 憲法(5)グローバル化と憲法』（岩波書店，2007 年）102-103 頁。井上典之「国境を超える立憲主義」ジュリ 1378 号（2009 年）39 頁以下なども参照。

10)　*See, e.g.*, Wen-Chen Chang & Jiunn-Rong Yeh, *Internationalization of Constitutional Law* in THE OXFORD HANDBOOK OF COMPARATIVE CONSTITUTIONAL LAW 1165 (Michel Rosenfeld & András Sajó, ed. 2012). *See also* David S. Law & Mila Versteeg, *The Evolution and Ideology of Global Constitutionalism*, 99 CALIF. L. REV. 1163 (2011).

11)　井上武史によると，フランス憲法学では，「憲法制定権力の全部または一部が国際機関や他国に譲渡されている」憲法を，「国際化された憲法（constitutions internationalisées）」と呼ぶようである。井上武史「立憲主義とテクスト——日本国憲法の場合」論ジュリ 20 号（2017 年）117 頁。

12)　Erika De Wat, *The Constitutionalization of Public International Law*, in Rosenfeld & Sajó, ed. *supra* note 10, at 1209, 1211.

13)　伊藤一頼「国際法と立憲主義——グローバルな憲法秩序を語ることは可能か」森肇志＝岩月直樹編『サブテクスト国際法——教科書の一歩先へ』（日本評論社，2020 年）18 頁。

Ⅱ　憲法典の国際化と人権保障

　このように憲法と国際法との関係は，学問領域ごとに様々な角度から分析されていることがわかるが，以下では，比較憲法学的意味での「憲法の国際化」に焦点を当てることにしたい。

1　憲法典のなかの国際的な規定

　日本国憲法には，「国際」という言葉が 4 回登場する。前文第 2 段落第 2 文（「われらは，平和を維持し，専制と隷従，圧迫と偏狭を地上から永遠に除去しようと努めてゐる国際社会において，名誉ある地位を占めたいと思ふ」），9 条 1 項に 2 回（「日本国民は，正義と秩序を基調とする国際平和を誠実に希求し，国権の発動たる戦争と，武力による威嚇又は武力の行使は，国際紛争を解決する手段としては，永久にこれを放棄する」），そして 98 条 2 項（「日本国が締結した条約及び確立された国際法規は，これを誠実に遵守することを必要とする」）である。また，「条約」という言葉も，合計 4 回（7 条 1 号・61 条・73 条 3 号・98 条 2 項）登場する。

　このように，憲法典のなかに国際社会との関係に関する規定を設ける例は多い。世界各国の憲法典の動向を見てみると，条約の国内法的効力，国際機関（とくに国際連合，EU 諸国では EU と国家主権に関する規定），そして国際人権についての詳細な規定を設ける例が増えているという[15]。アン・ペータースとウルリッヒ・プロイスによると，その理由は，①市場のグローバル化，②独裁主義的国家の崩壊（1970 年代の南ヨーロッパ，1989 年以降の東・中央ヨーロッパ）と新憲法制定に際して国際法遵守を求めた国際的要請，③体制移行国の監視・監督に際して国際法遵守を求めた国際的要請とそれを踏まえた憲法典起草，④EU（欧州連合）や ICC（国際刑事裁判所）などの強力な国際機関の出現，である[16]。

---

14)　筆者による整理として，横大道聡「グローバル立憲主義？」横大道ほか編著・前掲注3)3 頁以下を参照。

15)　Anne Peters & Ulrich K Preuss, *International Relations and International Law*, in Routledge Handbook of Constitutional Law 33, 33（Mark Tushnet, Thomas Fleiner & Cheryl Saunders ed. 2012）.

16)　*Id.* at 34. *See also* Chang & Yeh, *supra* note 10, at 1170-1173.

　憲法典で何らかのかたちで国際法秩序への言及がないもののほうが珍しいということは，世界の憲法典（英語版）を比較できるサイト "Constitute Project" [17]からも確認できる。同サイトでは，トピックごとに各国憲法典の規定を見ることができるが，「国際法」のトピックを見てみると，現在有効な憲法典 193 のうち，何らかのかたちで国際法に言及する憲法典の数は 181 に及んでいる。詳細を見ると（括弧内が憲法典の数），条約締結手続（168），対外的に国家を代表する機関（153），国際機関（145），条約の国内法的地位（130），宣戦布告や交戦の承認（127），慣習国際法（66），国際人権条約（63）などが規定されている[18]。

2　国際法秩序への「開放」

　各国憲法典に見られる国際的な規定のなかで注目されるのは，国際法秩序への「開放」を試みる規定である[19]。ヨーロッパにおける地域統合の進展が，構成国が自らの有する「主権」の一部を移譲する憲法改正を通じて推し進められていることがその典型であるが[20]，そのほかにも，「国際法の強行規範」が憲法改正の限界（⇒第5章）を構成することを憲法典レベルで明示することで，国際法秩序との接続ないし逸脱防止を図ろうとするスイス憲法の例などが目を引く。

　スイス憲法 139 条 3 項は，「国際法の強行規範」に反する憲法の部分改正に関する国民発案について，連邦議会は，当該発案の全部または一部の無効を宣言することを定め，部分改正の場合も全部改正の場合も「国際法の強行規範に

---

17)　⟨https://www.constituteproject.org/⟩
18)　佐藤幸治『日本国憲法論〔第2版〕』（成文堂，2020年）87頁は，日本国憲法が採用する「国際協和主義」は，「比較憲法的にみて，日本国憲法の大きな特色といえる」と述べているが，今日では「大きな特色」とはいい難いように思われる。ケネス・盛・マッケルウェイン「憲法：柔軟さがもたらす強みと弱み」船橋洋一＝G・ジョン・アイケンベリー編著『自由主義の危機——国際秩序と日本』（東洋経済新報社，2021年）272頁は，日本国憲法は，「大半の現行憲法より非国際主義的であるとも捉えられる」と指摘している。
19)　「開放」の度合いは憲法典によって異なり，また，「開放」が憲法解釈によって行われる場合もある。概観として，江島晶子「憲法の未来像（開放型と閉鎖型）」全国憲法研究会編『日本国憲法の継承と発展』（三省堂，2015年）413-415頁を参照。本章では，憲法典レベルの開放について言及している。
20)　文献は多いが，さしあたり，中村民雄＝山元一編『ヨーロッパ「憲法」の形成と各国憲法の変化』（信山社，2012年）所収の各論文（とくに第2部），南野森「グローバル化時代の主権——『対抗的概念』の対抗力について」横大道ほか編著・前掲注3)68頁以下などを参照。

反してはならない」と定めている（同 193 条 4 項・194 条 2 項）[21]。「国際法の強行規範」とは，ウィーン条約法条約 53 条によれば，「いかなる逸脱も許されない規範として，また，後に成立する同一の性質を有する一般国際法の規範によってのみ変更することのできる規範として，国により構成されている国際社会全体が受け入れ，かつ，認める規範をい」い，具体的には拷問の禁止，ジェノサイドの禁止，奴隷の禁止，人種・宗教等の理由により迫害されている国への難民の追放の禁止などがこれに該当するとされる。

3　憲法典のなかの国際人権

　世界人権宣言 1 条は，「すべての人間は，生れながらにして自由であり，かつ，尊厳と権利とについて平等である」と高らかに謳っている。この言明に典型的に表れているように，人権は，主権国家の枠組みを超えた「普遍的価値」として想定されている。その一方で各国は，通常，憲法典を頂点とした国内法秩序のなかで人権を保障している（⇒第 11 章）。

　両者を別個のシステムとして描いてきたのが従来の憲法学であったが[22]，近時，人権保障との関係でも国際法秩序への「開放」を行う憲法典が出現し始めており，注目を集めている。憲法を含む国内法の解釈に際して，国際的な人権規範に従った解釈を義務付ける規定がそれである。「市民の権利及び自由に関する規定は，世界人権宣言及びその他ルーマニアが当事者である条約と合致するように解釈及び適用されなければならない」と定めるルーマニア憲法 20 条 1 項，「憲法に定める基本的権利及び自由に関する規範は，世界人権宣言並びにスペインが批准した人権に関する国際条約及び国際協定に従ってこれを解釈しなければならない」と定めるスペイン憲法 10 条 2 項などをその例として挙げることができる。そうした規定のうち，とりわけ比較憲法学の領域で注目を集めているのが，南アフリカ共和国の規定方式である。

　人種差別のアパルトヘイト政策により数十年間にわたり国際社会から孤立していた南アフリカは，1990 年代に入り，国際社会に復帰するためにアパルト

---

21)　ワルター・ハラー（平松毅ほか訳）『スイス憲法——比較法的研究』（成文堂，2014 年）183-184 頁などを参照。

22)　例えば，高橋和之「国際人権の論理と国内人権の論理」ジュリ 1244 号（2003 年）69 頁以下，同「国際人権論の基本構造——憲法学の視点から」国際人権 17 号（2006 年）51 頁以下などを参照。

ヘイト法体系を廃止して新たな憲法の制定（1993 年暫定憲法と 1996 年憲法）を行った[23]。国際人権と関係する規定として，1993 年暫定憲法 35 条 1 項は，権利章典で保障された人権規定を解釈する際，裁判所（court, tribunal and forum）は，国際法を「顧慮しなければならない（have regard to)」と定めた。1996 年憲法はそれをさらに推し進めて，39 条 b において国際法を「考慮しなければ・・・・・・・・・ならない（must consider)」とした[24]。このようにして南アフリカは，憲法典のなかに，裁判所の解釈を通じて，人権に関する国内法秩序を常に国際人権の進展と歩調を合わせるという装置を組み込もうとしたのである。

Ⅲ　国際人権の裁判的実現の限界

　国際人権法秩序を国内法秩序へと導入するための「回路」を憲法典レベルに組み込んだということもあって，南アフリカは比較憲法学界から多大な関心を集めた。それではその「実践」はどのようなもので，いかなる課題を抱えているのだろうか。

1　南アフリカの実践

　南アフリカの憲法裁判所における国際法の「考慮」状況を調査した研究によると，その実践は，「裁判官は国際法を各事案において綿密に考慮しているというよりはむしろ，アド・ホックに利用しているように見受けられる」，「裁判所の判決が明らかにしているのは，国際法の一括導入というよりはむしろ，識別したうえでの受容である」と評されている[25]。1993 年暫定憲法のもとでの

---

23)　歴史的経緯については，*see* Heinz Klug, The Constitution of South Africa: A Contextual Analysis, 1-43 (2010)。邦語文献では，中原精一『南アフリカ憲法略史──アパルトヘイトから人種協調の歴史へ』（朝日大学法制研究所，1995 年）103 頁以下，中原精一『アフリカの法と政治』（成文堂，2001 年）111-149 頁も参照。

24)　同憲法 39 条 c は，「外国法（foreign law）を考慮してもよい（may consider)」とも定めているが，ここでは "must" ではなく "may" という文言を用いている。さらに同憲法 233 条は，「法令」を解釈するにあたり，すべての裁判所は，国際法と合致する合理的な解釈をそうでない解釈に優先しなければならないと定めているが，ここでは「法令」については「考慮」ではなく「合致（consistent with)」が求められており，文言が使い分けられている。ちなみに，裁判所による憲法解釈の場面での「外国法」の参照は，比較憲法学で頻繁に取り上げられるテーマの一つである。*See, e.g.,* Gábor Halmai, *The Use of Foreign Law in Constitutional Interpretation,* in Rosenfeld & Sajó, ed. *supra* note 10, at 1328.

判示であるが，憲法裁判所自身，あくまで裁判所が行っているのは，国際法や外国憲法ではなく南アフリカ憲法の解釈なのであって，その解釈に際しては，南アフリカの法システム，歴史や状況，さらに憲法典の構造や文言を適切に踏まえてなされなければならないと述べており[26]，このスタンスは，憲法規定の文言が変わった 1996 年憲法下でも続いているようである。

　つまり，「先進」的な憲法規定を有する南アフリカにおいても，国際人権に関する国際機関による解釈適用を常にそのまま無限定に国内法秩序に流入させているわけでない[27]。その意味で，「普遍的価値」としての国際人権の承認と，憲法を頂点とした国内法秩序内での具体的実現との間に存するギャップは，憲法典レベルでの「開放」を自覚的に選択した南アフリカのような国ですら生じているように，思いのほか深刻である。

2　普遍的価値の国内的実現

　国際人権は，その後の解釈・適用や，人種差別撤廃委員会や自由権規約委員会などの条約機関の所見や見解などを通じて，意味が充塡され「成長」していくという性質を有しているが，国際人権の飛躍的進展が見られる今日にあっても，国際人権の規定の文言を超えて，条約機関などによる解釈までをもそのまま憲法典に取り込むことには，南アフリカがそうであったように，警戒的な国家が少なくないように見受けられる。

　その例として，アルゼンチン憲法 75 条 22 号（1994 年の大改正の際に追加）を挙げることができるだろう。同条は，人の権利及び義務に関する米州宣言，世界人権宣言，米州人権条約，社会権規約，自由権規約及びその選択議定書，ジェノサイド条約，人種差別撤廃条約，女子差別撤廃条約，拷問禁止条約，子どもの権利条約については憲法と同レベルの効力を有するとしつつも，同憲法第 1 部の権利章典が保障する権利・自由を廃止するものではなく，それらを補

---

25)　Devika Hovell & George Williams, *A Tale of Two Systems: The Use of International Law in Constitutional Interpretation in Australia and South Africa*, 29 MELBOURNE UNIV. L. REV. 95, 119, 120（2005).

26)　S v Makwanyane and Another（CCT3/94）[1995] ZACC 3; 1995⑹BCLR 665; 1995⑶SA 391;［1996] 2 CHRLD 164; 1995⑵SACR 1 （6 June 1995), para 39.

27)　*See* Erika de Wet, *The "Friendly but Cautious" Reception of International Law in the Jurisprudence of the South African Constitutional Court: Some Critical Remarks*, 28 FORDHAM INT'L L. J. 1529（2004).

足するものとして理解されなければならないという留保を付している[28]。

3　民主的正統性の問題

　国際人権が「普遍的な価値」であったとしても，それを現実に実現できる中心的主体は，グローバル化が進んだ現在においても各主権国家の国内機関である[29]。そしてその・国・内・裁・判・所・に・よ・る・実・現・には，民主的正統性の課題がついて回る。すなわち，**第 3 章**で憲法典制定の場面における市民参加の拡大と憲法の正統性の向上との間に相関関係があるとする研究を見たが，そのようにして制定された憲法典のなかの権利章典の意味内容が，自国が直接関与しない国際機関によって決定され変化していってしまうという意味——いわゆる「民主主義の赤字」に関係する——に加え，それを民主的に選出されたわけではない裁判所が解釈を通じて実施するという意味——いわゆる「違憲審査制の反多数決主義的難点」の変奏である——で，二重に民主的正統性の問題を抱えるのである。

Ⅳ　ギャップを埋めるために

　日本の憲法学でも，近時，「普遍的価値」としての国際人権の承認と，憲法を頂点とした国内法秩序内での具体的実現との間に存するギャップを埋めるべく，国内法秩序における国際（人権）法の適用方法をめぐる議論が盛りあがりを見せているが[30]，その問題意識の核心にあるのは，この種の正統性であるといってよい[31]。裁判所による国際人権の国内的実現は重要なテーマであるが，他方で，裁判所による条約の国内適用などは，「国際人権法の問題の一部

---

28)　もっともこれらの条約は，事前に両議院の総議員の 3 分の 2 以上の賛成を得て，執行府が廃止通告できるとされている。他の国際人権に関する条約については，両議院の総議員の 3 分の 2 以上の賛成で，憲法と同じレベルの効力を与えることができるともされている。この要件は憲法改正に匹敵するものである。類似の規定を持つブラジル憲法 57 条 6 項 2 号も参照。

29)　江島・前掲注 3）150 頁。

30)　近時の注目すべき研究として，山田哲史『グローバル化と憲法——超国家的法秩序との緊張と調整』（弘文堂，2017 年），手塚崇聡『司法権の国際化と憲法解釈——「参照」を支える理論とその限界』（法律文化社，2018 年）があり，また国際法学からの研究として，松田浩道『国際法と憲法秩序——国際規範の実施権限』（東京大学出版会，2020 年）もある。この 3 つの著作を合わせて検討する，齊藤正彰「条約の国内適用論の読解」北大法学論集 71 巻 6 号（2021 年）1439 頁も参照。

でしかない。統治機構全体の問題として，国際人権法を捉える必要がある」[32]
ということもまた重要である。

　それを推し進めるべく精力的な研究を行っているのが，江島晶子である[33]。
江島は，「実践的なアプローチ」として，「多層的レベル（国際・地域・国内）
において取り組まれている様々な方向を向いた人権実現の試み（と反発）を考
慮に入れながら，進行形の『人権』を補足し，そこから部分的・一時的・地域
的にせよ了解の得られる一定の基準を抽出し，さらにそれを試し続けるモデル
（いかなる機関も最終決定権を持たない）が考えられる」とし，「単一の絶対的
解答が存在しないからこそ，複数の機関によって，答えを出し，検証し，比較
するプロセスを重層的に要しておく必要があ」り，そのなかでは「国内システ
ムと国際システムとの『対話』を通じた試行錯誤を重ねながら人権実施を促進
するという多元的・非階層的・循環的人権保障システム」が望ましいと論じ
る[34]。また，公権力を制限して人権を保障するという意味での立憲主義を実
現するために，国法体系の外部にある仕組みを国内立憲主義に積み上げるかた
ちで利用しようという「多層的立憲主義」を構想する齋藤正彰の議論も，参照
に値する[35]。

　なお江島は，そのために国内人権機関の創設の重要性を論じているが[36]，
再び南アフリカ憲法に目を向けてみると，「立憲民主政を支える国家機関」と
いうタイトルが付された第9章（181条〜194条）に「南アフリカ人権委員会」
という独立機関が挙げられていることに目が留まる。人権保障を担う憲法上の

---

31)　この問題意識そのものを相対化する，山元一の「トランスナショナル人権法源論」が
　　あるが，ここでその詳細に触れる余裕がない。文献は多いが，山元一「『国憲的思惟』vs
　　『トランスナショナル人権法源論』」山元一ほか編著『グローバル化と法の変容』（日本評
　　論社，2018年）3頁以下を挙げるにとどめる。
32)　江島・前掲注3)153頁。
33)　文献は多いが，江島・前掲注3)のほか，江島晶子「権利の多元的・多層的実現プロセ
　　ス――憲法と国際人権条約の関係からグローバル人権法の可能性を模索する」公法78号
　　（2016年）47頁以下を挙げるにとどめる。
34)　江島・前掲注3)154-155頁。曽我部真裕「『人権法』という発想」法教482号（2020
　　年）72頁以下も，憲法学が扱うのは，人権問題と呼ばれている問題の一部に過ぎないの
　　であり，憲法価値の実現とりわけ人権の実現を憲法学の課題として捉えるのであれば，
　　人権の具体的な保障のあり様に幅広く目を向ける必要があるとして，「人権法」という編
　　成によるアプローチを提示している。法律による人権保障については，第12章も参照。
35)　齋藤正彰『多層的立憲主義と日本国憲法』（信山社，2022年），特に第Ⅰ部を参照。
36)　山崎公士『国内人権機関の意義と役割――人権をまもるシステム構築に向けて』（三省
　　堂，2012年）も参照。

機関は，違憲審査権を行使する裁判所だけではないということ，人権委員会の
ような独立機関を創設するという憲法典のデザインもあり得るということ
は[37]，「多元的・非階層的・循環的人権保障システム」の観点からも注目され
よう[38]。

　吉田先生。今回は憲法と国際法との関係についてのご質問でした。憲法の教
科書では，国際法秩序と国内法秩序の関係，日本が締結した条約や「確立した
国際法規」の国内的効力，そしてとりわけ裁判所による違憲審査の場面を念頭
に置いた憲法・条約・法律の形式的上下関係などについて記述されているかと
思います。他方，比較憲法学や国際法学の議論を覗いてみると，憲法学とはま
た違った論じ方がなされていることに気づきます。人権条約についても同様で
す（→Ⅰ）。そこで本章では，比較憲法学の知見を参考に，各国の憲法典が国
際関係や国際人権についてどのような規定を設けており，それはいかなる役割
を果たしているのかを見てみることにしました（→Ⅱ）。

　本章が特に注目したのは，明示的に国際法秩序への「開放」を試みる憲法上の
規定，とくに人権保障について，憲法で保障する人権規定を解釈する際に，裁判
所は，国際法を考慮しなければならないと定め，国際的な人権保障水準に常にキ
ャッチアップすることを試みる南アフリカ憲法です（→Ⅱ3）。しかしその実践
を見ると，南アフリカのような「先進」的な国ですら，「普遍的価値」としての
国際人権の保障を，そのまま自動的に国内にも及ぼしているわけではありません
でした。その背景には裁判所による法解釈に伴う民主的正統性の問題が横たわっ
ています。これを乗り越えるためには，裁判所による人権条約の解釈を通じてそ

---

37)　〈https://www.constituteproject.org/〉によると，その権限に相違はあるが，人権委員
　　会を憲法典に規定している割合は約 22％である。
38)　関連して，第 7 章で触れたブルース・アッカマンは，Bruce A. Ackerman, *The New Sep-
　　aration of Powers*, 113 Harv. L. Rev. 633（2000）において，権力分立の目的の一つである
　　「機能適性・専門性」に鑑みた権力配分という視点から，権力分立の「権利保障」という
　　目的を実現するために，選挙委員会（⇒第 8 章）のように民主主義のプロセス維持の役割
　　を果たす「民主制機関（democracy branch）」と，政治的権利行使に最低限必要な経済的
　　保障を行う「配分的正義機関（distributive justice branch）」などを論じ，これらを「新しい」
　　権力分立論として，場合によっては憲法典レベルで保障すべきであるなどと論じている。

れを国内的に実現するというルートだけではなく，統治機関全体を通じた多元的な実現方法に目を向けることが重要になってくるのではないかと思います（→Ⅳ）。

　国際的な人権問題やデモクラシーの動向に真摯に向き合い，解決に向けて取り組みたいという中高生が少なくない，というのは頼もしい限りですね。彼（女）たちのためにも，国際人権の実現のための多元的な方法の存在を意識させ，視野を広げる手助けをしていくことが大切ではないかと思います。

［横大道］

第14章　いつ人権の制約は正当化されるのか

　横大道先生，こんにちは。第14章は，憲法学修を進めるうえで最も実践的なテーマとなる「人権制約の正当化」というテーマに取り組んでみたいと思います。このテーマは，従来「公共の福祉」をどのように捉えるかをめぐって議論が積み重ねられてきたところですが，近年は，人権制約と違憲審査基準をめぐる議論が盛んに取り上げられるようになりました。高度で複雑化した学修内容は，ドイツやアメリカなどの比較憲法上の知識も求められるため，憲法学修を進めるうえでかなり高いハードルになってきているようです。横大道先生には，本書の特徴である比較憲法的な知見をふまえ，憲法学修のための見取り図を示していただきたいと思います。今回もよろしくお願いします。

人権の行使に制約を課すことが正当化されるとき

　日本国憲法は，基本的人権が「侵すことのできない永久の権利」（11条・97条）であることを宣言し，それが「人類の多年にわたる自由獲得の努力の成果」（97条）であり，「国民の不断の努力によって，これを保持しなければならない」（12条）と定めています。

　しかし，人権の不可侵性は，いかなる場合においても人権がいっさいの制約を受けないということを意味するわけではないため，どのような場合に人権の制約が認められるかが問題となるわけです。

　現在の高校の教科書では，人権に制約を加える場合の憲法上の根拠として「公共の福祉」があることを指摘しています。それは，日本国憲法が個別の人権ごとにその制約の根拠や程度を規定するのではなく，「公共の福祉」による制約がある旨を一般的に定める方式をとっている（芦部信喜〔高橋和之補訂〕『憲法〔第7版〕』（岩波書店，2019年）99頁参照）からですが，それだけに，この抽象的な「公共の福祉」という概念を人権の限界として設定する場合，どのように理解すればよいのかが問われることになります。これが憲法入門者には難しいのです。

「公共の福祉」を理解するためのポイントは，今から50年以上も前に宮沢俊義さんが指摘したように，この漠然とした言葉を不用意に広く解してはならないということでしょう（宮沢俊義『憲法講話』〔岩波新書，1967年〕16頁参照）。ある高校教科書が「『公共の福祉』とは，……個人をこえた全体の利益を意味するものではない。『公共の福祉』とは，要するに，個人の権利を等しく尊重することであり，すべての人に平等に，そして実質的に人権を保障する原理なのである」（『高校政治・経済〔新訂版〕』〔実教出版，2018年〕36頁）と述べているのは，そのことを別の言葉で表現しているものということができます。しかし，それだけでは，人権の制約がどのような場合に認められるのか，よくわからないため，別の教科書には，「人が基本的人権を行使する際に，他人の権利と衝突した場合には調整が必要になる。そうした調整の原理として公共の福祉がある」（『政治・経済』〔東京書籍，2018年〕42頁）ことが書かれています。このあたりが現在の高校教育の到達水準ということになります。

「公共の福祉」と審査基準論――比較憲法の視点から

しかし，憲法をさらに学んでいきますと，人権の制約が認められるかどうかをめぐって，大学などで初めて比較衡量の理論に触れながら，人権を規制しない場合に維持される利益と，これを規制することによってもたらされる利益とを衡量しながら妥当な結論を導き出すような思考法を学んだりすることになるでしょう。

近年の憲法学の教科書では，どのようにして比較衡量を行うかをめぐって，ドイツ型の比例原則やアメリカ型の違憲審査基準論などが紹介されていることが増えています。その場合，日本で長く問われてきた「公共の福祉」をめぐる議論とこのような審査基準論との関係をうまく整理できないまま挫折してしまう人もいるようです。この複雑なテーマについてどのように理解していくとよいのでしょうか。今回も，比較憲法的な視点にたって，人権制約の正当化をめぐる世界各国の議論の状況のほか，日本の「公共の福祉」の問題をどのようにとらえたらよいのかをぜひ教えていただきたいと思います。どうぞよろしくお願いします。　　　　　　　　　　　　　　　　　　　　　　　　　　［吉田］

Ⅰ　「憲法上の権利」の性質と基本構造

「人権制約の正当化」を考えるにあたっては，まず，憲法上保障される権利としての人権の性質と，その「基本構造」を明らかにしておくことが有益である。

1　「原理」としての人権

大半の国の憲法は人権を取り込んで「憲法上の権利」としてそれらを保障しているが（⇒第 11 章・第 12 章），その権利のほとんどは，「必要にして合理的な制約に服するという意味で，一応の（prima facie）保障を享受するにとどまる」のであり[1]，いかなる制約をも認めないという意味での絶対的な保障を享受するわけではない[2][3]。どの程度まで憲法上の権利の側に有利な推定が働かされるのかは，各々の権利の理解や理論によって異なるものの，自由権の場合，①憲法上の権利が制約されているということが一応認定されたら，②国家の側がこの制約を正当化できない限り，違憲と判断される。この基本構造は，「普遍的に近い（near-universal）」ものである[4]。

ドイツの著名な法哲学者・公法学者のロベルト・アレクシーによれば，「す

---

[1]　小山剛『「憲法上の権利」の作法〔第 3 版〕』（尚学社，2016 年）64-65 頁。

[2]　日本国憲法上，検閲の禁止（21 条 2 項）や公務員による拷問及び残虐な刑罰の禁止（36 条）のように，絶対的禁止に該当するとされるものもある。小山・前掲注 1）62-63 頁。

[3]　日本国憲法 11 条が，「この憲法が国民に保障する基本的人権は，侵すことのできない永久の権利」と述べているにもかかわらず（97 条も参照），その制約が認められるのは，憲法 11 条や 97 条にいう基本的人権は前国家的な自然権である一方，人権の制約を一般的に容認する憲法 12 条が述べる「この憲法が国民に保障する自由及び権利」は，自然権を憲法典が取り込み，実定法上の権利と化した憲法上の権利（基本権）なのであり，それは憲法自身が不可侵ではなく「公共の福祉」によって制限されることを予定している，というように説明することができる。工藤達朗「人権と基本権」中央ロー・ジャーナル 13 巻 1 号（2016 年）110 頁を参照。

[4]　Stephen Gardbaum, *The Structure and Scope of Constitutional Rights*, in COMPARATIVE CONSTITUTIONAL LAW, 387, 388 (Tom Ginsburg & Rosalind Dixon, ed. 2011); David S. Law, *Generic Constitutional Law*, 89 MINN. L. REV. 652, 687-689 (2005). 日本では高橋和之が，「人権制限の存在の確認と人権制限の正当化」が「人権論の基本構図」であると明言している。高橋和之『体系 憲法訴訟』（岩波書店，2017 年）221 頁。社会権などの立法者による内容形成が求められる権利については，これとは異なった考察もなされるが，ここでは指摘のみにとどめる。

べての規範は，準則か原理かのいずれかであ」り，「この区別なくして，いかなる妥当な権利制約の理論も，権利同士の衝突を調整する容認可能な法理も，法システムにおける憲法上の権利の役割に関する満足のいく理論も構築し得ない」[5]。したがって，憲法上の権利という規範も，「準則」か「原理」かのいずれかということになる。

　それでは「準則」，「原理」とは何か。「準則（Rule/Regeln）」とは，「常に充足されるか，されないかの規範」であるのに対して，「原理（Principle/Prinzipien）」とは，「法的および事実上の可能性の見地からみて，可能な限り最大限度までその実現を要求する規範」，換言すれば，「最適化要請（optimization requirements/Optimierungsgebot）」である[6]。憲法上の権利であっても絶対無制約ではなく，必要にして合理的な制約に服するという理解は，可能な限り最大限の保障を求めつつも（最適化要請），それが他の利益（原理）との衡量（調整）によって制約される可能性が残されているという意味で，権利を「原理」と把握する見方が採用されていることを意味するのである[7]。

2　憲法上の権利の構成要件

　①の憲法上の権利の「制約の有無」の認定の場面では，個々の権利規定の保障内容——例えば，ヘイトスピーチや児童ポルノも表現の自由によって保障されるのか，等々——や，どのような介入が「制約」として観念されるのか——例えば表現活動への補助金の不支給などは「制約」といえるのか，等々——といった論点が議論される[8]。

---

5 ） Robert Alexy, A Theory of Constitutional Rights 44（Julian Rivers, trans., 2010）〔ドイツ語の原著は 1985 年〕。アレクシーに関する文献は数多いが，特にこの区別とそれに対する批判と検討を扱う，渡辺康行「憲法学における『ルール』と『原理』区分論の意義——R・アレクシーをめぐる論争を素材として」栗城壽夫先生古稀記念『日独憲法学の創造力(上)』（信山社，2003 年）1 頁以下を参照。

6 ） Alexy, *supra* note 5, at 47-48。

7 ） 「準則」の場合，要件を充足するか否かによって法的判断を行うという「要件＝効果図式」が用いられる。前掲注 2）で取り上げた検閲の禁止を例にすれば，検閲の定義（最大判昭和 59・12・12 民集 38 巻 12 号 1308 頁〔札幌税関検査事件〕参照）に該当すれば，「禁止」という効果が確定的に導かれる。

8 ） ドイツでは，この部分は「基本権構成要件」論として議論されている。総論的考察として，新正幸「基本権の構成要件について」樋口陽一先生古稀記念『憲法論集』（創文社，2004 年）173 頁以下，工藤達朗「憲法における構成要件の理論」法学新報 121 巻 11＝12 号（2015 年）671 頁以下等を，ドイツにおける議論状況については，實原隆志「基本権の構成要件と保障内容」千葉大学法学論集 23 巻 1 号（2008 年）155 頁以下等を参照。

どこまで具体的に権利の内容を憲法に規定するかは各国で異なる。日本やアメリカのように，抽象的に権利を保障しつつ，その意味内容を広く解釈に委ねる憲法典もあれば，ドイツのように，ある程度まで具体的に権利の内容を明示する憲法典もある。憲法典の長文化と記述内容の詳細化の傾向（⇒第 4 章）からすると，後者が近時のトレンドといえそうである。

3　制約の正当化

①憲法上の権利の制約が一応認定されたら，次に，②どのような場合に当該制約が正当化されるのかという検討へと進む。各国の憲法典を見てみると，権利制約が認められる場面や条件を相当程度具体的に述べる憲法典もあれば（例えばドイツ連邦共和国基本法），ほとんどそれを示さない憲法典（例えばアメリカ合衆国憲法），憲法上の権利を制約する一般的原理のみを規定する憲法典（例えばカナダ人権憲章）もある[9]。日本の「公共の福祉」という規定スタイルは最後者に分類される[10]。

人権制約が正当化される場面とは，抽象的にいえば，「基本的人権を制限することによって得られる利益と，それを制限しないで置くことによって得られる利益とを比較較量して，前者の利益が後者の利益よりも価値が高いと認められる場合」[11]である。この抽象的意味での比較衡量（balancing）——論者によって，「比較」ではなく「利益」という言葉を用いたり，また，「衡量」「較量」「考量」という異なった字が当てられたりするが，以下，すべて同義と捉えて「比較衡量」と記す——は，「憲法解釈に不可欠の手続」[12]といってよい。

問題は，具体的な事件において，どのようにして比較衡量を行うのかであるが[13]，そのための論証構造として，世界各国および国際法廷でも用いられており，アメリカを除いてグローバル・モデルとなっているとまで評されている方法こそが，比例原則（proportionality/ Verhältnismäßigkeitsprinzip）である[14]。

---

9)　Gardbaum, *supra* note 4, at 389-390.

10)　なお，「人権の制限（limitation）」と「人権の逸脱（derogation）」は区別される。後者は，緊急事態において，通常は「人権の制限」としては許されない制限を例外的に許容するものである。この点に関しては，後掲注 42)を参照。

11)　佐藤功「公共の福祉」同『憲法解釈の諸問題(2)』（有斐閣，1962 年）182 頁〔初出は1956 年〕。*See also* ALEXY, *supra* note 5, at 102.

12)　芦部信喜『憲法学Ⅱ人権総論』（有斐閣，1994 年）208 頁。

Ⅱ　グローバル・モデルとしての比例原則

1　比例原則の導出

　比例原則[15]は，19世紀ドイツ・プロイセンにおいて警察法上の原則として出発し，その後に行政作用法上の統制原則となり[16]，戦後に憲法上の原則[17]として，法律の憲法適合性を判断するための基準としての地位を獲得した原則である。細部については学説上の議論が喧しく展開されているところであるが，ここでは，「各国の比較憲法学者がプロポーショナリティについて考察する際の出発点となっている」[18]とされ，比例原則の母国ドイツの文脈から離れた普遍的な理論構築を展望している，先にも登場したアレクシーによる説明を見てみよう[19]。

　まず，Ⅰ1で触れたように，「原理」と「準則」の区別が議論の出発点である。憲法上の権利は「原理」であり，「最適化要請」である。「原理」同士が衝

---

13)　芦部信喜は，この意味での具体的な場面における比較衡量を「違憲審査の基準としての比較衡量論」と呼び，「憲法解釈に不可欠の手続」である「憲法解釈の方法としての比較衡量」と区別している。芦部・前掲注12)208頁。また，高橋・前掲注4)214頁のほか，伊藤正己「憲法解釈における利益較量論――その意義と限界」法教第2期1号（1973年）24頁以下なども参照。

14)　「比例原則」を扱う比較憲法学の業績は，必ずといっていいほど，この原則のグローバルな普及を語っている。*See, e.g.*, Vicki C. Jackson, *Constitutional Law in an Age of Proportionality*, 124 Yale L. J. 3094, 3096 (2015); Grant Huscroft, Bradley W. Miller & Gregoire Webber, *Introduction*, in Proportionality and the Rule of Law: Rights, Justification, Reasoning 1 (Grant Huscroft, Bradley W. Miller & Gregoire Webber, ed. 2014). Vicki C. Jackson & Mark Tushnet, *Introduction*, in Proportionality: New Frontiers, New Challenges 1 (Vicki C. Jackson & Mark Tushnet, ed. 2017). その議論状況については，村山健太郎「憲法訴訟――審査基準論はどこに向かおうとしているのか？」大沢秀介＝大林啓吾編著『アメリカの憲法問題と司法審査』（成文堂，2016年）193頁以下などを参照。

15)　比例原則についての簡潔で要を得た説明として，鵜澤剛「比例原則」大林啓吾＝見平典編著『憲法用語の源泉をよむ』（三省堂，2016年）111頁以下を参照。

16)　須藤陽子『比例原則の現代的意義と機能』（法律文化社，2010年）第1部を参照。

17)　柴田憲司「憲法上の比例原則について(1)(2・完)――ドイツにおけるその法的根拠・基礎づけをめぐる議論を中心に」法学新報116巻9＝10号（2010年）183頁以下，同巻11＝12号（2010年）185頁以下を参照。

18)　村山・前掲注14)196頁。

19)　Alexy, *supra* note 5, ch. 3. アレクシーの議論を扱う邦語文献は少なくないが，さしあたり，村山・前掲注14)196-200頁，柴田・前掲注17)「(2・完)」219-234頁，長尾一紘『基本権解釈と利益衡量の法理』（中央大学出版部，2012年）23-38頁などを参照。

突する場合——「原理」には社会全体の利益などの公益も含まれる——，一方が他方に絶対的に優越するという関係にない。そこで「最適化要請」が働き，原理の重要度によって原理間の調整が図られることになるが[20]，そのための方法こそが比例原則なのである。アレクシー曰く，このことが意味するのは，「比例原則の３つの下位原則，すなわち，適合性，必要性（最も制限的でない手段の利用），および狭義の比例性（すなわち，衡量〔balancing〕の要請）が，原理の性質から論理必然的に導出される，ということである」[21]。

2　比例原則の構成要素

　以上がアレクシーによる比例原則の導出方法であるが，（広義の）比例原則が，アレクシーが示した①適合性の原則，②必要性の原則，③狭義の比例性という３つの下位原則から構成されるということは，ドイツの判例・通説においてほぼ一致をみている[22]。また，比較憲法学における共通了解といってよい。

　それぞれの具体的な意味は[23]，①「適合性の原則」のもと，手段が立法目的の実現を促進するか否かが問われ，立法目的の実現を阻害したり，その実現にまったく資さなかったりする場合でなければ，適合性は肯定される。②「必要性の原則」のもと，立法目的の実現のために採られた手段のうち，同じ程度に効果的な手段が複数存在する場合には，権利を制限する度合いの小さいもの以外の手段は必要とはいえないとして排除される。③「狭義の比例性の原則」（利益の均衡などとも称される）は，手段は追及される目的と比例していなけれ

---

20)　原理同士の具体的衝突場面における調整は，「一定の条件下では一方の原理が優先する」という準則の設定とその適用によって実現されるが，この準則は，最適化要請のもとで原理同士の調整をした結果である。ALEXY, *supra* note 5, at 50-54. そして調整に用いられるのが，「ある原理の非充足ないし損害の程度が大きければ大きいほど，他方の原理を充足させることの重要性は大きいものでなければならない」という「衡量法則（Law of Balancing）」である。*Id.* at 102.

21)　ALEXY, *supra* note 5, at 66（emphasis added）. アレクシーによれば，適合性，必要性の原則は「事実上の可能性」の見地から，狭義の比例性は「法的な可能性」の見地から導出される。*Id.* at 67. したがって法的分析にとって重要となるのは狭義の比例性であり，これは「衡量法則」（前掲注 20）参照）によって判断される。*Id.* at 102.

22)　ボード・ピエロート＝ベルンハルト・シュリンク（永田秀樹ほか訳）『現代ドイツ基本権』（法律文化社，2001 年）96 頁，クラウス・シュテルン（井上典之ほか編訳）『シュテルンドイツ憲法 II 基本権編』（信山社，2009 年）313-314 頁などを参照。

23)　以下，ALEXY, *supra* note 5 at 67-69, 松本和彦『基本権保障の憲法理論』（大阪大学出版会，2001 年）54-63 頁，小山・前掲注 1)70-72 頁，柴田・前掲注 17)「(2・完)」228-232 頁などの説明を参照。

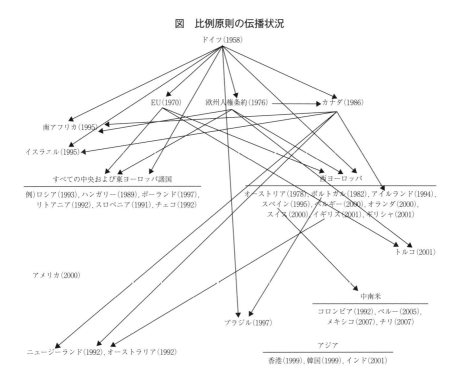

図　比例原則の伝播状況

ばならない，というものである。

3　グローバル・モデルへ

　以上が現在，グローバル・モデルとなっているとされる比例原則の概要である。イスラエルの最高裁判所長官を務め，比例原則の伝道者としての活躍でも知られるアーロン・バラクが作成した比例原則の伝播状況を示したのが，図である[24]。

　比例原則を導入している国々の憲法典を見ると，必ずしも明文で比例原則が述べられているわけではない。むしろ，明文規定の有無にかかわらず，普遍的に妥当し得る原則であるという点に，この原則がグローバル・モデル化し得た理由が存しているといえるだろう[25]。

---

24)　AHARON BARAK, PROPORTIONALITY: CONSTITUTIONAL RIGHTS AND THEIR LIMITATIONS 182 (2012). その具体的な説明部分として，see Id. at 180-120.

Ⅲ ローカル・モデルとしての違憲審査基準論

1 違憲審査基準の狙い

比例原則はアメリカを除いてグローバル・モデルとなっていると述べたが，それではアメリカではどのような判断方法が採られているのだろうか。それは，「幾つかの段階的な審査基準を使い分けて政府の行為の憲法適合性を判断する」という「違憲審査基準」であり，この手法こそが「アメリカ憲法の今世紀における最大の特徴の 1 つ」である[26]。

「アメリカの憲法上の法理は，複雑なカテゴリとサブカテゴリを考案し，憲法上の審査を受ける権利侵害の種類を特定し，その各々に適用されるべき審査のレベルを考案することに傾注している」[27]と指摘されるように，違憲審査基準は，裁判所の行う比較衡量を枠づけるために「範疇化（categorization）」した基準を提供することを主目的とする[28]。比例原則との最大の違いは，「違憲審査基準が，審査基準を階層化することで，裁判官による利益衡量を枠づけようとするのに対して，比例原則はこうした形での枠づけを拒否して個別の事例の事情に即した裁判官による利益衡量を可能にする」[29]点に存している。

2 比例原則に対する警戒感の根源

アメリカが違憲審査基準を用いて裁判官による利益衡量を枠づけようとするのは，かつて人権を制約する法令の合憲性を審査するための基準として「個別の事例の事情に即した裁判官による利益衡量」，すなわち，個別的利益衡量

---

25) 近時では，2014 年に施行されたチュニジア憲法 49 条のように，比例原則を憲法典に明記する例も見られる。人権制約の一般的場面について規定する条項において比例原則ないし比例性への言及が見られる憲法典として，アルバニア憲法 17 条 1 項，ギリシャ憲法 25 条 1 項，トルコ憲法 13 条，ルーマニア憲法 53 条 2 項，ハンガリー憲法 1 条 3 項，スイス憲法 36 条 3 項，モルドヴァ憲法 54 条 4 項などがある。

26) 阪口正二郎「人権論Ⅱ・違憲審査基準の二つの機能——憲法と理由」辻村みよ子 = 長谷部恭男編『憲法理論の再創造』（日本評論社，2011 年）147 頁。

27) Moshe Cohen-Eliya & Iddo Porat, *American Balancing and German Proportionality: The Historical Origins*, 8 Int'l J. Const. L. 263, 264 (2010).

28) 川岸令和「比較衡量論——憲法上の権利の理解の深化に向けて」山本龍彦 = 大林啓吾編著『違憲審査基準——アメリカ憲法判例の現在』（弘文堂，2018 年）91 頁以下を参照。

29) 阪口正二郎「憲法上の権利と利益衡量——『シールド』としての権利と『切り札』としての権利」一橋法学 9 巻 3 号（2010 年）715 頁。

（ad hoc balancing）が用いられ，それが裁判官の主観的な政治的・道徳的選好を判決に反映させることを事実上容認し，そしてそれが人権制約を広く容認するかたちで用いられたことに対抗するためである[30]。そのため，アメリカ憲法学では「利益衡量」という言葉にネガティブなイメージがついて回るのであるが[31]，個別的利益衡量と比例原則の第三原則である「狭義の比例性」とは類似性を有している。アメリカが比例原則の導入に消極的な最大の理由は，比例原則の導入は個別的利益衡量の時代への逆戻りになってしまうのではないかという警戒感なのである[32]。

3　日本の状況

　アメリカの議論を継受した日本の学説は，1960年代以降，アメリカ型の違憲審査基準論の導入に向けて議論を積み重ねてきた。しかし裁判所はむしろ，グローバル・モデルとしての利益衡量・比例原則を採用しているかのようである[33]。そのこともあって日本では現在，アメリカ型違憲審査基準論かドイツ型比例原則か，それとも折衷的な日本モデルの構築か，といった構図で議論が展開されているところである[34]。

　ここで今後どうあるべきかについて論じる余裕はないが，違憲審査基準論の導入を主導した芦部信喜が，「学説が，ドイツの憲法裁判所の判例の採る比例原則のほうが妥当であるとか……いうような考え方を主張することが，勝てる裁判につながってゆくのかどうか，そして憲法裁判の活性化を促す契機になる

30）　伊藤正己「憲法解釈と利益衡量論」ジュリ638号（1977年）201-202頁。

31）　Jackson, *supra* note 14, at 3125-3126. 阪口・前掲注29)716-721頁。もっとも，Ⅰ3で述べた抽象的意味での比較衡量まで否定されているわけではない。アメリカとドイツにおける利益衡量概念の捉え方の違いについては, *see* JACCO BOMHOFF, BALANCING CONSTITUTIONAL RIGHTS: THE ORIGIN AND MEANINGS OF POSTWAR LEGAL DISCOURSE (2013).

32）　その他の理由も様々あり得るが，それについては, *see generally* Cohen-Eliya & Porat, *supra* note 27.

33）　これが明確に表れているものとして，堀越事件（最判平成24・12・7刑集66巻12号1337頁）における千葉勝美裁判官の補足意見を参照。

34）　文献は多いが，近時のものとして，松本哲治「審査基準論と三段階審査」曽我部真裕ほか編『憲法論点教室〔第2版〕』（日本評論社，2020年）17頁以下，村山健太郎「法令の合憲性審査の思考様式」山本龍彦＝横大道聡編著『憲法学の現在地──判例・学説から探究する現代的論点』（日本評論社，2020年）88頁以下，小島慎司「違憲審査の手法（違憲審査基準・比例原則）」横大道聡ほか編著『グローバル化のなかで考える憲法』（弘文堂，2021年）349頁以下などを参照。

のかどうか，その点を再検討してみる必要がある」[35]と述べていたことは示唆的である。果たして，実務との断絶の深い違憲審査基準にこだわり続けることは妥当なのかを，改めて再検討してみる必要があるのかもしれない[36]。

Ⅳ　人権制約原理としての「公共の福祉」・再考

　本節では，憲法学がほとんど問題にしてこなかった論点，すなわち，人権を「公共の福祉」という「一般的制約事由」によって制約するという方法について検討することにしたい。

1　国際機関からの指摘

　1966 年に国連総会で採択され，1976 年に発効（日本の採択は 1979 年）した市民的及び政治的権利に関する国際規約（以下，自由権規約）の 40 条 1 項(b)は，締約国に対して，「委員会が要請するときに，この規約において認められる権利の実現のためにとった措置及びこれらの権利の享受についてもたらされた進歩に関する報告を提出することを約束する」と定める。これまで日本は，同条に基づく政府報告書を 6 回提出しているが（現在第 7 回報告審査中），自由権規約委員会から「公共の福祉」が問題視されていることを知る読者は少ないだろう。
　例えば，2014 年の『日本の第 6 回定期報告に関する総括所見』は，「公共の福祉」を理由とした人権の制限について，次のように述べている[37]。

　　委員会は，「公共の福祉」の概念が曖昧で制限がなく，規約の下で許容されている制限を超える制限を許容し得ることに，改めて懸念を表明する（第2 条，第 18 条及び第 19 条）。

---

35)　芦部信喜「人権論 50 年を回想して」同『宗教・人権・憲法学』（有斐閣，1999 年）237 頁〔初出は 1997 年〕。
36)　その際，比例原則を採用すれば権利保障が弱まり，逆に違憲審査基準を用いれば権利保障が高められるというわけではなく，両者とも基準としては中立的なものであって，その使い方や基準の設定次第で，権利制約的にも権利保護的にも機能するということには注意しておきたい。See Kathleen M. Sullivan, *Post-Liberal Judging: The Role of Categorization and Balancing*, 63 U. Colo. L. Rev. 293（1992）.
37)　CCPR/C/JPN/CO/6, para. 22. 外務省による仮訳として，〈https://www.mofa.go.jp/mofaj/files/000054774.pdf〉。

　委員会は，前回の総括所見[38]……を想起し，締約国に対し，第18条及び第19条の各第3項[39]に規定された厳格な要件を満たさない限り，思想，良心及び宗教の自由あるいは表現の自由に対する権利への如何なる制限を課すことを差し控えることを促す。

　自由権規約委員会と日本政府の立場[40]の相違を分析した国際法学者の窪誠によると，「規約は一切の制約を認めない絶対的人権を認め，そうでない相対的人権の制約についても条文に規定された条件に従わせるのに対して，政府の説明する日本国憲法は絶対的人権を認めず，すべての人権を『公共の福祉』という抽象的な概念によって一般的に規制している」[41]ことが問題視されている，というのである。

2　「公共の福祉」の問題点

　そうだとすると，この問題は一般的抽象的な人権制約原理としての「公共の福祉」を規定している憲法典それ自体に起因する問題ということになる。事実，自由権規約委員会委員も務めた国際法学者の安藤仁介は，「筆者〔安藤〕の調べえたかぎりでは，日本国憲法の『公共の福祉』に見合う"人権の制限事由"を規定する憲法は，ほとんど見当ら」ず，「『公共の福祉』による人権制限の行

---

38)　CCPR/C/JPN/CO/5, para. 10. 外務省による仮訳として，〈https://www.mofa.go.jp/mofaj/gaiko/kiyaku/pdfs/jiyu_kenkai.pdf〉。
39)　自由権規約18条3項は，「宗教又は信念を表明する自由については，法律で定める制限であって公共の安全，公の秩序，公衆の健康若しくは道徳又は他の者の基本的な権利及び自由を保護するために必要なもののみを課することができる」と定め，19条3項は，「ただし，その制限は，法律によって定められ，かつ，次の目的のために必要とされるものに限る。(a)他の者の権利又は信用の尊重(b)国の安全，公の秩序又は公衆の健康若しくは道徳の保護」と定める。
40)　外務省「市民的及び政治的権利に関する国際規約第40条1(b)に基づく第6回政府報告（仮訳）」〈https://www.mofa.go.jp/mofaj/files/000023051.pdf〉。具体的には，日本政府の立場は次のとおりである。「憲法における『公共の福祉』の概念は，これまでの報告のとおり，各権利毎に，その権利に内在する性質を根拠に判例等により具体化されており，憲法による人権保障及び制限の内容は，実質的には，本規約による人権保障及び制限の内容とほぼ同様のものとなっている。したがって，『公共の福祉』の概念の下，国家権力により恣意的に人権が制限されることはもちろん，同概念を理由に規約で保障された権利に課されるあらゆる制約が規約で許容される制約を超えることはあり得ない」(4-5頁)。
41)　窪誠「なぜ，日本国憲法『公共の福祉』概念が，国連人権機関で問題とされるのか？」大阪産業大学経済論集18巻1号（2016年）8頁。

き過ぎに対し，明示の歯止め規定を欠いていることは，日本国憲法の大きな問題点であるといわざるをえ」ず，また，「『公共の福祉』が，人権全般に対する制限事由とされている "制限方式" もまた，問題である」[42]と述べている。

　この指摘を正面から受け止めるならば，人権条約なみに具体的に人権制約が認められる／認められない場面を明示するような憲法改正に繋がり得るが[43]，そのような主張を展開する憲法学説は皆無といってよい。「『解釈でうまく回っているから問題ない』という内向きの理屈は国際的には通用していない」[44]という指摘を，果たして憲法学は真剣に受け止めることができるだろうか[45]。

　吉田先生。今回ご提示いただいた「人権制約の正当化」という論点（→Ⅰ）は，法科大学院制度の発足と軌を一にして，日本でも熱く議論されています。比較憲法学の領域でも，比例原則のグローバル化（→Ⅱ）は大きな関心を集めているトピックで，それを受けて，アメリカ流の違憲審査基準論（→Ⅲ）との異同や，日本はどちらのモデルを選択すべきかといった研究も進展しているところです。今回は，それらについての学説状況を概観したうえで，「公共の福祉」という一般的人権制約事由を掲げる日本国憲法の問題点（→Ⅳ）も見てい

---

42)　安藤仁介「人権の制限事由としての『公共の福祉』に関する一考察——日本国憲法と国際人権規約」論叢 132 巻 4 = 6 号（1993 年）62 頁，63 頁。なお，安藤が比較対象としている「B 規約〔自由権規約〕は原則として，個別の人権ごとに "人権の制限事由" を明記する "制限方式" を採用し，唯一の包括的な "人権の制限事由" である『緊急事態』についても，差別的な適用を禁止するとともに，緊急事態においても制限しえない "絶対的な人権" の存在を認めている」（同 59 頁）。緊急事態（⇒第 10 章）においても「公共の福祉」一本で人権制約を正当化することの問題点については，横大道聡「人権・ロックダウン・緊急事態」判時 2505 号（2022 年）119 頁以下を参照。
43)　安藤自身は，「公共の福祉」の内容を明らかにするために，自由権規約に規定する "人権の制限事由" を適用すべきであると論じている。安藤・前掲注 42)64-65 頁。
44)　櫻井智章「基本権論におけるいくつかのモティーフについて」大石眞先生古稀記念論文集『憲法秩序の新構想』（三省堂，2021 年）464 頁。
45)　なお，「公共の福祉」は，憲法のみならず，民法 1 条「私権は，公共の福祉に適合しなければならない。」をはじめとして，各種の法律でも用いられている実定法上の概念でもあるが，「公共の福祉は，それに類似した概念とともに立法者の感覚や思惑などによって無原則に使用されている」と指摘されている。川﨑政司「公共の福祉——公共の捉え方・あり方をめぐる迷走」同『法を考えるヒントⅡ——キーワードから現代の法を読む』（日本加除出版，2019 年）155 頁。

きました。詳細は本文をご覧いただくことにして，やや異例ですが，ここでは本文で触れる余裕がなかったことを，1点だけ補足をさせてください。

　吉田先生から，「人が基本的人権を行使する際に，他人の権利と衝突した場合には調整が必要になる。そうした調整の原理として公共の福祉がある」という説明が，現在の高校教科書の到達水準の説明であると教えていただきました。しかし，「人権を制約できるのは他の人の人権だけ」という説明は不正確であり，判例も学説も，他者の人権以外を理由とした人権の制約を承認しています。確かにこの説明は，いかにも啓蒙的で，人権の重要性をいかんなく物語っており，それを伝えることだけを目的とするのであれば，高い教育効果が期待できそうです。しかしこの説明は，大学の憲法学修で取り上げられる人権制約に関する比較衡量や審査基準の議論と矛盾を来すため，吉田先生が指摘された，両者の「関係をうまく整理できないまま挫折してしまう人」を産み出す理由にもなっているように思います。

　初等中等教育において必要なことは，学説の状況を踏まえた正確な知識の教授なのでしょうか。それとも，ある程度は理論的整合性や正確性を犠牲にしてでも，人権の理念なり価値なりを体得させることを重視すべきなのでしょうか。人権教育のあり方について，ぜひ，吉田先生のご見解をお聞かせいただければと思います（⇒インタールード③）。　　　　　　　　　　　　　[横大道]

第15章　憲法の保障は憲法の敵にも及ぶのか

憲法の保障は憲法の敵にも及ぶのか

　今回取り上げるのは、「憲法の保障は憲法の敵にも及ぶのか」という問題です。もちろん、このような問いは、現在の高校教育において正面から取り上げられているわけではありません。しかし、憲法の役割や自由と民主主義の関係を原理的に考察するうえではとても重要な論点を提起しており、考えさせる問題です。そのせいか、20年以上も前になりますが、このテーマを入試問題として取り上げ、1200字以内での論述を受験生に求める大学が現れたくらいです（1995年度の東京大学文科I類後期日程）。このとき、出題者は、戦後日本の憲法学をリードしてきた宮沢俊義さんの論文集である『憲法論集』（有斐閣、1978年）の一節（371頁以下）を引用し、この記述を参考にして、「自由と民主主義の関係につき1200字以内で論じなさい」と問うたのです。問題文として採用された宮沢論文「たたかう民主主義者」（1970年当時の講演録）の骨子を、私なりに要約すると、次のようなものでした。

　第一次世界大戦後、民主主義のモデルのようにいわれたワイマール憲法のもとで、ナチスは、「合法戦術」を採用してワイマール民主主義を倒した。具体的にいえば、ナチスは、憲法の保障する言論の自由を利用して盛んに極右的・暴力的な意見を流す。さらに集会、結社の自由の名の下に、数々の暴力的行動を起こして反対党を抑え、しまいに政権を獲得した。政権をとると、直ちに全権委任法といったような、全統治権をヒトラーに委任する内容の法律を作り、独裁政治を行うようになった。ワイマール憲法は廃止されたわけではない。紙の上にはまだあるのだが、満身創痍、実は死んでしまったも同然の状態となった。

　「合法戦術」とは、デモクラシーの認める自由を、デモクラシーを否定するために使うことで、それは自由の濫用ではないか、言論の自由、学問の自由といった自由を、その自由の基礎であるデモクラシーそのものを否定する目的に

濫用することは許されないのではないか，という問題が起こる。

　すなわち，民主主義の保障する自由を濫用して民主主義を破壊しようとする運動に対して，民主主義をどう守るべきか。民主主義のいろいろな自由の中には，民主主義体制を根本的に破壊する自由も含まれるのかどうか。もし，そういう自由を制限するとすれば，自由を制限することで，民主主義の原則に反するのではないか。また，反対に，それを許すことになれば，それは民主主義そのものを殺す自由をも認めることになるのではないか。こういう問題となる（以上，宮沢論文の要約）。

ドイツ憲法の「たたかう民主制」をどのように評価するか

　このような問いの立て方は，宮沢さんの言葉を借りていえば，「デモクラシーのパラドックス」あるいは「自由のパラドックス」（前掲『憲法論集』374頁），というべき問題でしょう。横大道先生は，この問題に対し，どのようにお答えになられるでしょうか。

　実は，私自身も，この問題に対しては，憲法の保障する自由の意味を考察するうえでとても大切なテーマになりうると考え，これまで授業において何度も取り上げてまいりました。このとき，教材として取り上げてきたのが，「憲法の敵には憲法上の自由を与えない」という決断を制度化したドイツ憲法（基本法）の実践です。戦後のドイツ（西ドイツ）においては，「憲法の敵」にも憲法上の自由を保障したワイマール憲法の下でナチスの台頭を許し，体制の内部から崩壊させられたという経験をふまえ，憲法に「意見発表の自由，とくに出版の自由，教授の自由，集会の自由，団体結成の自由，信書，郵便および電信電話の秘密，所有権，または庇護権を，自由な民主的基本秩序を攻撃するために濫用する者は，これらの基本権を喪失する」（18条），との定めを置きました。「自由な民主的基本秩序」を攻撃するために諸権利を濫用する者に対しては表現の自由などの基本権を認めないというわけです。

　このようなドイツの取組は「たたかう民主制」とも呼ばれ，比較憲法の視点からも大変に注目されるところですが，疑問がないわけではありません。なぜなら「憲法の敵」かどうかの判定が恣意的に行われることにならないか，これを判定するのは連邦憲法裁判所だけであるとしても，極めて困難であるからです。ドイツ憲法学の泰斗であるヘッセさんも「基本法第18条の濫用の要件がかえって濫用される可能性がある」（コンラート・ヘッセ〔初宿正典＝赤坂幸一

訳）『ドイツ憲法の基本的特質』〔成文堂，2006 年〕438 頁）と述べているくらい
です。また，比較憲法学者として知られる樋口陽一さんは，このようなドイツ
憲法の実践が，「真剣なナチズム体験の総括から生まれたものであった」とし
ても，この制度には「自分の敵にすぎないものを憲法の敵として排除してしま
うおそれはないか」という運用上の問題のほかに，「絶対に濫用できない自由
は自由といえるのか」という原則上の問題があることを指摘しておられます
（樋口陽一『憲法概論』〔日本放送出版協会，1989 年〕139 頁）。

　ちなみに，この問題を提起された宮沢さん自身は，同論文の中で，控えめに
「私も今答えをもち合せていません」と述べていますが，それに続けて，明確
に「たたかう民主主義者」の姿勢をとった論者の立場を好意的に紹介していま
した。他方，1963 年の「たたかう民主制」という論文では，明確に反・たた
かう民主制の立場をとられています（宮沢俊義「たたかう民主制」同『法律学に
おける学説』〔有斐閣，1968 年〕170 頁〔初出は 1963 年〕）。宮沢さん自身，「断
固たる決断はなかなかとれなくて，フラフラしているのではないかと，自分で
反省しています」（「たたかう民主主義者」前掲『憲法論集』376 頁），と述べてい
るとおり，この問題は相当手ごわい問題です。

　さらに現代の憲法体制は，ポピュリズムの台頭など新しい問題に直面してい
ます。現代の憲法学は，これらの問題をどのように扱っているのでしょうか。
今回も，他国の憲法事情の紹介とともに，ご教示をいただければ幸いです。ど
うぞよろしくお願い致します。　　　　　　　　　　　　　　　　　　［吉田］

Ⅰ　たたかう民主制という発想

　「憲法の敵」，「自由の敵」には憲法上の自由の保障を与えないとする考え方
を「たたかう民主主義」ないし「たたかう民主制」（streitbare Demokratie/
Militant Democracy）という。日本の憲法教科書で「たたかう民主制」に言及
されるのは，日本国憲法はその立場を採用していないとして，否定的に扱う文
脈にほぼ限られている[1]。

　「たたかう民主制」は，民主制・立憲主義国家への移行期にあり，その定着

を語ることができない社会において正当化されやすい[2]。「強力な権力分立，司法審査，人権保障という伝統を有し，安定した民主制の政府にあっては，たたかう民主制の手法の採用を正当化することは難しい」[3]という指摘もあり，その観点からすると，日本がこれを採用しないのは当然のようにも思える。

　他方で，「ほとんどすべてのEU構成国は，戦う民主主義の伝統や規定，あるいは……『否定的共和主義』……，すなわち国家の特定の過去を振り返り，拒絶することによって民主制を守るメカニズムを有している。さらに，欧州人権裁判所は国家の法的判断についての審査について戦う民主主義というアイデアを肯定し，それをEUにおける先例としている」[4]と指摘されるように，安定した民主制国家でも「たたかう民主制」を採用している実例は少なくない。

　また，第二次世界大戦で人類が経験した悲劇への反省から起草された全30か条から成る世界人権宣言（1948年）では，その最後の30条において，「この宣言のいかなる規定も，いずれかの国，集団又は個人に対して，この宣言に掲げる権利及び自由の破壊を目的とする活動に従事し，又はそのような目的を有する行為を行う権利を認めるものと解釈してはならない。」と定められているし，日本も批准している自由権規約5条1項でも，「この規約のいかなる規定も，国，集団又は個人が，この規約において認められる権利及び自由を破壊し若しくはこの規約に定める制限の範囲を超えて制限することを目的とする活動に従事し又はそのようなことを目的とする行為を行う権利を有することを意味するものと解することはできない。」と定められている[5]。ヨーロッパ人権条約も17条で同趣旨の規定を置いている。

　このように，あたかも「たたかう民主制」あるいはそれに親和的な考え方のほうがグローバル・スタンダードであるかのようであり，日本の憲法学との違いが際立っている。

1）　阪口正二郎「多様性の中の立憲主義と『寛容のパラドクス』」同編『岩波講座　憲法(5)　グローバル化と憲法』（岩波書店，2007年）86頁。後掲注40)も参照。
2）　Ruti Teitel, *Militant Democracy: Comparative Constitutional Perspectives*, 29 MICH. J. INT'L L. 49, 49（2007）.
3）　SVETLANA TYULKINA, MILITANT DEMOCRACY: UNDEMOCRATIC POLITICAL PARTIES AND BEYOND, 36, 48-51（2015）.
4）　ヤン＝ヴェルナー・ミュラー（斎藤一久ほか監訳）『憲法パトリオティズム』（法政大学出版局，2017年）152頁。
5）　こうした国際条約における規定ぶりが，各国憲法典に影響した可能性もあるが，この点については，**第12章**を参照。

Ⅱ　たたかう民主制の「原意」

1　レーヴェンシュタインの議論

　「自由の敵には自由を与えない」という発想自体は必ずしも新しいものとはいえないが，これを「たたかう民主制」という言葉で表現し，世界中に広めたのは，政治学者のカール・レーヴェンシュタインである。1933 年に政権を獲得したナチスから逃れてアメリカへと渡ったレーヴェンシュタインは，1937年に「たたかう民主制と基本権」と題する論文を発表し，大要，次のように説いた[6]。

　世界中でファシズムが台頭している。ファシズムとは権力を獲得するために大衆の感情に訴えかける政治技術であり，感情的な大衆時代の嫡出子である。それは完全に民主制に適合した手法であるが故に成功を収めているのである。「民主制と民主的な寛容が民主制自身の破壊のために用いられている。基本権と法の支配の装いのもと，合法的に反民主的な装置が作られ作動している」[7]。それにもかかわらず，「民主制は，その存在そのものに対する敵による民主的な道具の利用を禁止できなかった。ごく最近まで，原理主義的な民主制と合法性の盲目的信奉は，民主制という仕組みは敵が街に侵入するための『トロイの木馬』であるということを理解しようとしていなかった」[8]。

　ではどうすればよいのか。ファシズムに対抗するために最も重要なのは，ファシズムの手法を理解し，それを法的に規制することである。「ファシズムは民主制に対して宣戦布告しているのであり，ヨーロッパの民主制は非常事態（state of siege）にある。非常事態にあっては，民主的な憲法下においても，政府へと権限が集中し，基本的人権の保障は停止されるのである」[9]。すなわち，「民主制は戦闘的にならなければならない（Democracy must become militant）」[10]。実際，ファシズムの手法とその危険を認識したヨーロッパ諸国では，

---

6 ）　Karl Lowenstein, *Militant Democracy and Fundamental Rights I*, 31 Am. Pol. Sci. Rev. 417 (1937); Karl Lowenstein, *Militant Democracy and Fundamental Rights II*, 31 Am. Pol. Sci. Rev. 638 (1937).

7 ）　Lowenstein I, *supra* note 6, at 423.

8 ）　*Id.* at 424.

9 ）　*Id.* at 432.

個別の立法によって対策を講じ始めている。「ヨーロッパの民主制は，原理主義的な民主制から踏み出し，戦闘性（militancy）を高めている。ファシストの政治技術は認識され，効果的な対応がなされている。炎に対して炎で対抗しているのだ（Fire is fought with fire）」[11]。

　民主制の絶対的価値を擁護するために必要なことは，「規律された」，あえて言えば「全体主義的」な民主制への変革という，民主制の再定義である[12]。これがレーヴェンシュタインの導き出した結論であった。

2　原理主義的な民主制？

　このようにレーヴェンシュタインは，「原理主義的な民主制」と「合法性の盲目的信奉」，すなわち，多数決主義としての形式的に理解された民主制（狭義の民主主義）と，それにより選ばれた代表で構成される議会が制定した法律の絶対視をしていてはファシズムに打ち勝つことができないとして，実質的内容が込められた──「たたかう」という形容が付された──民主制の理解のもと，積極的に対応策を採用すべきだと論じたのであった。

　もっとも，そもそも「原理主義的な民主制」をそのまま導入している国家は今日では存在しないだろう。多数者によっても覆すことのない人権を保障するという考え方自体，ある種の「戦闘性」を備えているのであり，その意味で，オットー・プフェルスマンが指摘しているように，「すべての民主国家は，多かれ少なかれ戦闘的である」[13]。そのこともあってか，今日，「たたかう民主制」が論じられる際に引き合いに出されるのは，レーヴェンシュタイン流の「たたかう民主制」理解ではなく，吉田先生も言及されたドイツ基本法が採用した「たたかう民主制」であり，そこで具体化された諸制度であることが一般的となっている。

---

10)　*Id.* at 423.

11)　Lowenstein II, *supra* note 6, at 656. 具体的な例とその特徴について，*see Id.* at 638-656.

12)　*Id.* at 657-658.

13)　Otto Pfersmann, *Shaping Militant Democracy: Legal Limits to Democratic Stability*, in Militant Democracy 47, 53 （András Sajó ed. 2004）.

Ⅲ　ドイツの「たたかう民主制」

1　たたかう民主制の採用

　第二次世界大戦よりも前に，レーヴェンシュタインが民主制の「戦闘性」を
高めるべきだという真剣な警告を行っていたにもかかわらず，世界はファシズ
ムの台頭を止めることができず，第二次世界大戦という悲劇を経験することに
なった。ナチス宣伝相のヨーゼフ・ゲッペルスは，「民主制が自らを破滅させ
る手段を敵に与えるというのは，民主制についての最高のジョークであり続け
るだろう」と語ったと伝えられるが[14]，ナチスの「合法戦術」により「ワイ
マール民主主義」を瓦解させてしまった悲劇的経験[15]を深刻に受け止めた西
ドイツは，レーヴェンシュタインの警告も踏まえて，1949 年の基本法におい
て憲法保障の一環として「たたかう民主制」を採用し[16]，次のとおり，様々
な規定を設けた[17]。

2　たたかう民主制の諸制度

　ドイツにおける「たたかう民主制」の具体化規定として直ちに想起されるの
は，連邦憲法裁判所の決定により，「自由で民主的な基本秩序（freiheitliche-
demokratische Grundordnung）」に敵対するために，意見表明の自由などの権利
を濫用するとされた者は，「これらの基本権を喪失する」と定める吉田先生が
引用された基本法 18 条，同じく連邦憲法裁判所の判断により，「政党のうちで，
その目的またはその支持者の行動からして，自由で民主的な基本秩序を侵害し

---

14)　Jan-Werner Müller, *Militant Democracy*, in THE OXFORD HANDBOOK OF COMPARATIVE
　　CONSTITUTIONAL LAW 1253, 1254（Michel Rosenfeld & András Sajó, ed. 2012）.
15)　法的な状況説明を行う近時の業績として，加藤一彦「ナチス憲法としての授権法——
　　1933 年授権法の悪魔的効能」植野妙実子先生古稀記念論文集『憲法理論の再構築』（敬
　　文堂，2019 年）85 頁以下を参照。
16)　基本法は明示的に「たたかう民主制」に言及しているわけではないが，連邦憲法裁判
　　所は，後述する 1956 年のドイツ共産党（KPD）解散事件判決（BVerfGE 5, 85）におい
　　て，「自由で民主的な基本秩序」を重要な価値として承認した基本法は，総体として，
　　「たたかう民主制に賛成するという憲法上の決定」を行っていると判示している。
17)　*See generally* Markus Thiel, *Germany*, in THE 'MILITANT DEMOCRACY' PRINCIPLE IN
　　MODERN DEMOCRACIES 109（Markus Thiel ed. 2009）. 山岸喜久治『ドイツの憲法忠誠——
　　戦後から統一まで』（信山社，1998 年）も参照。

もしくは除去し，またはドイツ連邦共和国の存立を危うくすることを目指す」とされた政党を「違憲」とすると定める同 21 条 2 項であろう。

　しかし，ドイツ基本法の「たたかう民主制」の具体化規定はこれらに限られない。政党以外の結社のうち，「憲法的秩序もしくは諸国民のあいだの協調の思想に反する」結社を禁止する 9 条 2 項や，「教授の自由は，憲法に対する忠誠を免除しない」と定める 5 条 3 項後段のような規定，さらには連邦および州の裁判官に対する憲法忠誠を定める 98 条 2 項および 5 項や，基本法の「基本原則」は憲法改正の限界を構成する旨を定める 79 条 3 項なども，「たたかう民主制」の具体化として扱われることがある[18]。

3　守るべき価値と「戦闘相手」

　ドイツ基本法がたたかってでも守ろうとしている価値は，「自由で民主的な基本秩序」であり，これは基本法 9 条 2 項や同 98 条 2 項にいう「憲法的秩序」，さらに，憲法改正限界規定である 79 条 3 項にいう「基本原則」と同義と解されている[19]。すなわち，それは，狭義の民主制に限定されていない[20]。

　そのことにも関係して，「戦闘相手」も，必ずしもレーヴェンシュタインが想定したファシズムに限定されない[21]。1952 年に基本法 21 条に基づいて初めて違憲とされたのは社会主義ライヒ党（SRP）という極右ナチ政党であったが[22]，それから 4 年後の 1956 年に同条に基づいて違憲とされたのは極左ドイツ共産党（KPD）であった[23]。さらに，その後のドイツで「たたかう民主制」は，旧東ドイツの不法の克服の文脈，さらには，9.11 テロ後は対テロリズムの

---

18)　コンラート・ヘッセ（初宿正典＝赤坂幸一訳）『ドイツ憲法の基本的特質』（成文堂，2006 年）425-428 頁は，基本法上の様々な憲法保障規定を，建設的保証と予防的・抑圧的保証に分け，後者に該当するものが「たたかう民主制」であると位置づけている。

19)　山中倫太郎「ドイツ基本法の『たたかう民主制（streitbare Demokratie）』との差異？——憲法保障構想の探求のために」初宿正典先生還暦記念論文集『各国憲法の差異と接点』（成文堂，2010 年）95 頁。

20)　渡辺洋「『たたかう民主制』の意味・機能変遷——『対テロ戦争』との関連で」神戸学院法学 32 巻 4 号（2003 年）1181 頁。

21)　もっともレーヴェンシュタインは，ファシズムを感情に訴えかけて権力を獲得しようとする政治技術と捉えており，この感情主義（emotionalism）は必ずしもファシズムの形態をとるわけではない。レーヴェンシュタインの議論の今日的意義を強調する議論として，*see* András Sajó, *Militant Democracy and Emotional Politics*, 19 Constellations 563（2012）.

22)　BVerfGE 2, 1.

23)　BVerfGE 5, 139.

文脈でも語られている[24]。

Ⅳ　たたかう民主制の「展開」

1　たたかう民主制の今日的理解

　以上に見たドイツ基本法において具体化された「たたかう民主制」を主に念頭に置きつつ，今日，「たたかう民主制」は，次の3つの特徴を備えている民主制のことであると一般に理解されている。それは，①実際に民主制を破壊するような活動が行われる前に予防的措置を講ずること，②予防的措置の対象は，国家の民主的秩序の破壊を目指そうとする個人や団体であること，③この個人・団体は，民主制国家において保障される権利や特権を利用してその目的を達成しようとしていること，という3つである[25]。

　この3つの特徴を備えているのであれば，「たたかう民主制」は必ずしも憲法典レベルで導入されている必要はなく，法律で導入し，その運用を認めている場合も「たたかう民主制」に該当すると捉える立場もある[26]。その場合，「人権制限の存在の確認と人権制限の正当化」という「人権論の基本構図」（⇒第14章）のもとで，どこまで具体的な権利侵害が生じる前の予防的措置の段階で権利制約が正当化されるかが検討されることになるが，被規制主体（②）と，問題となり得る憲法上の権利（③）の点で，通常の「人権論の基本構図」の場合とは一応区別することが可能である[27]。

　それでは，以上のように理解された「たたかう民主制」は，今日，どのように展開しているのだろうか。

---

24)　Tyulkina, *supra* note 3, at 44-46, 207-208. また，渡辺・前掲注20）も参照。ただし，テロリズムは「合法戦術」ではないため，それへの対処は「たたかう民主制」とは異なると指摘するものとして，*see* András Sajó, *From Militant Democracy to the Preventive State?* 27 Cardozo L. Rev. 2255（2006）.

25)　Tyulkina, *supra* note 3, at 14.

26)　*See, e.g.*, Müller, *supra* note 14, at 1262-1263; Tyulkina, *supra* note 3, at 41-42, 211. 渡辺洋「『たたかう民主制』批判の対象と方法──『戦闘性』の諸相」憲法問題15号（2004年）47-48頁も参照。

27)　Tyulkina, *supra* note 3, at 46-47. なお，レーヴェンシュタインは，緊急事態下の権利制限もまた「たたかう民主制」の「武器」に挙げていたが（Lowenstein I, *supra* note 6, at 432），「たたかう民主制」は，①の点で，事後的な対処である緊急事態における議論と区別されるし，非常事態のケースとも異なる（⇒第10章）。

2　戦線の拡大

　まず指摘できるのは，戦線の拡大ともいうべき現象である。すでに見たように，ドイツにおいても「戦闘相手」はファシズムにとどまらず，共産主義などにも広がっていたが，この現象は他国においても見られる。

　例えば，冷戦終結後に建国された中東欧の新興民主国家が，ドイツに倣って憲法に「たたかう民主制」を採用した際，そこで主に想定された「戦闘相手」は，かつての政治体制を支えたイデオロギーと，そのもとでの支配層が中心であったし，1990 年以降のサハラ砂漠以南のアフリカ諸国の憲法では，民族主義的な政党や宗教を基盤とする政党を「戦闘相手」として想定し，それを禁止する規定を設けることが一般的であるとされる[28]。

　このように，「たたかう民主制」を取り入れた国家において，その国の憲法体制・憲法秩序を脅かす個人・団体は，歴史的経験，時代状況や社会的・政治的状況によって異なる。それに応じて「たたかう民主制」の「戦闘相手」も多様となっているのである[29]。

　そして戦線は現在進行形で拡大している。この点について，政治学者のヤン＝ヴェルナー・ミュラーは，近時改めて「たたかう民主制」という概念が注目を集めている背景には，第一に，西側諸国に蔓延するイスラムへの不安，第二に，ポピュリズムの台頭，そして第三に，非リベラルな民主国家という新たな形態の全体主義的国家の出現があると指摘している[30]。

3　たたかう世俗主義

　ミュラーの指摘する第一点目は，「世俗主義（secularism）」を憲法上の基本原則とするフランスやトルコのような国家が，特定宗教の実践を「戦闘相手」にしていることに関係する。

28）　Tyulkina, *supra* note 3, at 36, 48-51.
29）　*See* András Sajó & Renáta Uitz, The Constitution of Freedom: An Introduction to Legal Constitutionalism 437（2017）.
30）　Jan-Werner Müller, *Militant Democracy and Constitutional Identity*, in Comparative Constitutional Theory 415（Gary Jacobsohn & Miguel Schor, ed. 2018）. 現在の理論状況については，大竹弘二「戦闘的民主主義の現在——多文化時代の民主主義防衛」日本政治学会編『年報政治学 2020-Ⅱ　自由民主主義の再検討』（筑摩書房，2020 年）55 頁以下も参照。

　フランスのいわゆる「ブルカ禁止法」は，公の場でのブルカの着用が男女平等，共生，友愛といった「共和国の価値」の拒否であるという論拠に支えられている[31]。そのため，公の場でのブルカの着用は，「自動的に」，フランスの共和制への攻撃とみなされ，「たたかう民主制」の問題となるとされる[32]。ここでは，「共和制」という価値を守るために，特定宗教の実践が「戦闘相手」となっている。

　トルコ共和国憲法は，憲法上の原則として世俗主義（laiklik：ライクリッキ）を採用しているが，国民のほとんどがイスラム教徒であるため，選挙で民意を問えばイスラム政党が多数の支持を集めやすく，公的領域に宗教的要素が流れ込みやすい。それを抑え込むために，これまでに軍部や裁判所が憲法上の原則としての「世俗主義」を根拠に，しばしば「戦闘的」に介入している。憲法裁判所は，議会第一党で連立政権のもとで首相も輩出していたイスラム政党である福祉党（Refah Partisi）を解党させたこともあるが（1998 年），その際，ライクリッキは「中世の教条主義を破壊し，知性の革新および科学の光明により発達した，自由および民主主義に対する理解，国家形成，独立，国民主義，人類の理想というものの基礎となる文明の一存在形式」であるとして，トルコ憲法のなかの最も重要な基本原則と位置づけられ，それを侵害する自由を否定するという，「たたかう民主制」のロジックが明示的に用いられている[33]。

　このトルコ憲法裁判所による解党決定は，ヨーロッパ人権裁判所によって支持されており[34]，「かつてはナチズム，共産主義との関係において意味づけられてきた『戦う民主主義』という欧州人権条約の基本的な理念が，イスラム原理主義との関係において蘇った感があるようにも思われる」[35]とも評されてい

---

31)　文献は多いが，さしあたり中島宏「フランスにおける『ブルカ禁止法』と『共和国』の課題」憲法問題 23 号（2012 年）24 頁以下，同「宗教の多様化と信教の自由」横大道聡ほか編著『グローバル化のなかで考える憲法』（弘文堂，2021 年）196 頁以下などを参照。

32)　Müller, *supra* note 30, at 423.

33)　詳細については，小泉洋一「トルコの政教分離に関する憲法学的考察──国家の非宗教性と宗教的中立性の観点から」甲南法学 48 巻 4 号（2008 年）753 頁以下等を参照。さらに，同「トルコ憲法における政教分離と民主主義──政教分離とイスラム主義政党」甲南法学 44 巻 1・2 号（2003 年）23 頁以下も参照。

34)　Refah Partisi v. Turkey, 37 Eur. H.R. Rep. 1 (2003).

35)　北村泰三「ヨーロッパ人権裁判所の判例にみる人権と多文化主義との相克」世界法年報 29 号（2010 年）102 頁。

るところである。

4　違憲の憲法改正とポピュリズム

　ミュラーの指摘する第二点目については，ハンガリーやラテン・アメリカ諸国におけるポピュリズムを背景にした非リベラルな方向での憲法改正の試みを「戦闘相手」に，裁判所が違憲審査権を「武器」にたたかうことに関係する。これは，**第5章**で触れた憲法改正禁止条項を改正した場合や，憲法改正が禁止される不文の原理を変更したなどとして，裁判所が当該憲法改正を「違憲」と判断するという実践に関係するものであり，比較憲法学において「違憲の憲法改正（unconstitutional constitutional amendment）」として議論されている問題領域である[36]。

　そして第三点目については，EUのような国際機関が，ロシアやトルコのような「非リベラルな民主国家」を「戦闘相手」として介入していくことが，「たたかう民主制」の現代的問題として論じられている[37]。

　ここで各々の詳細に立ち入ることはできないが，「たたかう民主制」の戦線の拡大状況を見て取ることはできるだろう。ミュラーが指摘するように，「たたかう民主制の意味（およびそれと結びついた適切な手法）についての議論に参加するおよそすべての者は，デモクラシーのジレンマを承知している。しかし，どのようにすれば自らを守ろうとするデモクラシーが自らの足場を掘り崩さずに済むのかについては，当然のことながら，誰もが納得するものはない」[38]。それは，たたかってでも守ろうとする「価値」が狭義の民主制に限定されておらず，そのため「戦闘相手」が各国各様で，もたらされる「脅威」も各種各様，そのために適した「武器」も千差万別だからである。

---

36)　ヤニヴ・ロズナイ（山元一＝横大道聡監訳）『憲法改正が「違憲」になるとき』（弘文堂，2021年）を参照。日本の憲法改正限界論との関係での意義については，横大道聡「憲法改正の限界」山本龍彦＝横大道聡編著『憲法学の現在地——判例・学説から探究する現代的論点』（日本評論社，2020年）75頁以下を参照。

37)　ここでは，民主主義，人権尊重，法の支配に対する違反をしたEU加盟国に対して，投票権の停止などを定めるEU条約7条が取り上げられている。Müller, *supra* note 30, at 429-433.

38)　Müller, *supra* note 14, at 1255.

V　たたかわない日本？

　日本では，「自由は，つねに，乱用の可能性を含む。その乱用を封じようとすると，自由そのものの本質を否定することになる恐れがある。絶対に乱用できない自由は，自由ではない」[39]という原理原則の見地から，哲学ないし思想のレベルで「たたかう民主制」を否定的に捉える見解が通説である[40]。しかし，そのような立場に立ちつつも，「法律の次元でそうした制度を採用することは可能」[41]とも指摘される。

　その一例として，スペイン憲法裁判所の判断を挙げることができる[42]。スペインは，国際テロ組織「バスク祖国と自由（Euzkadi Ta Askatasuna, ETA）」の実質的な政治活動部門とみなされていた民族主義政党バタスナ（batasuna：バスク語で統一という意味）の非合法化を狙い，政党は「民主的諸原理と人権に表明された憲法上の価値を尊重しなければならない」（9条1項），その活動が「自由のシステムの弱体化又は破壊，若しくは民主的システムの阻害又は打倒を目指す」ものである場合に違法である（同条2項）などと定める2002年政党組織法を制定したが，バスク政府による「違憲異議」を受け，憲法裁判所でその合憲性が判断されることになった。興味深いことに裁判所は，スペイン憲法は「たたかう民主制」を憲法上の原則として採用していないと明言しながらも，この法律は合憲であると判断したのである。

　毛利透が指摘しているように，「結局，実際に自由がどの程度保障されるかは，憲法において『たたかう民主制』が宣言されるか否かというよりは，民主制を維持するためにどの程度暴力行使以前の活動を制約しなければならないか

---

39)　宮沢俊義「たたかう民主制」同『法律学における学説』（有斐閣，1968年）170頁〔初出は1963年〕。この文章を好んで引用し，「たたかう民主制」に警戒的なスタンスを示す，樋口陽一『比較のなかの日本国憲法』（岩波新書，1979年）49-85頁，同『比較憲法〔全訂第3版〕』（青林書院，1992年）296-297頁，同『国法学──人権原論〔補訂〕』（有斐閣，2007年）181-189頁，同『憲法〔第4版〕』（勁草書房，2021年）94-95頁なども参照。
40)　阪口・前掲注1)88頁，渡辺康行「『たたかう民主制』論の現在──その思想と制度」石川健治編『学問／政治／憲法──連環と緊張』（岩波書店，2014年）160頁。
41)　渡辺・前掲注40)182頁。
42)　以下の記述については，*see* Carlos Vidal Prado, *Spain*, in Markus Thiel ed., *supra* note 17, at 243, 249-260.

についての，そのときどきの社会状況に応じた判断によって決まってくるところが大きい」[43]。そうだとすれば，求められるのは，具体的な法制度の可否を，具体的な問題局面を踏まえ，具体的な歴史的・文化的・社会的状況のなかで検討していくことである。その際，具体的な法制度の可否のすべてを，人権制約原理としての「公共の福祉」の問題として処理すべきなのか，それとも，より具体的に人権制約が許容される場面を憲法典にて明示すべきなのか（⇒第14章），さらには，緊急事態における特別の人権制約を組み込んでおくべきなのか（⇒第10章）などが論点となる。

　これらの検討の重要性と比べると，「絶対に濫用できない自由は自由といえるのか」という原理原則上の問いは，重要とはいい難く，少なくとも具体的な問題解決にほとんど資さないように思われる。

　吉田先生。今回は，世界中の国家で採用されている「たたかう民主制」という発想（→Ⅰ）についての質問をいただきました。改めてその「原意」（→Ⅱ）と「展開」（→Ⅲ，Ⅳ）を勉強してみて，比較憲法学における「たたかう民主制」の議論状況と，日本における議論状況との違いがとても印象に残りました。比較憲法学の領域では，「たたかう民主制」は動態的な概念として，諸外国の様々な施策や現象を視野に入れながら多角的に論じられているのに対して，日本では一般に，憲法哲学ないし思想レベルの，憲法制定時における選択の問題として静態的に扱われることが多い，という違いです。

　思想ないし憲法哲学のレベルで「たたかう民主制」を考えることの意義を否定するつもりはありません。しかし，戦ってでも守ろうとする「価値」も，「戦闘相手」も，「戦闘力」の大きさも，戦うための「武器」も，各国各様であって一律に論じることは困難です（→Ⅲ，Ⅳ）。本章で参照した多くの論者は，異口同音に「たたかう民主制」についての一般理論を構築することの困難性を指摘し，各国の具体的な実践から学ぶことの重要性を強調していたことも付け

43)　毛利透「自由『濫用』の許容性について」阪口正二郎編『公共性――自由が／自由を可能にする秩序（自由への問い3）』（岩波書店，2010年）70頁。

足しておきたいと思います。

　吉田先生から頂戴した質問に対して，正面から答えていない回答になってしまったのかもしれませんが，「たたかう民主制」を採用するか否かとか，「絶対に濫用できない自由は自由といえるのか」といった問いを抽象的に考えるよりは，具体的な問題を念頭に，どこまで予防的段階での介入・制約が正当化されるのかを，制限を受ける権利・自由の性質も踏まえつつ，具体的に考えていくことが，きめ細やかな議論のためにも必要である，というのが差し当たりのお答えになります（→V）。　　　　　　　　　　　　　　　　　　　　［横大道］

はじめに

　「人権をどう教えるのか」という問いに答えるのは実に難しい。理由の1つは，人権をどのように理解しているかをめぐって，一般市民がイメージする人権と憲法研究者の捉える人権観念との間には小さくないギャップがあるように見えるからである。もう1つは，このようなギャップを認識しつつも，どのように人権を教えることがベターなのか，という人権教育の内容や方法に関わるテーマであるからである。もちろん，小学校と中高等学校，さらには高等学校と大学とで実施される憲法や人権の教育内容が一致するわけではなく，それぞれの教育目標も異なることを考えれば，各々の教育段階の違いやギャップにさほど拘泥せずに，違いは違いとして割り切って憲法や人権に関わる教育を進めていくことも可能であろう。しかし，高校までの憲法学習と大学における憲法学修との間に少なからぬギャップがあり，それが憲法を学ぶときの躓きの石となっているのであれば，その躓きの中身をそれぞれの関係者（憲法学修者や憲法を教える立場にある研究者・教育者など）に分析・吟味していただき，高校と大学の憲法学修の接続をより確かなものにしていく道を探ってみるのも選択肢の1つであろう。本稿は，そのような立場から，憲法学と教育実践との間にある人権教育上の諸課題を整理することを通して，この問題を考えるための検討材料を提示することとしたい。

I　人権理解における市民と憲法研究者とのギャップ

1　一般市民と憲法研究者の人権理解

　それでは最初に，人権理解における市民と憲法研究者とのギャップの問題を取り上げてみよう。この点，確かに，一般市民がイメージする人権と憲法研究者が認識する人権観念にはギャップがみられるようである。「憲法は，国家権

力を構成する法であるから，人権保障のためのさまざまな役割のうち，国家権力が引き起こす人権問題を引き受ける」[1]というのが，憲法学のスタンスとなっているにもかかわらず，多くの学生や市民がイメージするのは，国家権力によって侵害される人権というよりも，私人相互の人権問題であるという点に，この問題が象徴的に現れているからである。

　実際に，戦後の日本社会は，「憲法を暮らしの中に」，「職場に憲法を」などのスローガンにみられるように，戦前から続く封建的な家族関係や古い職場慣行を憲法の人権規定を梃子にして改革してきたという側面がある。日本においては，「人権意識が対国家的な自由権として捉えられるよりもむしろ，『思いやりの心』，『かけがえのない命』と結び付けられて，具体的にいえば，いじめ，無関心，体罰，プライバシー侵害，差別，偏見，悪意のあるうわさをしないことなどが，切実な人権観念として示されている」[2]のである。

　このように，一般市民に形成された人権観念と憲法学のそれとが位相を異にしながら複雑に絡み合っているところに日本における人権教育の難しさが潜んでいるように思われる。そこで，憲法研究者が市民の憲法観や憲法認識をどのように捉えてきたかを紹介し，問題の所在を明らかにしてみたいと思う。

2　憲法研究者の問題提起を受けて　　国民の憲法観・人権イメージの形成を考える

　近年，憲法研究者が国民の憲法意識や憲法教育・人権教育に関わって発言をする機会が増えている。憲法教育や人権教育を研究し実践する側に立つとき，その一つひとつが実に重要な問題を提起していることに気づく。今回は，多くの著作の中から，山本龍彦「主権者なき憲法変動——日本国憲法秩序のアイデンティティ」の一部を紹介し，そこから憲法教育，とりわけ人権教育の課題を

1）　南野森「憲法学と人権」法セ 641 号（2008 年）17 頁。関連して，内野正幸「人権と社会常識のあいだ——答申を読んで」ジュリ 1167 号（1999 年）は，「平均的な国民感覚からいっても，対・公権力的な人権の侵害（……）よりも，一般国民による人権侵害の方がイメージしやすいであろう」（33 頁）と指摘したうえで，「人権は必ずしも社会常識の延長線上にあるとは限らない」と述べている。「人権理念は，住民の多数派の感情に抗してでも少数者の人権を守るべし，という含みをもつもの」（35 頁）であるとの指摘は重要である。

2）　山元一「日本国憲法と日本の法，日本の社会」辻村みよ子編著『基本憲法』（悠々社，2009 年）7 頁。

提示してみよう。山本は，安念潤司論文[3]を引用しつつ，日本人には，「日本国憲法は『暮らしの守り手』」であるという意識が強いことに触れ，このことが「初等中等教育等において獲得した憲法イメージと無関係ではなかろう」と指摘する。さらに続けて「中学や高校の社会科系教科書を紐解くと，そこには生存権の項目が存在しているのはもちろん，かかる権利が『政治』や『民主主義』を媒介せずに自動的に保障されるかのような記述が見られる。それは，あたかも憲法典のみによって暮らしが守られるかのような記述である」[4]と分析を加えている。ここに山本論文を紹介したのは，国民の憲法意識や人権意識の形成にとって初等中等教育等において獲得した憲法イメージが相当程度に影響を受けていること，また，教科書の記述に着目しながら憲法典のみによって「自動的に」人権が保障され，暮らしが守られるかのように教えられていることが示唆されているからである。

　この指摘を受け，国民の人権意識が対公権力よりも私人同士において強く意識されている理由を学校教育の内容をふまえ検討し，なぜ憲法典のみによって人権が「自動的に」保障されるかのように認識されるようになっていくかを，次に分析してみたい。

II　日本における人権教育の課題

1　「人権教育・啓発に関する基本計画」にみる人権尊重の理念

　まず第一に，国民の人権意識が「私人との関係において意識されているのはノーマルな事態」[5]であるというのは，教育の観点からいえば首肯できる指摘といえるであろう。初等教育の段階から人権問題は身近な生活レベルで意識するように促され，そこから人権の大切さが説き起こされていくことが多いからである。内閣府の世論調査（平成 29 年 10 月調査）において，人権が侵害されたと思ったことが「ある」と答えた事例に，「あらぬ噂，他人からの悪口，かげ口」，「職場での嫌がらせ」，「学校でのいじめ」があげられているのもある意

　3）　安念潤司「政治文化としての立憲主義」紙谷雅子編著『日本国憲法を読み直す』（日本経済新聞社，2000 年）40-43 頁。
　4）　山本龍彦「主権者なき憲法変動——日本国憲法秩序のアイデンティティ」論ジュリ 25 号（2018 年）159 頁以下。
　5）　高橋和之「現代人権論の基本構造」ジュリ 1288 号（2005 年）112 頁。

味ほぼ予想通りの回答が得られたということができるであろう。

　また，これに対応するように，政府の人権教育や人権啓発の取組も進められている。2000年に制定された「人権教育及び人権啓発の推進に関する法律」に基づいて策定された「人権教育・啓発に関する基本計画」（平成14年3月15日閣議決定〔策定〕，平成23年4月1日閣議決定〔変更〕）には「人権教育・啓発の基本的在り方」として，次のように説明がなされている。

　　人権とは，人間の尊厳に基づいて各人が持っている固有の権利であり，社会を構成するすべての人々が個人としての生存と自由を確保し，社会において幸福な生活を営むために欠かすことのできない権利である。すべての人々が人権を享有し，平和で豊かな社会を実現するためには，人権が国民相互の間において共に尊重されることが必要であるが，そのためには，各人の人権が調和的に行使されること，すなわち，「人権の共存」が達成されることが重要である。……したがって，人権尊重の理念は，人権擁護推進審議会が人権教育・啓発に関する答申において指摘しているように，「自分の人権のみならず他人の人権についても正しく理解し，その権利の行使に伴う責任を自覚して，人権を相互に尊重し合うこと，すなわち，人権共存の考え方」として理解すべきである。〔10-11頁〕

　政府の考える人権教育のキーワードは，この文書の中に何度も登場する「人権の共存」である。ここで指摘される「人権尊重の理念」は，人権の意義やその尊重それ自体に対して理解を深めることも大切であるが，それ以上に，他人の人権を理解すること，自らの権利の行使に伴う責任を自覚すること，そして人権を相互に尊重し合うこと，に比重がおかれているように見えるのであり，これが「人権の共存」という言葉で表現されたということができる。

2　社会科・公民科における人権教育の位相
──1969年版中学校学習指導要領を対象にして

　では，「人権の共存」を軸に据える人権教育は，学校においてどのように進められているであろうか。本来，人権教育は，生徒を取り巻く学校文化全体に関わるテーマであり，特別活動や道徳教育等から受ける影響も少なくないと考

えられるが，本稿では，高校と大学との憲法教育の接続を意識して，人権教育の中でも認知的な領域となる教科教育を取り上げ，検討してみたい。

　検討対象は，現在の中学校社会科公民的分野が成立した1969年版の学習指導要領に焦点をあてることにする。中学校社会科は，1969年の学習指導要領の改訂によって，それまでの政治・経済・社会的分野が公民的分野へと改訂され今日に至っていることに加え，そこにおける人権教育の視点が大なり小なり現在の憲法・人権に関わる教育に影響を与えていると考えられるからである[6]。1969年版の中学校社会科学習指導要領と指導書の作成に携わった梶哲夫は，「これまでの民主主義に関する教育を反省してみるならば，そこには問題がないとはいえない」と指摘し，「人権の尊重に関する教育」を例示しながら，次のように論じていた。

　　一般に人権に関する指導は，民主政治について学習する際に，憲法との関連において行われている。したがって当然のことながら，民主政治の発展と人権，憲法が保障する人権の内容というように，政治との関連において扱われる傾向が強い。……つまり，政治権力から自由・権利を守るという面に重点がおかれていたといえよう。もちろん，このような内容が，人権の教育にとってたいせつなことは，あらためて指摘するまでもないことであって，これからの人権教育においても努力すべき点である。しかし，同時に，次のような点に関する指導が果たしてじゅうぶん行われていたかどうかについて考えてみる必要があろう。
　　第1は，自由・権利の内在的制約に関する指導という点である。……第2は，自由・権利と社会的責任との関係についての指導である。……人権に関する教育は，まさに民主主義の将来を左右する重要な問題である。それだけに，政治との関連において考えさせるだけでなく，上述のような観点からの

---

6)　中学校学習指導要領（1969〔昭和44〕年4月）44頁。1969年の学習指導要領改訂において，公民的分野は，「個人の尊厳と人権の意義，特に自由・権利と責任・義務の関係を正しく認識させて，民主主義に関する理解を深めるとともに，国民主権をになう公民として必要な基礎的教養をつちかう」ことを目標として成立した。「国民主権をになう公民」という表記は，これ以降，現在の学習指導要領まで続いている重要なキーワードとなっていることから，1969年版の公民的分野の内容を分析することによって中学校における人権教育のねらいを明らかにしてみたい。

指導がおろそかにされてはならない。自由・権利のきびしさや社会的責任を深く考えるということは，公民的分野の基調をなしているといってよい。[7]

　このような考え方に立って，「中学校指導書社会編」（以下，「指導書」）は，「自由・権利の濫用を戒め，その行使のしかたについてじゅうぶん理解させる」，「自由・権利には常に社会的責任の裏づけがなくてはならないことを……じゅうぶんに理解させることがたいせつである」[8]と述べているのである。「指導書」は，ほかにも，「天皇，国務大臣，国会議員，裁判官その他の公務員は憲法を尊重擁護しなければならないこと，国民もまた自分たちの自由や権利を守り，民主政治の発展を図るために憲法を尊重擁護しなければならないこと」（336頁），「人権保護のためには，国民各自が法を遵守し，他人の自由や権利を侵害しないことが最も必要であること」（338頁），「法の遵守なくして自他の人権尊重はあり得ないことをじゅうぶん理解させなければならない」（同頁）ことを説いている。「指導書」は，「政治権力から自由・権利を守る」という面は大切であると述べながらも，私人相互間の人権という観点をこれまで以上に重視して，「いやしくも自己の権利を濫用して他人の権利を侵すようなことがあってはならない」（339頁）ことを戒めているのである。

　中学校社会科公民的分野が成立してから50年を経過した今日において，ここに示された人権教育の視点をどのように評価すればよいであろうか。実は，ここにおいて，本稿の冒頭に示した「憲法を暮らしの中に」，「職場に憲法を」というスローガンに代表される人権感覚と1969年版の中学校学習指導要領において示された人権感覚とは，私人間で人権の問題をとらえる傾向があるという点においては共通性を見出すことができるものの，その向かう方向性はかなり異なることが理解されるはずである。前者は，日本国憲法の人権規定が「女性解放などの日常生活を射程に含めた社会改革を進めていくための準拠基準」[9]として活用され社会改革がなされてきたという意味において，私人間の人権認識や人権行使の意義をポジティブに評価しているのに対し，1969年版の学習指導要領とその「指導書」は，私人間における人権問題に目を向けなが

7）　梶哲夫「社会科公民的分野の考え方」文部時報1101号（1969年）46-47頁。
8）　文部省「中学校指導書　社会編」（1970年5月）288頁。

らもその権利行使の際には他者の人権を侵害してはならないというように，その行使にはきわめて慎重かつ抑制的な視点が強調されているからである。このような人権教育は，先の「人権教育・啓発に関する基本計画」において示された「人権の共存」の考え方を先取りしていたようにも見えるのである。

3　日本における人権教育の課題
　　──教育学と憲法学の両面から

　そこで，このような政府の推進する人権教育，社会科・公民科教育の内容についてもう少し分析的に検討を加え，今後の人権教育のあり方について言及してみたい。

　人権教育の研究者である生田周二は，政府の推進する人権教育・啓発に対しては，「このような人権教育・啓発の中からは，お互いに『人権を守る』『大切にする』という予定調和的な発想しか出てこず，自らが『権利を行使する』あるいは『権利を獲得する』ために国や社会の在り方を批判的に考え検討するという主体的思考・行動が育たない」と述べ，日本で人権という場合，「人に対する思いやり，やさしさという発想になぜ結びつきやすいのか」[10] と疑問を呈している。関連して，教育社会学・人権教育を専攻する阿久澤麻理子が，「思いやり・やさしさ・いたわり」型アプローチの人権教育の問題点として，第一に，「弱者に対する配慮」や「温かな人間関係」による問題解決を理想として描き出す一方で，「弱者とされる側」が権利を主張したり，その実現を求めて立ち上がったりするような「争議性」のある解決を回避し，そうした運動のシーンを啓発の中で取り上げようとしないこと，第二に，「強者」と「弱者」という非対称な力関係のうえにあることに無自覚で，結局のところ，人権ではなくパターナリズムを教えることに陥っていること，第三に，人権に関わる問

9）　山元一「〈戦後憲法〉を抱きしめて」憲法問題 18 号（2007 年）144 頁。山元は，「自由と平等を目標に掲げる日本国憲法は，たとえば女性解放などの日常生活を射程に含めた社会改革を進めていくための準拠基準となったからこそ，その正当性について国民世論から幅広い支持を獲得することができたのではないでしょうか。そうであるからこそ，憲法は，様々な困難に直面しつつも，今日まで命脈を保ってきたのではないでしょうか」と分析したうえで，憲法研究者とは異なる大衆的な憲法イメージが国民に定着したことを「必ずしも否定的に評価するべきものではない」と述べている。
10）　生田周二「人権教育へのアプローチ──日本的性格との関連において」奈良教育大学教育実践総合センター研究紀要 14 巻（2005 年）115 頁。

題を市民相互の私的な人間関係の中で，「心のもちよう」によって解決するよう促す点にあることを指摘していること[11]も，今後の人権教育のあり方を考察するうえできわめて重要な指摘であろう。

　さて，このような教育学の側からの発言を受けて，憲法学はどのように応答すればよいのであろうか。

　日本の人権教育が「思いやり」，「やさしさ」といった心構えの問題として人権を捉える傾向があるのは，ここまで見てきた通りである。これを，法的な側面から捉え直すならば，このとき，人権は，法的権利性よりもどちらかといえば道徳・理念的なものとして扱われているということができる。人権は，〈理念的権利としての人権〉と〈法的権利としての人権〉の2つの面から捉えることができる[12]が，このことが区別されないまま，人権を理念的なものとして扱うことによってどのような問題が生じるのであろうか。

　憲法研究者であり，法教育や人権教育の研究にも取り組んできた北川善英は，この問題を次の3点にまとめている。この点について詳細に分析した研究が少ないため，少し長くなるが引用しておきたい。

　　第一に，法的権利としての「人権」の独自の意義を軽視することになる。法的権利としての「人権」とは，「人権」が，国家権力あるいは私的な個人・集団による侵害排除の場合であれ，国家権力による実現の場合であれ，統治構造における立法・行政・司法の諸制度・システムによって確保されるものであるということである。……第二に，それは，理念的権利としての「人権」と法的権利としての「人権」との密接な相互関連を，すなわち，「人権」が歴史的に生成・発展・深化してきたものであること，現在でも，理念的権利と法的権利とのあいだには相互規定関係が存在することが理解されな

---

11)　阿久澤麻理子「人権教育再考」石埼学＝遠藤比呂通編『沈黙する人権』（法律文化社，2012年）35-36頁。阿久澤麻理子は，「人権と『思いやり』を同列に見てしまうと，人権問題は私的な問題であって，心がけにより『私的に』解決できるという認識がもたらされかねない。そこには，国や公的機関の役割を問う視点や，法・制度を確立し，問題を『公的に』解決しようという意志がない。『思いやり』を強調する人権教育の第一の問題は，このような『私的解決』を志向させてしまう点にある」と指摘する（阿久澤麻理子「ジェンダー平等へ教育に何ができるか」世界951号〔2021年〕227頁）。
12)　北川善英「人権教育の課題と論点」横浜国立大学教育人間科学部教育実践研究指導センター紀要17号（2001年）107頁以下。常本照樹「基本的人権の種類と範囲」横田耕一＝高見勝利編『ブリッジブック憲法』（信山社，2002年）48頁。

いことになる。……第三に，「人権」の歴史的な生成・発展・深化が，また，理念的権利と法的権利とのあいだの相互規定関係が理解されないならば，そのプロセスや相互規定関係における人間の主体的な役割が理解されないことになる。「人権に関する知識・認識」のなかでも，「人権」の実現過程に関わる手続的・制度的領域は，人間の主体的役割にとって不可欠なものであり，それを駆使する力が「人権に関する技能（スキル）」なのである[13]。

このように見てくると，先に，Ⅰ２において取り上げた山本龍彦の指摘にも合点がいく。学校の教科書に記述された生存権などの人権規定があたかも「『政治』や『民主主義』を媒介せずに自動的に保障されるかのよう」に描かれているのは，教科書が理念的権利と法的権利を十分に区別しないまま解説していることが反映されているからである。北川が述べるように，「法的権利としての『人権』とは，『人権』が，国家権力あるいは私的な個人・集団による侵害排除の場合であれ，国家権力による実現の場合であれ，統治構造における立法・行政・司法の諸制度・システムによって確保されるものである」なのである。このことが十分に理解されなければ，「健康で文化的な最低限度の生活」の実現は"絵に描いた餅"に終わってしまうであろう。このような意味において，憲法学習は道徳的な意味や心構えを学ぶようなスタイルから脱却し，真の意味で法的な学習へと展開していくことができるように進めていく必要があろう。

---

13)　北川・前掲注 12)112-113 頁。北川は，「反対に，『人権』をもっぱら法的権利として理解するならば，『人権』の理念的権利性の独自の意義を軽視することになる」と，人権をもっぱら法的権利として理解することに対しても警鐘を鳴らしているので注意されたい。例えば，日本国憲法は，その保障する権利を「国民の権利」と呼んでいるが，「理念としての人権」は人が持つ固有の尊厳に由来する「普遍性」を有するものであった。このような理念に立ち返れば，「国民」でない「人」に対して，憲法の保障する権利がどこまで及ぶかという論点が重要な課題として浮上してくることになる。「憲法上の権利（人権）」を学修するときには，「理念としての人権」に立ち戻りながら考察を加えていく必要があろう。人権の理念的権利性と法的権利性との間の相互規定関係については，北川善英「人権教育論の課題——憲法学からの問題提起」全国法教育ネットワーク編『法教育の可能性——学校教育における理論と実践』（現代人文社，2001 年）50 頁以下も参照。

Ⅲ　今後の人権教育に向けて

1　「人権」理解のギャップと人権教育

　それでは，今後，人権教育をどのように進めるべきか，いくつかのポイントを整理しておきたい。

　第一は，理念的権利としての人権と法的権利としての憲法上の人権（権利）との区別を意識して，その違いを理解できるようにすることである。そのためには，「人権とは人が生まれながらもっている権利（自然権）として確立してきた」という高校教科書の記述に対し，芦部『憲法』が「基本的人権とは，人間が社会を構成する自律的な個人として自由と生存を確保し，その尊厳性を維持するため，それに必要な一定の権利が当然に人間に固有するものであることを前提として認め，そのように憲法以前に成立していると考えられる権利を憲法が実定的な法的権利として確認したもの，と言うことができる。したがって，人権を承認する根拠に造物主や自然法をもち出す必要はなく，国際人権規約（社会権規約と自由権規約）前文に述べられているように，『人間の固有の尊厳に由来する』と考えれば足りる」[14)]と述べていることの違いを丁寧に吟味してみることが大切であろう。憲法上の人権（権利）は，理念的・道徳的権利としてではなく，実定的な法的権利であるからこそ「統治構造における立法・行政・司法の諸制度・システムによって確保される」ことの意義を学んでいくことが大切である。また，このことは，憲法上の人権（権利）を行使するうえで必要な技能（スキル）をいかにして涵養するかという課題にも結び付くであろう。

　第二は，伝統的な憲法学のスタンスに基づき，「理念的権利としての人権は

---

14)　芦部信喜（高橋和之補訂）『憲法〔第7版〕』（岩波書店，2019年）82頁。この点に関わって，岩切大地「それって人権問題？──人権総論」駒村圭吾編著『プレステップ憲法〔第3版〕』（弘文堂，2021年）94頁が，（「理念としての人権」を「絵に描いた餅」にしないようにするためには，）「人権を単なる理想の世界にとどめるのではなく，人権を法的に保障する必要がある。そこで，法の中でも最高法規である憲法が，人権保障の期待を担うこととなってくる。このようにして，憲法は『理念としての人権』を憲法なりに取り込むこととなった（憲法上の権利としての人権）」と述べているのは参考になる。また，松本和彦「基本的人権の保障と憲法の役割」西原博史編『岩波講座 憲法(2)人権論の新展開』（岩波書店，2007年）23頁以下は，憲法上の権利と人権の齟齬，憲法上の権利をめぐる諸問題などを論じており有益である。

誰に対しても主張することができ，また場合によっては民法などの法律によって保障されることもあるが，法的権利としての憲法上の人権は，近代憲法の原則に従って，国（および地方公共団体）に対してしか主張できないということになる」[15]というような説明を行うことは，大学入学以前の，中学・高校段階の生徒に対してもなされてよいであろう。ただし，このような議論との関わりにおいて，大学の法学部で議論されている人権の私人間効力論を初等中等教育段階においてストレートに持ち込むことは困難であるように思う。

　それでは，いじめなど，日常生活に起こる「人権」侵害の問題について，「それは『憲法上の人権』とは何の関係もない」ことだと教えることができるであろうか。これは，現場の教師の感覚からすれば簡単には割り切れないことになるであろう。そのままでは憲法学と憲法教育をつなぐことができなくなるのではないか，ここが人権教育の最大の関門になるところである。

2　日常生活における「人権」問題をどのように考えるか

　この問題を考える手掛かりとして，渋谷秀樹『憲法への招待〔新版〕』（岩波新書，2014年）に掲載された，「『いじめ』は憲法に反する人権問題なのか」という論点を取り上げ，検討してみよう。渋谷は，いじめと人権，そして憲法との関りについて，次のように述べている。本テーマに関して重要な指摘であるため，簡潔に紹介しておくことにしよう。

　政府が，（差別的な思想を持った人物に対し，）「マインドコントロールすることは憲法19条によって禁止されています。つまり，差別意識をもってはならないと指示・強制することはできません。しかし，差別意識が内心から外部に飛び出して言葉や行動となり，人の心や身体を傷つけ，またその他の不利益をもたらすようになると，それは国会が作る法律を通して禁止することができ，違反すれば，裁判所がその法律に従い処罰できる規定を置くこともできます。」「憲法の保障する権利は，道徳教育で言われる人権尊重の『人権』とは直接的な関係はありません。憲法はむしろ関係ないことを保障しているとも言えるのです。しかし，憲法が想定し描いた人間行動の普遍的なあり方は，このような保障を侵さない範囲で，私人間にその趣旨を具体的に及ぼす法律を作ることを

---

15)　常本・前掲注12)48頁。

要請していると言えるのです」16)。

　このように，渋谷は，いじめを念頭に置きながら，憲法の人権規定をスト
レートに私人間に適用するのではなく，人権規定の趣旨を具体化する法律を新
たに整備したり，私人間の関係を規律する既存の法律に人権規定の趣旨を当て
はめたりすることによって問題を解決する方法を提起している。このような提
案は，伝統的な憲法学の論理に依拠しながらも，私人間の人権問題の解決を突
き放してしまうわけではないことから，憲法教育の教材を作成するうえでも大
いに参考となるものである。実際に，いじめについては2013年に「いじめ防
止対策推進法」が制定され，いじめ防止のための基本方針，国や地方公共団体
の責務，学校が講ずべき基本的施策などが規定された。法の教育としていじめ
問題を扱う場合，このような法律の規定を取り上げ，どのようにそれらを活用
すればよいのかを検討することもできるのである17)。こうした取り組みにより
人権教育は，「思いやり」「やさしさ」などの心構えに基礎を置く教育から，立
法・行政・司法の法システムを活用する実効的な人権救済のあり方を探究しう
る本格的な法の教育へと展開していくことができるであろう。人権を回復する
ための法・制度にはどのようなものがあり，どのように活用すればよいか，既
存の法・制度にはいかなる問題があり，どのように改革するかなどの検討を学
習プロセスの中に組み込むことにより，憲法の学び手は人権の主体として成長
していくことができる18)ように思うのである。　　　　　　　　　　　〔吉田〕

---

16)　渋谷秀樹『憲法への招待〔新版〕』（岩波書店，2014年）58-59頁。
17)　山崎聡一郎『こども六法』（弘文堂，2019年）は，「いじめ防止対策推進法」だけでな
　　く，その他の法律の内容や活用の仕方を子ども向けにわかりやすく解説している。また，
　　中央大学法学部編『高校生からの法学入門』（中央大学出版部，2016年）100頁以下は，
　　いじめの定義の変遷を切り口に「刑法的思考の第一歩」を説いており，参考になる。
18)　吉田俊弘「人権教育の現状と改善のための視点」法セ726号（2015年）65頁参照。ま
　　た，斎藤一久は，憲法パトリオティズムの観点から「憲法リテラシーとしての憲法教育
　　の実践」を論じ，日本における憲法教育でも，子どもの権利を中心として，「子どもたち
　　にとって，よりリアリティーのある問題を憲法教育教材として取り上げ，『異議申し立て
　　をする言語』を提供すべきである」と述べている。具体的な憲法教育教材の例示を含め，
　　斎藤一久「憲法パトリオティズムと憲法教育」憲法研究9号（2021年）83頁を参照のこ
　　と。

あとがき

　本書は，教育と憲法を専攻する二人の研究者の異色のコラボ企画から誕生しました。通常，共著であれば，それぞれの得意とする分野を分担執筆して完成させることが多いようですが，本書では，著者の二人が読者を憲法の世界に案内するための役割をそれぞれ分担・執筆している点に特徴があります。

　そのスタイルを野球に例えれば，吉田が先発ピッチャーを務め，一球だけボールを放ります（問い）。その後，ピッチャーは交代し，横大道先生のロングリリーフが続き（問いへの検討），最後のクローザーの仕事まで担当する（問いへの返答）というものです。これを合計 15 回繰り返す（レッスン）のですから，横大道先生のご苦労は並大抵のものではなかったはずです。「法学教室」の連載から『憲法のリテラシー』の執筆・編修まで，横大道先生にはお世話になりっぱなしでした。連投に次ぐ連投となり，大変だったことでしょう。今は「あとがき」を書きながら，感謝の気持ちでいっぱいになっています。

　では，一球だけボールを放った吉田の方は，どうだったでしょうか。さぞや楽ではなかったかと思われるでしょうが，実の所，そんなことは全くありませんでした。何しろ，最初の一球がどこに行くかによってゲーム（本の内容）の行方が決まってしまうのですから。暴投だけはしないように，これからのゲームを壊さないようにと，私の方も懸命に一球を投げていたのです。

　さて，その最初の一球を放るときに私が念頭に置いていたのは，憲法規範の束が，相互に調和的に存在するだけでなく緊張関係にもあるという点であり，〈憲法の理念を具体化し実現する手段には様々な制度（ルート）があるにもかかわらず，なぜ，この一つの制度に高められたか〉というレベルまで考察することが必要であるということでした（これは，「奥平康弘教授に聞く　憲法の学習と解釈」受験新報 420 号〔1986 年〕66-67 頁に学んでいます）。

　憲法を学習する際に，このような視点を活用することは，ともすれば暗記学習に陥りがちな日本国憲法の学習に役立つだけではなく，もっと広く憲法の構造そのものを捉えるうえでも有効ではないかと考えています。例えば，国家権力によっても奪うことのできない自由の理念を実現するには，どのような制度

を手段として確保すればよいのか，仮に権力分立という制度を採用するのであれば，どのように権力を分立し，権力相互をどのような関係におくのがよいのかなど，さまざまな観点からの議論を経ることによって憲法の内容は定まってくることになります。

　私自身は，このような見方を「法学教室」の連載時に，次のように書いていました（第2回：2018年5月号〔452号〕53頁）。

　　なるほど，はじめから中身が決まっているものとして憲法規範を捉えようとすると，憲法の各条文は一義的な意味を持つ暗記の対象に過ぎないかもしれません。しかし，憲法の理念を実現するための制度（ルート）に関していえば，憲法制定時点において多様な選択肢の中から，なぜこの特定の制度が採用されたのかと問うてみることによって，暗記の対象でしかなかった憲法規範は急に生き生きと輝きを放つように見えてくる気がします。憲法制度が実定化されるとき，それは最初から1つの正答として存在していたのではなく，まさに多角的な視点からの議論と問い直しの結果，憲法典に書き込まれ，現在の憲法制度として結実したことが認識できるようになるからです。

　「なぜ憲法典を制定するのか」（制定する国としない国との違いは何か），「どのような憲法典をつくるのか」（何をエントレンチメントするのか），「なぜ人権を憲法で保障するのか」（保障する国としない国の違いは何か）など，本書において示されたプリミティブな「問い」の多くは，このような視点から投じられたものであり，横大道先生は，これらの「問い」に対して比較憲法という方法をもって「検討」し，「返答」をしてくださいました。先生の比較憲法論は，「問い」に対する「検討」の場面でいかんなく発揮されています。それはまるで憲法を構成する各要素（パーツ）を批判的に吟味し活用しながら憲法をデザインしていくような感覚に近いものがあります。読者の皆さんが，本書を手掛かりに，これまで持っていた知識を組み直し，新たな知識も活用しながら憲法について考察を加えること，そして，憲法の構造とその運用をめぐって仲間と議論し判断すること，そういう学修を通して「憲法のリテラシー」を育んでくださることを期待しています。

　また，本書では，15のレッスンのほかに，3つのインタールードをおまけに

加えました。このインタールードは，おもに教育論・学習論の観点から，憲法を捉え直そうという試みです。憲法教育の歴史や現状を分析するだけでなく，「憲法のリテラシー」を教育の観点から問い直しているところもありますので，お読みいただければ幸いです。

　最後になりましたが，私からも「法学教室」の連載時からお世話になった有斐閣雑誌編集部の鈴木淳也さん，清田美咲さんに心より御礼を申し上げます。

　2022 年 4 月

吉田　俊弘

事項索引

著者紹介

横大道 聡 (よこだいどう・さとし)

- 1979 年　新潟県生まれ
- 2007 年　慶應義塾大学法学研究科（公法学専攻）博士後期課程単位取得退学
　　　　　博士（法学）
　　　　　鹿児島大学教育学部准教授，慶應義塾大学大学院法務研究科准教授
　　　　　を経て
- 2018 年　慶應義塾大学大学院法務研究科教授

吉田 俊弘 (よしだ・としひろ)

- 1955 年　新潟県生まれ
- 1980 年　早稲田大学政治学研究科（憲法専攻）修了（政治学修士）
- 1998 年　早稲田大学教育学研究科（社会科教育専攻）修了（教育学修士）
　　　　　東京都立高校教諭，筑波大学附属駒場中・高等学校教諭，大正大学
　　　　　教育開発推進センター教授を経て
- 2021 年　大正大学名誉教授
　　　　　早稲田大学教育学部・東京大学教養学部非常勤講師

憲法のリテラシー──問いから始める 15 のレッスン
Constitutional literacy: 15 lessons starting with a question

2022 年 5 月 20 日　初版第 1 刷発行

著　者	横　大　道　　聡
	吉　田　俊　弘
発行者	江　草　貞　治
発行所	株式 会社　有　斐　閣

郵便番号 101-0051
東京都千代田区神田神保町 2-17
http://www.yuhikaku.co.jp/

印刷・株式会社暁印刷／製本・大口製本印刷株式会社
©2022, YOKODAIDO Satoshi, YOSHIDA Toshihiro. Printed in Japan

落丁・乱丁本はお取替えいたします。

★定価はカバーに表示してあります。

ISBN 978-4-641-22825-2

JCOPY　本書の無断複写（コピー）は，著作権法上での例外を除き，禁じられてい
ます。複写される場合は，そのつど事前に（一社）出版者著作権管理機構（電話03-
5244-5088，FAX03-5244-5089，e-mail：info@jcopy.or.jp）の許諾を得てください。